Third Edition

Lebendige Literatur
Deutsches Lesebuch für Anfänger

Frank G. Ryder
University of Virginia

E. Allen McCormick
Graduate Center, City University of New York

Houghton Mifflin Company   Boston
Dallas   Geneva, Ill.   Lawrenceville, N.J.   Palo Alto

The authors and publisher would like to thank the many users of *Lebendige Literatur* who responded to our questionnaire on the second edition. Their comments and suggestions were invaluable in preparing *Lebendige Literatur, Third Edition.*

Bruce A. Beatie, *Cleveland State University*
Helga Bessent, *Duke University*
Barbara A. Bopp, *University of Pittsburgh*
John T. Brewer, *Washington State University*
Alfred L. Cobbs, *Wayne State University*
Jutta Donath, *Portland Community College*
Henry Geitz, *University of Wisconsin, Madison*
Michael W. Jennings, *Princeton University*
Klaus A. Mueller, *University of California, Berkeley*
Guenter G. Pfister, *University of Maryland*
Leland R. Phelps, *Duke University*
Gerhard H. Weiss, *University of Minnesota*

Cover design and illustration by Stephen Harvard.

Library of Congress Catalog Card Number: 85-81205

ISBN: 0-395-35959-7

ABCDEFGHIJ-A-898765

Foreword

The purpose of *Lebendige Literatur* through several editions has been to introduce a wide range of real and contemporary literature into the earliest levels of the study of German, not only as a reward for learning the language but as a part of that process. The more than one hundred selections in this text appear as they were written and published and as they are read by those whose native language and culture are German. None was written expressly *for* this book. None was altered or simplified. All but three are complete. Yet students can read Part One with the first five hundred words in hand — or in the course of mastering them — and Part Two with the addition of the second five hundred. All other words (except obvious cognates indicated by a superscript zero) are glossed; and, in the first section of Part One, the advanced grammatical structures are explained on facing pages.

In considering our selections for this third edition, we have tried to enhance the "representative" quality of the book, in the sense that works appear not *just* because they are easy but because they are by important writers and *yet* are easy. Thus, despite its linguistic simplicity, this reader is not merely a specialized textbook, but more of a true anthology.

We have also shifted the emphasis toward the present. Some authors and works have, of course, been deleted. Different or additional material appears for Günter Grass, Karl Krolow, Wolf Biermann, and others. Authors new to this edition are Rose Ausländer, Franz Mon, Wolf Wondratschek, ernst jandl, Rahel Hutmacher, Benno Pludra, Rolf Haufs, Hans Magnus

Enzensberger, Ingeborg Bachmann, Jürgen Becker, Lutz Rathenow, Günter Kunert, Heiner Müller, Sarah Kirsch, Thomas
Bernhard, Friedel Thiekötter, Reiner Kunze, Peter Handke,
Paul Celan, and Christa Wolf. We have added more authors
who are East German, or women, or young but promising.
We do not believe that any other beginning reader offers a
comparable range of material — or of choice.

In becoming more modern, we did not want to lose touch
with origins. Hence we have included works by two earlier
writers who exerted uniquely pervasive and distinctive influences upon modern German writing: Franz Kafka and Bertolt
Brecht. In a way they also represent (and can be taught as) two
extremes in the spectrum of the "uses of literature."

The matter of range and choice is important. This book is
suitable for use with any beginning grammar or review grammar, whatever its methodological bent. It is tied to none.
It does not itself mix readings with grammar or conversation
exercises, though implicitly it encourages both. Instructors
know this and will welcome the freedom to select, arrange,
coordinate, and interpret. Part One can be read in the first
term or year; Part Two is suitable for the first year of college
or the second year of high school.

As modern education becomes increasingly aware of the need
for excellence and high standards, we believe that it is particularly appropriate to bring students of a language into contact
with significant writing in that language. German courses
should, as nearly as possible, be on a par with those in other
humanities. If students can read Joyce and Faulkner in one
class, they can certainly begin to read Kafka and Wolf in
another. We know that they can handle the material. We also
know that they enjoy it.

We should like to conclude with an expression of gratitude
to the many people at Houghton Mifflin who worked with us,
for their dedication and endurance in the complicated revision
of a comprehensive book.

F.G.R.
E.A.M.

Guidelines on Reading Literature

The first thing to remember in approaching any work of literature is that you are dealing with a particular range of subject matter and a special kind of "truth." Do not expect theoretical generalization. Do not expect the unambiguous. Unlike the social scientist or even the historian, the creative writer deals with potentially real individuals and situations, not with abstractions or collectivities. Where scientists or historians seek exactitude or finality, the artist recognizes the ambivalent, the idiosyncratic, the essentially indeterminate quality of life — while at the same time seeing the need for understanding. The truth that literature offers is less tangible and final, but it may be truer. And unlike other commentators on the human scene, the writers include themselves and their readers in the scope of their concern. Literature implies identification and involvement, not detachment. It is a very human pursuit. What this means in terms of our study of another culture is obvious.

If a poem or a story is a "personal" thing, if it is only moderately less complex than life itself, then you can not expect to attain absolute certainty of judgment about it, any more than you can about another human being — or about yourself. Examining a fictional character or the *persona* of a poem is somewhat like being a member of a jury, trying to decide on motives and responsibility, even on "the facts." Not all interpretations of a poem or story are admissible, but several — at least more than one — may be valid. Of course, absence of finality does not alter the fact that literature interprets life or selects for portrayal one facet of it (which is also a kind of interpretation). Finally, literature can even function to disrupt the certainties we think we have attained. For example, a famous German short novel is entitled *Nicht der Mörder, der*

Ermordete ist schuldig ("Not the murderer, the murdered one is guilty.")

If you cannot expect total clarity, what can you expect? Illumination: an enhanced awareness of the human condition, of the nature of others and of self. And pleasure: the esthetic and intellectual satisfaction of an important thing said or told exactly right, with economy and elegance and force, through the fitting deployment of appropriate means of language and style. Furthermore, these responses do not exclude the pleasure of amusement or simple laughter, which is basically to repeat what Horace wrote nearly two millenia ago: a writer has two purposes in mind, *prodesse aut delectare,* "to be of use (benefit, service) or to give pleasure," and best of all to do both.

To understand and enjoy a literary work in this sense is no great chore. It does require immersing yourself in the text until you can decide what kind of situation or person it calls to mind, and what kind of comment it seems to offer. This in turn requires repeated readings, two at the very least, and — with works in a foreign language — an extra one (the first reading and in many ways the easiest).

Therefore: read each selection through to remove the linguistic difficulties. If the selection is short, try going over the glossed words in advance, so that when you return to the text you will have fewer mechanical delays. Next, read the work through as you would an English text, keeping mental note of your impressions. Read it once more, systematically, looking for clues, either to its range of meanings or to its effectiveness. Ask yourself the following questions:

1. What sort of experience or observation may have inspired the author to write this piece?
2. What human characteristics are portrayed, praised, condemned, or satirized?
3. In which areas of life does the work seem to claim validity, e.g., in the political, social, or economic sphere; in the psychology of motives, conscious or unconscious; in the domain of myths or archetypes as explanations of life?
4. Has the writer an identifiable bias or an obvious desire to "teach"?

5. Does the repetition of important words or phrases bring certain aspects of the work to the foreground, thus suggesting the writer's intent or desired emphasis?
6. What prominent images ("pictures" or other sensory moments) offer more subtle indication of what the author regarded as essential?
7. If the "topic" of the work is identifiable, what in the work and in the literary mode makes this particular treatment effective? What could be the advantage, for example, of telling a story about a particular individual or situation versus writing a systematic historical survey of the phenomenon — or a poem on the subject?

Remember, finally, that reading in any language should be *fun* — and that reading in the original the stories, plays, and poems of another people is the surest way to share not only their language, but their pleasures, concerns, and aspirations.

Contents

PART ONE

Lebendige Literatur

Part One
500 Word Reader

The Vocabulary of Part One

A. All readings in Part One are annotated on the facing page for words beyond the first 500. Any word you have to look up is therefore one you should learn. The basic list of the first 500 words is printed, with meanings, on the pages following this part, in Section E. These words also appear in the end vocabulary. A careful study of the first 500 words *before* you begin the readings — or a review of those you have learned in your beginning grammar — will prove invaluable.

A word is glossed only on its first appearance in a work (or in contiguous works by the same author).

In the glosses, a dagger (†) indicates a strong or irregular weak verb. Principal parts can be found in the end vocabulary.

A superscript zero (°) in the text indicates that the meaning of the word should be obvious. It is therefore not glossed on the opposite page. A word is marked with a superscript zero only once in a single selection. Inflection and pronunciation appear in the end vocabulary as necessary.

Certain conventional omissions should be noted. The following groups of words are not listed, annotated on facing pages, or marked with a zero:

1. The definite and indefinite articles
2. Personal and relative pronouns
3. Possessive adjectives
4. Names of months
5. Cardinal and ordinal numbers
6. **Da(r)-** and **wo(r)-** compounds, unless they have a special meaning
7. Diminutives in **-chen** of words within the frequency range in question
8. Obvious negatives (**un-**)

B. Listed in this section are certain words often found in 500-word frequency lists. They resemble so closely in meaning their obvious English cognates that virtually no effort is required to recognize them and relatively little to learn them actively. When these words appear in the selections, they will *not* be marked with the superscript zero.

all	der **Garten**, ⁓	die **Natur'**, –en
der **Arm**, –e	das **Glas**, ⁓er	der **Onkel**, –
der **Ball**, ⁓e	das **Gold**	das **Papier'**, –e
beginnen, a, o	**grün**	die **Person'**, –en
bitter	das **Haar**, –e	der **Preis**, –e (*price*)
blau	die **Hand**, ⁓e	der **Schuh**, –e
braun	**hängen** (*wk.*)	**schwimmen**, a, o, (ist, hat)
bringen, **brachte**, **gebracht**	das **Haus**, ⁓er	**singen**, a, u
die **Butter**	**hier**	**sinken**, a, u (ist)
dumm	der **Hunger**	**so**
das **Ende**, –n	**in**	der **Sommer**, –
fallen, **fiel**, **gefallen** (ist)	das **Interes'se**, –n	**springen**, a, u (ist, hat)
falsch	**jung**	**still**
die **Fami'lie**, –n	die **Klasse**, –n	**warm**
fein	**kosten** (*cost*)	der **Wein**, –e
das **Feld**, –er	das **Land**, ⁓er	der **West(en)**
finden, a, u	**lang**	**wild**
der **Finger**, –	die **Maus**, ⁓e	der **Wind**, –e
der **Fisch**, –e	der **Name**, –ns, –n	der **Winter**, –
frei		

C. The following words are entered in some 500-word lists but are deleted from this text on the grounds of their relative infrequency, especially in written German. Some are obvious in any case.

allein (*conj.*)	die **Hose**, –n	der **Ofen**, ⁓
der **Apfel**, ⁓	der **Kaffee**	das **Pult**, –e
die **Aufgabe**, –n	der **Kaiser**, –	die **Rose**, –n
backen	der **Kamm**, ⁓e	die **Sahne**
der **Bleistift**, –e	die **Kartoffel**, –n	das **Salz**, –e
das **Dienstmädchen**, –	der **Käse**	die **Tante**, –n
der **Esel**, –	der **Kasten**, ⁓	die **Tasse**, –n
die **Feder**, –n	der **Keller**, –	der **Tee**, –s
der **Fürst**, –en	der **König**, –e	der **Teller**, –
der **Fußboden**, ⁓	die **Kreide**, –n	die **Tinte**, –n
die **Gabel**, –n	**lehren**	die **Weihnacht(en)**
das **Heft**, –e	der **Löwe**, –n	der **Zucker**

D. The third group is a much more important one, the common separable prefixes. You should learn them, or at least look them over carefully, before you begin your reading.

Ordinary separable compound verbs will not be given in the vocabulary. For example, if you encounter the verb **herein-kommen,** you may assume that you can put together *come* (see **kommen** in the 500 list or end vocabulary) and *in* (see below) and get a reasonable idea of the meaning of the compound. All special meanings are noted.

ab	off; down; away	**nieder**	down
auf	up; open	**um**	around
aus	out	**umher'**	around
davon'	away	**unter**	down
ein	in	**vor**	ahead, forward
empor'	up	**vorbei'**	past, by
entge'gen	toward, to, to meet	**vorü'ber**	past
fest	fast	**weg**	away
fort	away; on	**weiter**	on, farther
heim	home	**wieder**	back, again
her (–)	(*see below*)	**zu**	to, toward; shut
hin (–)	(*see below*)	**zurück'**	back, behind
mit	along, with . . .	**zusam'men**	together; up
nach	after		

Prefixes **her** *and* **hin** *and their commonest compounds*

her		here, over (here), along
	hin	there, away, over, down
hin und her		back and forth
herab'	**hinab'**	down
heran'	**hinan'**	up; near
herauf'	**hinauf'**	up
heraus'	**hinaus'**	out
herbei'		up, near
	hindurch'	through
herein'	**hinein'**	in
hernie'der		down
herü'ber	**hinü'ber**	over, across
herum'		around
herun'ter	**hinun'ter**	down
hervor'		out, forth

E. For the edition of 1974, the first and second 500-word lists underwent a careful revision based on four leading frequency studies and other text editions of modern German writing. These revised lists attained a certain currency of their own. For this edition, only a few changes in the wording of the English equivalents have been made. As emphasized in the preceding editions, this listing is an a priori one, not (in a circular fashion) the 500 or 1000 words appearing most frequently in *these* selections.

Note:

1. Key meanings are supplied rather than exhaustive translations. Special and infrequent meanings of words in this list are glossed on the facing page.
2. Plurals are given for all nouns; and, for masculine and neuter nouns, the genitive singular unless it is -(e)s.
3. Separable verb prefixes are followed by hyphens. If prefix and verb are written together, the compound is inseparable and the prefix is unstressed.
4. The acute accent shows stress on the preceding syllable. Stress is marked only if it is not on the first syllable or on the syllable following an inseparable prefix. The verb suffix **-ieren** is always ie′ren.

der **Abend, –e** evening; **abends** evenings, in the evening
aber but, however
allein′ alone
als when, as; than
also therefore, thus, then
alt old
an at, by, on; to, etc.
ander- other, next; **anders** else, otherwise
der **Anfang, ⸚e** beginning; **anfangen, i, a** begin
angenehm pleasant, agreeable
die **Angst, ⸚e** fear, anxiety
an-sehen, a, e look at; tell by looking at
die **Antwort, –en** answer; **antworten** answer
die **Arbeit, –en; arbeiten** work
arm poor

die **Art, –en** way, manner, kind
der **Atem** breath; **atmen** breathe
auch also, too; even
auf on, etc.
das **Auge, –n** eye
der **Augenblick, –e** moment
aus out of, from
aus-sehen, a, e look, appear
außer except, besides; outside of; **außerdem′** besides, in addition

die **Bahn, –en** way, road, railroad
bald soon
der **Bauer, –s** or **–n, –n** peasant
der **Baum, ⸚e** tree
bedeuten mean; **die Bedeutung, –en** meaning
bei at, with, near, at the house of, etc.
beide both, two

das **Beispiel, –e** example
bekommen, bekam, bekommen get
bemerken notice; die **Bemerkung,
–en** remark
bereit ready
der **Berg, –e** mountain, hill
besser better
bestimmt certain, definite, particular
das **Bett, –en** bed
das **Bild, –er** picture, image
binden, a, u tie
bis until, to
die **Bitte, –n** request; **bitte** please;
bitten, bat, gebeten ask
das **Blatt, ̈er** leaf, sheet, page,
newspaper
bleiben, ie, ie (ist) remain, stay
der **Blick, –e** glance, sight; **blicken**
glance
die **Blume, –n** flower
der **Boden, ̈** or – ground, floor
böse angry, bad
brauchen use, need
brechen, a, o break
breit broad, wide
brennen, brannte, gebrannt burn
der **Brief, –e** letter
das **Brot, –e** bread, loaf
der **Bruder, ̈** brother
das **Buch, ̈er** book

da then, there; since; when
dabei' in so doing, at the same
time, there
daher' (*emph.* **da'her**) consequently
dahin' (*emph.* **da'hin**) there, gone
damit' so that
der **Dank** thanks, gratitude;
danken thank
dann then
darum' (*emph.* **da'rum**) therefore
daß that, so that
dauern last, continue; **dauernd**
continuous
dazu' in addition, besides

denken, dachte, gedacht think, imagine
denn (*conj.*) for; (*adv.*) anyway (or untranslated)
deutsch, Deutsch German
dick fat, thick
dienen serve; der **Diener, –** servant; der **Dienst, –e** service
dieser this; the latter
das **Ding, –e** thing
doch yet, but, still, after all, oh
yes (often untranslatable)
das **Dorf, ̈er** village
dort there
draußen outside, out there
dunkel dark
durch through, by
dürfen, durfte, gedurft may, be
permitted, etc.

eben just, precisely, right
die **Ecke, –n** corner
edel noble
eigen own
eigentlich real, true, actual
einan'der each other
einfach simple
einige some
einmal once; sometime; just (=
mal; sometimes untranslated);
noch einmal once more; **nicht
einmal** not even; **auf einmal**
(all) at once
einzeln single; individual
einzig only, sole
die **Eltern** (*pl.*) parents
endlich final
eng narrow, tight
die **Erde, –n** earth
erfahren, u, a learn, experience
erschrecken frighten; **erschrak, erschrocken** be frightened, alarmed
erst first, for the first time, not
until, just
erzählen tell; die **Erzählung, –en**
story

essen, aß, gegessen eat

etwas something; somewhat

fahren, u, a (ist) ride, drive, go;
  die Fahrt, –en trip
fangen, i, a catch
die Farbe, –n color, paint
fassen take hold of, grasp, reach
fast almost
fehlen lack, be missing; ail
der Fehler, – mistake
der Feind, –e enemy
das Fenster, – window
fern distant; die Ferne distance
fertig finished; ready
fest firm, fast
das Feuer, – fire; light
das Fleisch meat, flesh
fliegen, o, o (ist) fly; die Fliege, –n
  fly
flüstern whisper
folgen (ist) follow
fort gone, away
die Frage, –n question; fragen ask
die Frau, –en woman; wife; Mrs.
das Fräulein, – young lady; Miss
fremd strange, foreign
die Freude, –n joy, pleasure; (sich)
  freuen please, be happy; . . . auf
  look forward to
der Freund, –e friend; freundlich
  friendly
der Friede(n), des Friedens peace
froh happy
die Frucht, ⁻e fruit
früh early; früher before, earlier
(sich) fühlen feel
führen lead; carry (on)
füllen fill
für for, etc.
die Furcht; fürchten fear; furchtbar fearful, terrible
der Fuß, ⁻e foot

ganz complete; very
gar quite, even; (with neg.) at all

der Gast, ⁻e guest
geben, a, e give; es gibt there is,
  . . . exists
die Gefahr, –en danger
gefallen, gefiel, gefallen please, like
gegen against, toward, about
gegenü'ber opposite, in relation to,
  etc.
gehen, ging, gegangen (ist) go;
  walk
gehören belong
der Geist, –er spirit, mind; ghost
das Geld, –er money
genau exact
genug enough, sufficient; genügen
  suffice
gerade just (then); straight; direct;
  right
gering slight, insignificant
gern gladly, like to . . . ; gern haben
  to like
das Geschäft, –e business (affair)
geschehen, a, e (ist) happen
die Geschichte, –n story; history;
  matter
die Gesellschaft, –en company, society; party
das Gesicht, –er face
die Gestalt, –en figure, form
gestern yesterday
gesund healthy
gewiß certain
(sich) gewöhnen (get) accustom(ed);
  gewöhnlich usual; gewöhnt used
  to; gewohnt used to, accustomed
  to; usual, habitual
glauben believe
gleich (adv.) immediately
gleich (adj.) equal, same; (prep.)
  like
das Glück happiness; good fortune;
  glücklich happy; fortunate
der Gott, ⁻er god, God
greifen, griff, gegriffen reach, seize
groß big, great; tall; Groß- (mutter,
  etc.) grand-

der **Grund,** ⸚e ground; bottom;
  valley; reason, basis
der **Gruß,** ⸚e greeting; **grüßen**
  greet, say hello
gut good

haben, hatte, gehabt have
halb half
der **Hals,** ⸚e neck
halten, ie, a hold; stop; consider
hart hard, harsh
das **Haupt,** ⸚er head
heben, o, o lift
heißen, ie, ei be called; name;
  mean
helfen, a, o; die Hilfe help
hell bright
der **Herr, –n –en** man, gentleman;
  Mr.; lord
das **Herz, –ens, –en** heart
heute today
der **Himmel, –** sky, heaven
hinter behind, beyond, etc.; **hinten**
  back, behind
hoch high, tall
der **Hof,** ⸚e (court)yard; court;
  farm
hoffen hope; **die Hoffnung, –en**
  hope
holen get
das **Holz,** ⸚er wood
hören hear
der **Hund, –e** dog
der **Hut,** ⸚e hat

immer always; more and more . . .
indem' while, as, by . . . -ing
inzwi' schen meanwhile
irgend any, some (**irgendwie** somehow; **irgendwo** somewhere, anywhere)

ja yes; to be sure
das **Jahr, –e** year
je ever; each
jeder each, every

jemand somebody; anybody
jener that (one); the former
jetzt now

kalt cold
der **Kampf,** ⸚e; **kämpfen** fight,
  struggle
die **Katze, –n** cat
kaufen buy
kaum hardly
kein no, not a
kennen, kannte, gekannt be familiar with, know
das **Kind, –er** child
die **Kirche, –n** church
die **Klage, –n** complaint, lament;
  klagen complain, lament
klar clear
klein small, etc.
klopfen knock, beat
der **Knabe, –n, –n** boy
kommen, kam, gekommen (ist)
  come, get
können, konnte, gekonnt be able,
der **Kopf,** ⸚e head
der **Körper, –** body
die **Kraft,** ⸚e strength, vigor
krank sick
der **Krieg, –e** war
kurz short, brief

lächeln smile
lachen laugh
langsam slow
lassen, ließ, gelassen let, leave,
  allow, have, cause; forego, stop;
  w. **sich** can be, etc.
laufen, ie, au (ist) run; walk
laut (a)loud
leben live; **das Leben, –** life;
  leben'dig living, lively
leer empty, bare
legen lay, place
leicht easy, light, slight
leiden, litt, gelitten suffer, bear,
  stand (for)

leise soft, gentle, quiet
lernen learn, study
lesen, a, e read; gather
letzt last
die **Leute** (*pl.*) people
das **Licht, –er** light
lieb dear, good, beloved, charming; **lieben, lieb haben; die Liebe** love
das **Lied, –er** song
liegen, a, e, lie
link left; **links** to the left, etc.
die **Luft, ⁻e** air; breeze
die **Lust, ⁻e** pleasure, desire; **lustig** cheerful, happy, amusing

machen do; make
die **Macht, ⁻e** power, force, might; **mächtig** powerful, mighty
das **Mädchen, –** ˙girl
das **Mal, –e** time; mark; **–mal** ... times; **mit einem Mal,** etc. suddenly, all at once; **mal = einmal; mal** times (×)
man one
manch many a; some
der **Mann, ⁻er** man, husband
der **Mantel, ⁻** coat, cloak, cape
das **Meer, –e** sea, ocean
mehr more
meinen mean, think; say; die **Meinung, –en** opinion
meist most, mostly
der **Mensch, –en, –en** person, human being, man
merken notice
das **Messer, –** knife
mit with; along
der **Mittag, –e** noon
die **Mitte, –n; mitten** center, middle
mögen, mochte, gemocht like, may, etc.; **möchte** would like
möglich possible
der **Monat, –e** month

der **Mond, –e** moon
der **Morgen, –** morning
morgen tomorrow
müde tired
der **Mund, –e or ⁻er** mouth
müssen, mußte, gemußt must, have to, etc.
die **Mutter, ⁻** mother

nach to, toward; after, according to, etc.
nachdem′ after
die **Nacht, ⁻e** night; **nachts** nights, at night
nah(e) near; die **Nähe** proximity, vicinity
die **Nase, –n** nose
neben beside, near; along with
nehmen, a, genommen take
nein no
nennen, nannte, genannt name, call
neu new, recent
nicht not; **nicht wahr?** isn't it? etc.
nichts nothing
nie(mals) never
niemand nobody
noch still, yet, else, even; any more, in addition, etc. **immer noch** still; **noch nicht** not yet; **noch ein** one more; **noch etwas** something else
der **Nord(en)** north
nun now; well
nur only

ob whether, (I wonder) if
oben above, up, upstairs
oder or
offen open, frank; **öffnen** open
oft often
ohne without
das **Ohr, –en** ear
der **Ort, –e or ⁻er** place, spot
der **Ost(en)** east

(ein) **paar** (a) few, a couple; **das Paar, –e** couple, pair

das **Pferd, –e** horse

der **Platz, ∸e** place, seat; square

plötzlich sudden

der **Punkt, –e** point, period

der **Rat** advice; councilor, etc. (*pl.* die **Räte); raten, ie, a** advise, consult; guess

der **Raum, ∸e** room, space

recht right, real; all right; very, rather; **rechts** to the right, etc.; **recht haben** be right

die **Rede, –n** talk, speech; conversation; **reden** talk, speak

der **Regen; regnen** rain

reich rich

reichen reach, hand, extend; pass; suffice, last

rein pure, clean; neat

die **Reise, –n** trip; **reisen (ist)** travel

reißen, i, gerissen tear, jerk, pull

reiten, ritt, geritten (ist, hat) ride

richtig correct, right; real

der **Rock, ∸e** coat, skirt, dress

rot red

der **Ruf, –e** call, shout; name; **rufen** call, shout

die **Ruhe** rest, peace, calm; **ruhen** rest; **ruhig** quiet, peaceful; just go right ahead and . . .

rund round

die **Sache, –n** thing, matter, affair

sagen say, tell

scharf sharp

schauen look

der **Schein, –e** light; appearance; bill; **scheinen, ie, ie** shine; appear

schicken send

das **Schiff, –e** ship

der **Schlaf; schlafen, ie, a** sleep

schlagen, u, a strike, beat; defeat

schlecht bad, poor

schließen, o, geschlossen close, lock; conclude

der **Schnee** snow

schneiden, schnitt, geschnitten cut

schnell fast, quick

schon already; even; all right, etc.

schön beautiful; good; all right, OK, etc.; nice and . . .

der **Schrei, –e; schreien, ie, ie** shout, scream, cry

schreiben, ie, ie write

schreiten, schritt, geschritten (ist) stride, step; der **Schritt, –e** step

schuld at fault; die **Schuld, –en** fault, blame; guilt; debt; **schuldig** guilty, to blame; owing

die **Schule, –n** school

schütteln shake

schwach weak

schwarz black, dark

schweigen, ie, ie be silent

schwer heavy; difficult, hard

die **Schwester, –n** sister

der **See, –n** lake; die **See, –n** sea, ocean

die **Seele, –n** soul

sehen, a, e see, look

sehr very (much)

sein, war, gewesen (ist) be; seem

seit since, for

die **Seite, –n** side; page

selb- (derselbe, etc.) same

selber oneself, etc.

selbst oneself, etc.; even

selten seldom, rare

seltsam strange

setzen set, place, put; **sich setzen** sit down

sich oneself, etc.; each other

sicher certain, safe, sure

der **Sinn, –e** sense; meaning; mind

sitzen, saß, gesessen sit

sogleich' immediately

der **Sohn, ∸e** son

solch such (a)

The Vocabulary of Part One 11

der **Soldat'**, –en, –en soldier
sollen shall, should; be said to; be to, etc.
sondern but (on the other hand)
die **Sonne**, –n sun
sonst otherwise, else; formerly
spät late
das **Spiel**, –e game, play; **spielen** play
die **Sprache**, –n language, speech; **sprechen, a, o** speak
die **Stadt**, ⁻e city
stark strong
statt (anstatt) instead of
stecken put, stick; (*intrans.*) stick, be
stehen, stand, gestanden stand; **stehen-bleiben, ie, ie (ist)** stop
steigen, ie, ie (ist) climb, rise
der **Stein**, –e stone
die **Stelle**, –n; **stellen** place
sterben, a, o (ist) die
die **Stimme**, –n voice
der **Stoff**, –e matter, material
die **Straße**, –n street
das **Stück**, –e piece; play
der **Stuhl**, ⁻e chair
die **Stunde**, –n hour; moment; lesson
suchen look for, seek
der **Süd(en)** south
süß sweet

der **Tag**, –e day
die **Tasche**, –n pocket; bag
der (das) **Teil**, –e part
teuer expensive; dear
tief deep
das **Tier**, –e animal, creature
der **Tisch**, –e table
die **Tochter**, ⁻ daughter
der **Tod**, –e death; **tot** dead; **töten** kill
tragen, u, a carry; wear
der **Traum**, ⁻e; **träumen** dream
traurig sad

treffen, traf, getroffen meet; hit (upon); affect
treiben, ie, ie drive; do
treten, a, e (ist) step, walk; (hat) kick
treu loyal
trinken, a, u drink
tun, tat, getan do; act; put
die **Tür(e)**, –(e)n door

über over; about, etc.
überall' everywhere
überhaupt' at all; altogether; really
die **Uhr**, –en clock, watch; o'clock
um around, about; for, etc.; in order (to)
und and
unten below, downstairs; **unter** under; among

der **Vater**, ⁻ father
verdienen deserve; earn
vergessen, vergaß, vergessen forget
verkaufen sell
verlangen demand, ask; long for
verlassen, verließ, verlassen leave, desert
verlieren, o, o lose
verschwinden, a, u (ist) disappear
versprechen, a, o promise
verstehen, verstand, verstanden understand
der **Versuch**, –e attempt, experiment; **versuchen** try
viel much
vielleicht' perhaps
der **Vogel**, ⁻ bird
das **Volk**, ⁻er people
voll full (of)
von of; from; by, etc.
vor before; with; ago, etc.

wachsen, u, a (ist) grow
der **Wagen**, – car; wagon
wahr true

während while; during
der **Wald**, ⸚er forest
die **Wand**, ⸚e wall
wann when
warten wait
warum' why
was what; which, that; whatever;
= **etwas**; = **warum**; *colloq.* =
nicht wahr
was für ein what sort of
das **Wasser**, – water
der **Weg**, –e way, road
wegen because of; about, etc.
weil because
die **Weile** while
weinen cry
die **Weise**, –n manner, way
weiß white
weit far, wide
welch which, what, who, that
die **Welt**, –en world
wenden, wandte, gewandt (*or reg.*)
turn
wenig little; (*pl.*) few
wenn if, when, whenever
wer who; whoever
werden, wurde, geworden (ist) become; shall, will; be
werfen, a, o throw
das **Werk**, –e work
das **Wetter** weather
wichtig important

wie how; as; like; as if
wieder again; in turn
wirklich real
wissen, wußte, gewußt know; **wissen
zu** know how to, be able; **noch
wissen** remember
wo where; when; **woher'** where
. . . from; **wohin'** where . . . to
die **Woche**, –n week
wohl probably; surely; well, comfortable
wohnen live, dwell; **die Wohnung**,
–en dwelling, apartment
wollen want to; claim to; be about
to, etc.
das **Wort**, –e and ⸚er word
der **Wunsch**, ⸚e; **wünschen** wish

zeigen show; point
die **Zeit**, –en time
ziehen, zog, gezogen (hat) pull;
(**ist**) go, move
das **Zimmer**, – room
zu to; at, etc.; too
zuerst' (at) first
der **Zug**, ⸚e train; feature; move;
procession
zuletzt' at last, finally
zusam'men together
zwar to be sure; specifically
zwischen between, among

ROSE AUSLÄNDER was born in 1907 in the Rumanian (now Soviet Ukrainian) city of Chernovtsy in the region of Bucovina. She suffered under the Nazi regime, emigrated to the United States after World War II, and worked for many years as a translator in New York. Since her return to Europe in 1965 she has resided in Düsseldorf. Her work as a lyric poet has brought her considerable recognition: the Silver Heine-Taler in 1966 and the Droste-Preis in 1967. Nine of the ten poetry collections Ausländer had published by 1979 appeared after the poet's sixtieth birthday. Many of her poems will appear throughout this text. (See the Table of Contents.)

In celebrating the word in these first four poems, the poet has gone back to the beginnings, to the Book of John. Remember that "Word" in the Bible (Greek *logos*) has more than its surface meaning. The suffix *-logy (psychology, biology)* hints at its broader scope: "fundamental principle(s) of . . . , knowledge of. . . ." The poet can use *Wort* in both ways, because for her the word has both its narrow and its wider definition. First God, then the immediate linking of God and language — the latter a divine gift that becomes one with or interprets dream and life. Or: life is nothing without dreams; dreams — or ideals — are couched in words; therefore words are life. (Remember: do not expect a poem to explain everything or to have just one meaning.)

IM WUNDER   Note that *Wort* has two plurals: *Wörter* means words in isolation, as in a list, whereas *Worte* refers to words in connection, such as in a text. What is the significance of the two meanings here?

das Wunder   *miracle, wonder*

Das Wort

„Am Anfang
war das Wort
und das Wort
war bei Gott"

Und Gott gab uns   5
das Wort
und wir wohnen
im Wort

Und das Wort ist
unser Traum   10
und der Traum ist
unser Leben

Im Wunder

Ich verliere mich
im Dschungel° der Wörter

finde mich wieder
im Wunder
des Worts   5

NICHT ICH In what sense does the writer's self-denial — *nicht Ich* — return the reader to the Word itself?

6. verschwiegen *secret, reticent*

MELODIEN Words are set apart from melodies, yet the effort is made to bring them together. At the same time the speaker seeks the *du,* and the search reveals the words. What does the contrast *streng . . . sanft* imply? Is this a love poem?

5. aus-ziehen† *go out*

7. streng *strict, stern, harsh*
8. passen *fit*
9. sanft *soft, gentle*

Nicht Ich

Wer mich kennt
weiß
daß ich nicht
Ich bin

nur eine   5
verschwiegene Stimme

Mein Wort
du solltest es
besser wissen

Melodien°

Kennst du die Worte
zu den Melodien
die du singst

Ich habe sie gefunden
als ich auszog   5
dich zu suchen

Sie sind streng aber
passen
zu deinen sanften Melodien

HELGA NOVAK was born in Berlin (1935), grew up in East Germany, studied at Leipzig, and worked in bookstores and factories in the East. In 1961 she went with her husband to Iceland, returning to Germany in 1967 — this time to the West. She lives in Frankfurt am Main. In both poetry and prose she shows a critical, highly "involved" social conscience, always manifested in concrete situations and quite ordinary individuals. The stories in this reader are taken from her work *Geselliges Beisammensein* (1968). They exhibit an unsentimental view of human behavior, an awareness, more wry than caustic, of the inconsistencies and pretense of everyday life. Some satirists strip the mask rudely; Helga Novak removes it gently but firmly.

In the present story, an elaborate but quite plausible sequence of events lies ironically embedded in — or hidden behind — the most banal dialogue. A routine embarrassment is catapulted into semipermanence, and it is hard to say who is more to "blame": callous Adam or impoverished Eve. The surprise time-break before the last paragraph is exceptionally effective; double meanings and indirections enliven the "simple" style.

---

die Fahrkarte   *ticket*

1. Kiel   *North German city, on Baltic* · der Hafen   *harbor*
3. an-kommen†   *arrive* · ab-fahren†   *leave*
4. der Eingang   *entrance*
5. weinrot   *wine red* · der Rollkragenpullover   *turtle-neck sweater*
8. die Handtasche   *handbag*
9. das Gepäck   *luggage* · der Bahnhof   *railroad station* · das Schließfach   *locker*
10. bezahlen   *pay*
12. auf-wachen   *wake up*
16. naja   *well*
17. an-rufen†   *call up*

20. sofort' = sogleich
21. zu-hören   *listen*

Fahrkarte bitte

by Helga Novak

Kiel sieht neu aus. Es ist dunkel. Ich gehe zum Hafen. Mein Schiff ist nicht da. Es fährt morgen. Es kommt morgen vormittag° an und fährt um dreizehn Uhr wieder ab. Ich sehe ein Hotel°. Im Eingang steht ein junger Mann. Er trägt einen weinroten Rollkragenpullover.   5

Ich sage, haben Sie ein Einzelzimmer°?

Er sagt, ja.

Ich sage, ich habe nur eine Handtasche bei mir, mein ganzes Gepäck ist auf dem Bahnhof in Schließfächern.

Er sagt, Zimmer einundvierzig. Wollen Sie gleich bezahlen?   10

Ich sage, ach nein, ich bezahle morgen.

Ich schlafe gut. Ich wache auf. Es regnet in Strömen°. Ich gehe hinunter. Der junge Mann hat eine geschwollene° Lippe°.

Ich sage, darf ich mal telefonieren°?   15

Er sagt, naja.

Ich rufe an.

Ich sage, du, ja, hier bin ich, heute noch, um eins, ja, ich komme gleich, doch ich muß, ich habe kein Geld, mein Hotel, ach fein°, ich gebe es dir zurück, sofort, schön.   20

Der junge Mann steht neben mir. Er hat zugehört.

Ich sage, jetzt hole ich Geld. Dann bezahle ich. Er sagt, zuerst bezahlen.

2. leisten *afford*
3. nachher' *later*
4. könnte ... kommen *(subjunctive of probability) might come*

10. Was haben Sie denn von mir? *What good am I to you? What can you get from me?*
12. wäre *(subjunctive as though in conclusion of "if" clause) would be*

15. ab-warten *wait and see*

17. solan'ge *for a while* · die Gaststube *dining room, lounge*

21. verschließen† *lock away* · die Kasset'te *strong-box, cash box*
23. das Weiße Ahornblatt *White Maple Leaf (name of hotel)*
24. die Servie'rerin *waitress*
25. glänzend *splendid*

Ich sage, ich habe kein Geld, meine Freundin.
Er sagt, das kann ich mir nicht leisten.
Ich sage, aber ich muß nachher weiter.
Er sagt, da könnte ja jeder kommen.
Ich sage, meine Freundin kann nicht aus dem Geschäft weg. 5
Er lacht.
Ich sage, ich bin gleich wieder da.
Er sagt, so sehen Sie aus.
Ich sage, lassen Sie mich doch gehen. Was haben Sie denn
von mir? 10
Er sagt, ich will Sie ja gar nicht.
Ich sage, manch einer wäre froh.
Er sagt, den zeigen Sie mir mal.
Ich sage, Sie kennen mich noch nicht.
Er sagt, abwarten und Tee° trinken. 15
Es kommen neue Gäste.
Er sagt, gehen Sie solange in die Gaststube.
Er kommt nach.
Ich sage, mein Schiff geht um eins.
Er sagt, zeigen Sie mir bitte Ihre Fahrkarte. 20
Er verschließt die Fahrkarte in einer Kassette.
Ich sitze in der Gaststube und schreibe einen Brief. Liebe
Charlotte, seit einer Woche bin ich im *Weißen Ahornblatt*
Serviererin. Nähe Hafen. Wenn Du hier vorbeikommst, sieh
doch zu mir herein. Sonst geht es mir glänzend. Deine Maria. 25

FRIEDRICH ACHLEITNER Not all literary works demand a search for profundities. The genre of the literary spoof may justify itself by the amusement it occasions. Parody implies skeptical distance and an unwillingness to be taken in, and these attitudes are defensible in themselves. They also keep us from viewing life too seriously. With Achleitner, however, seemingly meaningless dialogue, narration devoid of rational cause and effect, and situations with no focus may be metaphors of our absurd existence.

Of what kind of story or narrative form is *der schöne hut* reminiscent? Is the "plot" wholly mad, or do the characters manifest certain consistent (if cryptic) attitudes and traits? For example, is there enough evidence to differentiate the character of the king from that of the queen? Does the nature of repetitions and permutations remind you of any aspect of your educational experience? (Note the variety of tenses and the fact that practically all substantives and verbs are modified.)

By training an architect, and subsequently an instructor in architectural history at the Vienna Academy of Art, Friedrich Achleitner made his transition to literature in part through that most architectural of literary forms, "concrete poetry." Although he worked with some of the leaders of this avant-garde form (and on their journal *konkrete poesie*), he was also enough of a skeptic to satirize their "word magic." His *quadratroman* (1973) combines the practice of *konkrete poesie* and persiflage. His interest in Bavarian and Austrian dialect poetry, and the comic inspiration of *der schöne hut* are further evidence of his keen sense for the outer reaches of language.

Achleitner was born in Upper Austria in 1930; he lives and works in Vienna.

---

häßlich *ugly*
1. der König *king* · schmal *narrow* · finster *dark*
2. gelb *yellow* · der Schlüssel *key* · vornehm *aristocratic, distinguished*
5. ungenau *inexact* · das Loch *hole*   8. der Stoß *push*

16. betreten† *enter*
18. vorzüglich *excellent*

der schöne hut
oder
der häßliche hut

by Friedrich Achleitner

1

der könig ist an der schmalen tür seines finsteren hauses. er
nimmt den gelben schlüssel aus der vornehmen tasche. das ist
er. und das ist eine vornehme tasche. er hat den gelben
schlüssel in der hand. er wird den gelben schlüssel in das
ungenaue schlüsselloch stecken. er steckt den gelben schlüssel 5
in das ungenaue schlüsselloch. jetzt ist der gelbe schlüssel im
ungenauen schlüsselloch. und bald wird der könig der
schmalen tür einen stoß geben. bald wird die schmale tür offen
sein. jetzt gibt er der schmalen tür einen stoß. jetzt ist sie offen.
jetzt kann der könig den gelben schlüssel wieder ruhig in die 10
vornehme tasche stecken. der könig steckt den gelben schlüssel
wieder ruhig in die vornehme tasche. der könig steckte den
gelben schlüssel wieder ruhig in die vornehme tasche. jetzt
schreitet der könig in sein finsteres haus. er schritt in sein
finsteres haus und die schmale tür ist wieder geschlossen. 15

2

bald wird der könig ein kaltes zimmer betreten. das kalte
zimmer hat eine schmale tür. das ist das kalte zimmer. der
könig betritt das kalte zimmer. er schreitet zum vorzüglichen
tisch. er wird seinen schönen hut auf den vorzüglichen tisch
legen. ist sein schöner hut jetzt auf dem vorzüglichen tisch. 20

10. sei *(present subjunctive, indirect discourse)*

12. unwürdig *unworthy*

15. sehn, gehn = sehen, gehen

24. der Haken *hook*

31. dorthin' *there*

wo ist die königin°. sie ist in einem anderen zimmer. wer ist
das. ja, das ist die königin. ihr name ist ann. dieses kalte
zimmer hat zwei schmale türen. das ist die eine schmale tür
des kalten zimmers. das ist die andere schmale tür des kalten
zimmers. und das ist ein wichtiges fenster des kalten zimmers. 5
und das ist ein anderes wichtiges fenster. ein fenster ist offen.
das andere ist wichtiger. die königin ist nicht im kalten
zimmer.

3
der könig kam ins kalte zimmer. der könig tat seinen schönen
hut auf den vorzüglichen tisch. das volk sagt, der hut sei 10
häßlich. ein häßlicher hut. der häßliche hut sei eines königs
unwürdig. o dieser häßliche hut des königs. der könig ging
durch diese schmale tür. er verließ das kalte zimmer. die
königin kommt ins kalte zimmer. sie wird den häßlichen hut
sehn. sie wird zum vorzüglichen tische gehn. sie geht zum 15
vorzüglichen tische. sie sieht den häßlichen hut. was ist das.
des königs häßlicher hut. wann sah sie ihn. sie sah ihn als sie
beim vorzüglichen tische stand. sie wird den häßlichen hut
vom vorzüglichen tische nehmen. sie nimmt den häßlichen hut
vom vorzüglichen tische. sie hat den häßlichen hut in der 20
hand. sie verläßt das kalte zimmer. sie verließ mit dem
häßlichen hut das kalte zimmer. sie hatte des königs häßlichen
hut in der hand.

4
das sind grüne haken. ein häßlicher hut ist am grünen haken.
es ist der königin häßlicher hut. sie tut den häßlichen hut des 25
königs auf einen anderen grünen haken. jetzt ist der häßliche
hut des königs auch auf einem grünen haken. der könig
kommt wieder ins kalte zimmer. er geht wieder zum vorzüglichen tisch. sein häßlicher hut ist nicht mehr auf dem vorzüglichen tisch. er sagt. wo ist mein schöner hut. ich tat ihn auf 30
den vorzüglichen tisch. ich tat ihn dorthin. wo ist mein schöner
hut. ich habe ihn nicht. er ist nicht hier. wo ist er. königin,
wo ist mein schöner hut. die königin wird in das kalte zimmer
kommen. sie kommt.

5

sie sagt. hier bin ich. der könig sagt. wo ist mein schöner hut.
sie sagt. er war auf dem vorzüglichen tisch. ich tat ihn an den
grünen haken im anderen zimmer. ich tat ihn dorthin. er ist
dort. er ist am grünen haken. der könig sagt. ich werde ins
andere zimmer gehn. ich werde meinen schönen hut nehmen. 5
er nimmt seinen häßlichen hut. nahm er seinen häßlichen hut.
er nahm ihn. er hat ihn in der hand. er verließ das kalte
zimmer. als er den häßlichen hut sah, nahm er ihn vom grünen
haken. er kam wieder ins kalte zimmer. er hatte den häßlichen
hut in der hand. er gibt der königin den häßlichen hut. 10

6

er sagt. königin. er sagt. was ist in meinem schönen hut. die
königin wird den häßlichen hut in die hand nehmen. was
nimmt sie aus dem häßlichen hut. was hat sie in der hand.
geld. sie hat geld in der hand. es war im häßlichen hut. er
war auf dem vorzüglichen tisch. was sah sie. sie sah den 15
häßlichen hut. aber sie sah nicht das geld. sie nahm den häßlichen hut. sie tat ihn an den grünen haken im anderen
zimmer. da ging der könig ins andere zimmer und nahm den
häßlichen hut vom grünen haken. wer nahm ihn. der könig
nahm ihn. sieht die königin das geld jetzt. ja, jetzt sieht sie es. 20
sie sagt. könig, wie kommt dieses geld in den häßlichen hut.

7

ich ging auf der straße. der wind kam und nahm meinen
schönen hut vom kopf. ich ging dem schönen hute nach. als ich
ihn in die hand nahm, sah ich das geld. das geld war unter
dem schönen hut. als der wind kam nahm er meinen schönen 25
hut vom kopf. dann kam er wieder herunter. und das geld
war dort. der schöne hut war auf dem geld. das geld war unter
dem schönen hut.

EIGHT POEMS BY SEVEN POETS   The eight poems that follow are by seven of the most prominent poets of the entire period since World War II. They attest to the capacity of great writers to write simply, and of simple words to convey complex and important ideas.

Biographical information on the writers will appear with later and more extensive sections devoted to each author singly.

ACH FREUND . . .   While this poem is clearly a political statement, there is a far larger context in which freedom of choice can be exercised. Is the poet convincing in his conclusions, that is, his demonstration of personal reaction as universal behavior? In what ways is the larger context a moral one? Consider the nature and effect of the two progressions: *wenige, manche, viele, alle;* and *Land, Stadt, Frau, Leben.*

3.   die Freiheit   *freedom*

NÄNIE AUF DEN APFEL   The key to understanding Enzensberger's "lament" is perhaps most easily found in the verb tenses. As the poet surveys the landscape, he is confronted with present desolation and past memory. Apple, table, house, city — all are gone, and the (fallow) land "rests." We thus accept the second strophe less as needed interpretation than as a melancholy exercise in recollection. Where does the line "Dieser Apfel dort" position the poet? What associations does the apple evoke?

die Nänie   *dirge, lament*
8.   das Gestirn   *star*

ACH FREUND, GEHT ES NICHT AUCH DIR SO?
ich kann nur lieben
        was ich die Freiheit habe
                auch zu verlassen:

dieses Land   5
diese Stadt
diese Frau
dieses Leben

Eben darum lieben ja
wenige ein Land   10
manche eine Stadt
viele eine Frau
aber das Leben alle.

                                WOLF BIERMANN

Nänie auf den Apfel°

Hier lag der Apfel
Hier stand der Tisch
Das war das Haus
Das war die Stadt
Hier ruht das Land.   5

Dieser Apfel dort
ist die Erde
ein schönes Gestirn
auf dem es Äpfel gab
und Esser von Äpfeln.   10

        HANS MAGNUS ENZENSBERGER

DER TOD... A high degree of concentration, which characterizes much of jandl's writing (see p. 82), is apparent in his poem about death. Every language student will recognize the first four lines as a simple declension and as such a list of words whose connection is purely formal and external. The second strophe throws this notion overboard, revealing not a bare listing of noun forms, but an unexpected and not merely playful connection.

6. dem tod den tod *(compare: power to the people! — formula for wishing, decreeing; as if preceded by* wir wünschen *+dat. +acc.) death to death*

SELBSTMORD Can one make a case for "second sight" as opposed to superstition, sensitivity as opposed to (inherited) depression? To what does *es* refer in line one?

der Selbstmord *suicide*
1. der = ihr
3. der *(note dative case)* · regelmäßig *regular*
5. fallen† *(military) be killed*

die Trennung *separation*
1. für sich *by oneself*

der tod
des todes
dem tod
den tod

der tod des todes
dem tod den tod

ERNST JANDL

Selbstmord

Aber bei der lag es in der Familie
Sie wohnten früher am Moor°
Der Großmutter° fiel regelmäßig
Ein Bild von der Wand wenn wieder
Ein Sohn gefallen war

Trennung

Jeder trinkt seinen Whisky für sich
„Three Swallows" er / „Four Roses" ich

SARAH KIRSCH

ÜBER EINIGE DAVONGEKOMMENE The anecdotal quality of this poem, and especially the bitingly ironic qualification of "Jedenfalls nicht gleich," softens but does not trivialize the tragic tendency of humanity to repeat itself.

How does the final line create the necessary perspective?

    davon'-kommen†   *escape, be saved*
2. die Trümmer *(pl.) ruins*
5. hervorgezogen wurde *(passive)*

9. jedenfalls *anyway, in any case*

ICH SEHE DAS ANDERS "To see things differently" is not only to remain captive of memory, it is to concede an inability to let words be words, to grant them their new context. Is the personal dilemma, evident in the title and the relationship of words to "capitalism," more broadly applicable? Who, in fact, says, "Die Wörter sind Überbleibsel des Kapitalismus"?

2. das Überbleibsel *remnant*
7. nochmals = wieder
8. ertrinken† *drown*

Über einige Davongekommene

Als der Mensch
Unter den Trümmern
Seines
Bombardierten° Hauses
Hervorgezogen wurde,   5
Schüttelte er sich
Und sagte:
Nie wieder.

Jedenfalls nicht gleich.

GÜNTER KUNERT

Ich sehe das anders

Ich sehe das anders —
die Wörter sind Überbleibsel
des Kapitalismus° —
Ich sehe das nicht so.
Ich sage Schnee und habe   5
den Winter 1929 im Mund.
Wasser, sage ich, nochmals
in der Nordsee° ertrinkend.
Feuer. Meine eine Hand
brennt weiter seit dem   10
letzten Krieg.
Sage Freiheit und weiß
immer noch nicht, was ich sage.

KARL KROLOW

DREHT EUCH NICHT UM In reading "Dreht euch nicht um" one is reminded of earlier, far better known admonitions not to look back (Orpheus, Lot). In Grass' poem the consequences are less dire than conversion to a pillar of salt, but (and despite strong evidence of humor) the message is likewise a serious one. Fear begets fear, to sample is to succumb, and human beings are plagued by permanence.

What accounts for the disillusionment and defeatism of the poem? How do the sentiments of this poem compare with those of Kunert's "Über einige Davongekommene"?

      sich um-drehen *turn around*
5. wird . . . gesucht *(passive)*
7. riechen† *smell*
10. der Held *hero*

12. schmecken *taste*

14. fortan′ *from then on*
15. der Durst *thirst*

17. zuhaus′ = zu Hause

20. der Besuch *visit(or)* · auf-machen *open*

24. unterschreiben† *sign*

Dreht euch nicht um

Geh nicht in den Wald,
im Wald ist der Wald.
Wer im Wald geht,
Bäume sucht,
wird im Wald nicht mehr gesucht.   5

Hab keine Angst,
die Angst riecht nach Angst.
Wer nach Angst riecht,
den riechen
Helden, die wie Helden riechen.   10

Trink nicht vom Meer,
das Meer schmeckt nach mehr.
Wer vom Meer trinkt,
hat fortan
nur noch Durst auf Ocean°.   15

Bau dir kein Haus,
sonst bist du zuhaus.
Wer zuhaus ist,
wartet auf
spät Besuch und macht auf.   20

Schreib keinen Brief,
Brief kommt ins Archiv°.
Wer den Brief schreibt,
unterschreibt,
was von ihm einst überbleibt°.   25

GÜNTER GRASS

REINHARD LETTAU, born in Erfurt in 1929, now teaches German literature and creative writing at the University of California in San Diego. Among his notable works are *Schwierigkeiten beim Häuserbauen* (1962); a volume of satires on the military, *Feinde* (1968); and a political commentary, *Täglicher Faschismus* (1971). A member of the famous post–World War II writers' club, Gruppe 47, he is also its "house historian": his *Gruppe 47, ein Handbuch* appeared in 1967 to mark the twentieth anniversary of this politically engaged circle of young writers who, in the words of another member, form a group that is "eigentlich gar keine Gruppe. Sie nennt sich nur so."

A similar paradox of identification characterizes Lettau's short prose texts, of which *Auftritt* is a typical example. It is not even clear what "genre" they represent. They communicate the very irrationality of life, a sense of absurdity that relates Lettau to Achleitner. But Lettau deals more clearly with how we treat the existence of others, how we "know" them or avoid knowing them. *Auftritt* is on the surface a stage term. It means "scene," because it means that people "enter" (*auftreten*). Here the stage is occupied by, if you will, an in-group, and the one who would enter is an outsider. At the end of the "scene" he has been rejected, but "we" have lost something too — and are aware of it too late. How is the seemingly innocent anecdote raised to the level of parable in this "scene"? *Auftritt* means other things. Can we attach any importance to its double (or triple) meaning? To the designation of the participants as *ein Herr* and *wir*?

---

  4. erneut   *once again*
  7. betreten†   *enter*
  8. sich handeln um   *involve, be a question of*
11. winken   *wave*
14. wiederum = wieder
15. beina'he   *almost*
17. erwarten   *await*
18. die Wiederholung   *repeat, repetition*
19. zögern   *delay*

Auftritt

by Reinhard Lettau

Ein Herr tritt ein.
„Ich bin's", sagt er.
„Versuchen Sie es noch einmal", rufen wir.
Er tritt erneut ein.
„Hier bin ich", sagt er. 5
„Es ist nicht viel besser", rufen wir.
Wieder betritt er das Zimmer.
„Es handelt sich um mich", sagt er.
„Ein schlechter Anfang", rufen wir.
Er tritt wieder ein. 10
„Hallo", ruft er. Er winkt.
„Bitte nicht", sagen wir.
Er versucht es wieder.
„Wiederum ich", ruft er.
„Beinahe", rufen wir. 15
Noch einmal tritt er ein.
„Der Langerwartete", sagt er.
„Wiederholung", rufen wir, aber ach, nun haben wir zu
lange gezögert, nun bleibt er draußen, will nicht mehr
kommen, ist weggesprungen, wir sehen ihn nicht mehr, selbst 20
wenn wir die Haustüre öffnen und links und rechts die Straße
schnell hinunterschauen.

BERTOLT BRECHT (1898–1956), one of the towering influences in twentieth-century theater, began writing verse and prose as early as 1914 for the newspaper in his hometown of Augsburg. His first play, *Baal,* was written in 1918; this was followed by *Trommeln in der Nacht* (1919) and the expressionistic *Im Dickicht der Städte* (1933). Altogether Brecht wrote some 40 plays, among them the famous *Dreigroschenoper* (1928) and *Mutter Courage und ihre Kinder* (1938–39); over a dozen collections of poetry; and a large number of short stories, calendar tales, and essays. Brecht left Germany in 1933, living first in Denmark and Sweden and finally in the United States. He returned to Europe in 1947 and settled in East Berlin, where he founded the Berliner Ensemble theatre (1949), with which he remained closely connected until his death in 1956.

Der Jasager and *Der Neinsager* are actually operas. Brecht called them school operas and placed them among his *Lehrstücke* or didactic pieces. The first was written in 1929–30 and was based on (in fact follows rather closely) Arthur Waley's English version of the Japanese Nō play *Toniko.* When Brecht and Kurt Weill (who composed the music) visited some school rehearsals of the piece, they were met by student criticisms: why, for example, should the boy be killed? In reply, Brecht rewrote the play and titled it *Der Neinsager.*

It was Brecht's own view that the two plays or operas should be performed together. Does the *Neinsager* convincingly refute the anti-individualism of the *Jasager*? What changes of attitude does the *Neinsager* betray? In what ways may the basic conflict of *Jasager-Neinsager* be seen as political?

---

1. der Chor   *chorus*   2. das Einverständnis   *assent, agreement, understanding*   4. werden . . . gefragt   *(passive)*
5. einverstanden   *in agreement*
7. der Lehrer   *teacher*
11. sorgen   *care*   12. das Lebewohl   *farewell, good-by*
13. sich begeben†   *set out* · in Kürze   *shortly* · nämlich   *you see*
14. die Seuche   *plague* · jenseits   *beyond*
15. der Arzt   *doctor*
18. besuchen   *visit*

Der Jasager°

by Bertolt Brecht

1

Der große Chor:
Wichtig zu lernen vor allem ist Einverständnis.
Viele sagen ja, und doch ist da kein Einverständnis.
Viele werden nicht gefragt, und viele
Sind einverstanden mit Falschem. Darum: 5
Wichtig zu lernen vor allem ist Einverständnis.
(Der Lehrer in Raum 1, die Mutter und der Knabe in Raum 2.)

Der Lehrer: Ich bin der Lehrer. Ich habe eine Schule in der
Stadt und habe einen Schüler°, dessen Vater tot ist. Er hat   10
nur mehr seine Mutter, die für ihn sorgt. Jetzt will ich zu
ihnen gehen und ihnen Lebewohl sagen, denn ich begebe
mich in Kürze auf eine Reise in die Berge. Es ist nämlich
eine Seuche bei uns ausgebrochen, und in der Stadt jenseits
der Berge wohnen einige große Ärzte. *Er klopft an die Tür.*   15
Darf ich eintreten?

Der Knabe (tritt aus Raum 2 in Raum 1): Wer ist da? Oh, der
Lehrer ist da, der Lehrer kommt, uns zu besuchen!

Der Lehrer: Warum bist du so lange nicht zur Schule in die
Stadt gekommen?   20

10. ergreifen† *seize, attack*

12. leider *unfortunately*

17. die Unterweisung *instruction*

20. in der Tat *in fact*

22. die Wanderung *trip* · etwa *maybe, by chance*

25. zurück'-kehren *return*

30. horchen *listen*

34. bereits *already*
35. schwierig *difficult*

Der Knabe: Ich konnte nicht kommen, weil meine Mutter
krank war.
Der Lehrer: Das wußte ich nicht, daß deine Mutter auch krank
ist. Bitte, sag ihr gleich, daß ich hier bin.
Der Knabe (ruft nach Raum 2): Mutter, der Lehrer ist da. 5
Die Mutter (sitzt in Raum 2): Bitte ihn, hereinzukommen.
Der Knabe: Bitte, treten Sie ein.
(Sie treten beide in Raum 2.)
Der Lehrer: Ich bin lange nicht hier gewesen. Ihr Sohn sagt,
die Krankheit° hat auch Sie ergriffen. Geht es Ihnen jetzt 10
besser?
Die Mutter: Leider geht es mir nicht besser, da man gegen
diese Krankheit ja bis jetzt keine Medizin° kennt.
Der Lehrer: Man muß etwas finden. Daher komme ich, um
Ihnen Lebewohl zu sagen: morgen begebe ich mich auf eine 15
Reise über die Berge, um Medizin zu holen und Unterwei-
sung. Denn in der Stadt jenseits der Berge sind die großen
Ärzte.
Die Mutter: Eine Hilfsexpedition° in die Berge! Ja, in der
Tat, ich habe gehört, daß die großen Ärzte dort wohnen, 20
aber ich habe auch gehört, daß es eine gefährliche° Wan-
derung ist. Wollen Sie etwa mein Kind mitnehmen?
Der Lehrer: Das ist keine Reise, auf die man ein Kind mit-
nimmt.
Die Mutter: Gut. Ich hoffe, Sie kehren gesund zurück. 25
Der Lehrer: Jetzt muß ich gehen. Leben Sie wohl.
(Ab in Raum 1.)
Der Knabe (folgt dem Lehrer nach Raum 1): Ich muß etwas
sagen.
(Die Mutter horcht an der Tür.) 30
Der Lehrer: Was willst du sagen?
Der Knabe: Ich will mit Ihnen in die Berge gehen.
Der Lehrer:
Wie ich deiner Mutter bereits sagte
Ist es eine schwierige und 35
Gefährliche Reise. Du wirst nicht
Mitkommen können. Außerdem:
Wie kannst du deine Mutter
Verlassen wollen, die doch krank ist?

13, 14, 15.   könne, sei, müsse   *(subjunctive, with* sagen, *etc.)*
16.   muß . . . mit = muß mitkommen

18.   zweifeln an   *doubt*

28.   das Gedächtnis   *memory*

30.   das Essen   *meal, food* · bereiten   *prepare*
31.   die Kleider   *(pl.) clothes* · richten   *arrange, fix*
32.   beschaffen   *get, find*
33.   trotzdem′   *nevertheless*
34.   das Vorhaben   *plan* · ab-bringen†   *dissuade, divert*

Bleibe hier. Es ist ganz
Unmöglich, daß du mitkommst.
Der Knabe:
Eben weil meine Mutter krank ist
Will ich mitgehen, um für sie   5
Bei den großen Ärzten in der Stadt jenseits der Berge
Medizin zu holen und Unterweisung.
Der Lehrer: Ich muß noch einmal mit deiner Mutter reden.
*(Er geht nach Raum 2 zurück. Der Knabe horcht an der
Tür).*   10
Der Lehrer: Ich bin noch einmal zurückgekommen. Ihr Sohn
sagt, daß er mit uns gehen will. Ich sagte ihm, daß er Sie
doch nicht verlassen könne, wenn Sie krank sind, und daß
es eine schwierige und gefährliche Reise sei. Er könne ganz
unmöglich mitkommen, sagte ich. Aber er sagte, er müsse   15
mit, um für Ihre Krankheit in der Stadt jenseits der Berge
Medizin zu holen und Unterweisung.
Die Mutter: Ich habe seine Worte gehört. Ich zweifle nicht an
dem, was der Knabe sagt — daß er gern mit Ihnen die ge-
fährliche Wanderung machen will. Komm herein, mein   20
Sohn!
(Der Knabe tritt in Raum 2.)
Seit dem Tag, an dem
Uns dein Vater verließ
Habe ich niemanden   25
Als dich zur Seite.
Du warst nie länger
Aus meinem Gedächtnis und aus meinen Augen
Als ich brauchte, um
Dein Essen zu bereiten   30
Deine Kleider zu richten und
Das Geld zu beschaffen.
Der Knabe: Alles ist, wie du sagst. Aber trotzdem kann mich
nichts von meinem Vorhaben abbringen.
Der Knabe, die Mutter, der Lehrer: 35
Ich werde (er wird) die gefährliche Wanderung machen
Und für deine (meine, ihre) Krankheit
In der Stadt jenseits der Berge
Medizin holen und Unterweisung.

2. die Vorstellung *argument, remonstrance*
3. rühren *move*

9. heilen *heal, cure*

19. an-treten† *set out on*
20. sich befinden† *be*

22. die Anstrengung *exertion* · gewachsen *up to*

24. die Heimkehr *return home*
25. das Morgengrauen *dawn*

27. schleppen *drag*

29. der Krug *jug, pitcher*

31. die Hütte *hut, shelter* · verweilen *stop*
32. gehorchen *obey*
33. das Podest' *stage, platform*

Der große Chor:
Sie sahen, daß keine Vorstellungen
Ihn rühren konnten.
Da sagten der Lehrer und die Mutter
Mit einer Stimme: 5
Der Lehrer, die Mutter:
Viele sind einverstanden mit Falschem, aber er
Ist nicht einverstanden mit der Krankheit, sondern
Daß die Krankheit geheilt wird.
Der große Chor: `   10
Die Mutter aber sagte:
Die Mutter:
Ich habe keine Kraft mehr.
Wenn es sein muß
Geh mit dem Herrn Lehrer.   15
Aber kehr schnell zurück.

2

Der große Chor:
Die Leute haben die Reise
In die Berge angetreten.
Unter ihnen befanden sich der Lehrer   20
Und der Knabe.
Der Knabe war den Anstrengungen nicht gewachsen:
Er überanstrengte° sein Herz
Das die schnelle Heimkehr verlangte.
Beim Morgengrauen am Fuße der Berge   25
Konnte er kaum seine müden
Füße mehr schleppen.
*(Es treten in Raum 1: der Lehrer, die drei Studenten°,
zuletzt der Knabe mit einem Krug.)*
Der Lehrer: Wir sind schnell hinangestiegen. Dort ist die erste   30
Hütte. Dort wollen wir ein wenig verweilen.
Die drei Studenten: Wir gehorchen.
*(Sie treten auf das Podest in Raum 2. Der Knabe hält den
Lehrer zurück.)*
Der Knabe: Ich muß etwas sagen.   35
Der Lehrer: Was willst du sagen?

3. die . . . gehen *(relative implying its own antecedent) those who*

8. befragen *ask, question*

12. besorgt *worried* · seinetwegen *about him, for his sake*
14. die Ordnung *order*

19. müde sei *(subjunctive, indirect discourse after* sagen*)*

21. schmal *narrow* · der Grat *ridge*
22. zu-fassen *grab on* · die Felswand *rock face*

24. hoffentlich *one hopes*

28. der Trichter *funnel*

30. vorhin' *previously*

36. das Technikum *(here) stage technicians*

38. das Seil *rope*
39. konstruiert werden *(passive) be constructed*

Der Knabe: Ich fühle mich nicht wohl.

Der Lehrer: Halt! Solche Dinge dürfen nicht sagen, die auf eine solche Reise gehen. Vielleicht bist du müde, weil du das Steigen nicht gewohnt bist. Bleib ein wenig stehen und ruhe ein wenig. 5

(Er tritt auf das Podest.)

Die drei Studenten: Es scheint, daß der Knabe müde ist vom Steigen. Wir wollen den Lehrer darüber befragen.

Der große Chor: Ja. Tut das!

Die drei Studenten (zum Lehrer): Wir hören, daß dieser 10 Knabe müde ist vom Steigen. Was ist mit ihm? Bist du besorgt seinetwegen?

Der Lehrer: Er fühlt sich nicht wohl, aber sonst ist alles in Ordnung mit ihm. Er ist müde vom Steigen.

Die drei Studenten: So bist du also nicht besorgt seinetwegen? 15 *(Lange Pause°.)*

Die drei Studenten (untereinander):

Hört ihr? Der Lehrer hat gesagt
Daß der Knabe nur müde sei vom Steigen.
Aber sieht er nicht jetzt ganz seltsam aus? 20
Gleich nach der Hütte kommt der schmale Grat.
Nur mit beiden Händen zufassend an der Felswand
Kommt man hinüber.
Hoffentlich ist er nicht krank.
Denn wenn er nicht weiter kann, müssen wir ihn 25
Hier zurücklassen.

(Sie rufen nach Raum 1 hinunter, die Hand wie einen Trichter vor dem Mund:)

Bist du krank? — Er antwortet nicht. — Wir wollen den Lehrer fragen. *(Zum Lehrer:)* Als wir vorhin nach dem 30 Knaben fragten, sagtest du, er sei nur müde vom Steigen, aber jetzt sieht er ganz seltsam aus. Er hat sich auch gesetzt.

Der Lehrer: Ich sehe, daß er krank geworden ist. Versucht doch, ihn über den schmalen Grat zu tragen.

Die drei Studenten: Wir versuchen es. 35

(Technikum: Die drei Studenten versuchen, den Knaben über den „schmalen Grat" zu bringen. Der „schmale Grat" muß von den Spielern aus Podesten, Seilen, Stühlen usw. so konstruiert werden, daß die drei Studenten zwar allein,

4. was auch sei   *(subjunctive) whatever the case*

6. das Entsetzen   *horror* · aus-sprechen†   *say*

8. das Gebirge   *mountains*

10. sich widersetzen   *oppose*
11. um-kehren   *turn back*
12. das Leid   *suffering, sorrow*
13. das Geschöpf   *creature* · schonend   *considerately, in a kindly fashion*
14. das Schicksal   *fate* · vor-bereiten   *prepare*

19, 20.   verlange, umkehre   *(subjunctive, indirect discourse)*

25. zu-hören   *listen*

28. der Brauch   *custom* · vor-schreiben†   *prescribe*

35. zurückgelassen wirst   *(passive)*
36. sich überlegen   *think over* · nachdenken†   *reflect*

39. die Notwendigkeit   *necessity* · ... gemäß   *in accordance with*

*nicht aber, wenn sie auch noch den Knaben tragen, hin-
überkommen.)*

Die drei Studenten: Wir können ihn nicht hinüberbringen,
und wir können nicht bei ihm bleiben. Was auch sei, wir
müssen weiter, denn eine ganze Stadt wartet auf die Medi- 5
zin, die wir holen sollen. Wir sprechen es mit Entsetzen aus,
aber wenn er nicht mit uns gehen kann, müssen wir ihn eben
hier im Gebirge liegenlassen°.

Der Lehrer: Ja, vielleicht müßt ihr es. Ich kann mich euch
nicht widersetzen. Aber ich halte es für richtig, daß man 10
den, welcher krank wurde, befragt, ob man umkehren soll
seinetwegen. Ich trage in meinem Herzen großes Leid um
dieses Geschöpf. Ich will zu ihm gehen und ihn schonend
auf sein Schicksal vorbereiten.

Die drei Studenten: Bitte, tue das. 15

(Sie stellen sich mit den Gesichtern gegeneinander.)

Die drei Studenten, der große Chor:

    Wir wollen ihn fragen (sie fragten ihn), ob er verlangt
        (verlange)
    Daß man umkehrt (umkehre) seinetwegen 20
    Aber auch wenn er es verlangt
    Wollen wir (wollten sie) nicht umkehren
    Sondern ihn liegenlassen und weitergehen.

Der Lehrer (ist zu dem Knaben nach Raum 1 hinabgestiegen):
Hör gut zu! Da du krank bist und nicht weiter kannst, müs- 25
sen wir dich hier zurücklassen. Aber es ist richtig, daß man
den, welcher krank wurde, befragt, ob man umkehren soll
seinetwegen. Und der Brauch schreibt auch vor, daß der,
welcher krank wurde, antwortet: Ihr sollt nicht umkehren.

Der Knabe: Ich verstehe. 30

Der Lehrer: Verlangst du, daß man umkehren soll deinetwegen?

Der Knabe: Ihr sollt nicht umkehren!

Der Lehrer: Bist du also einverstanden, daß du zurückgelassen
wirst? 35

Der Knabe: Ich will es mir überlegen. *Pause des Nachdenkens.*
Ja, ich bin einverstanden.

Der Lehrer (ruft von Raum 1 nach Raum 2): Er hat der Notwendigkeit gemäß geantwortet.

6. beschließen† *decide*

9. das Tal *valley*

15. bestimmen *determine*
16. vollstrecken *carry out*

22. lehnen *lean*

24. vorsichtig *careful*
25. verdecken *conceal from view*
26. der Rand *edge*
27. unsichtbar *invisible*

30. der Gedanke *thought*
31. verführen *mislead, induce*

38. beklagen *lament*
39. das Gesetz *law*

Der große Chor und die drei Studenten (diese im Hinabgehen
  nach Raum 1): Er hat ja gesagt. Geht weiter!
  (Die drei Studenten bleiben stehen.)
Der Lehrer:
  Geht jetzt weiter, bleibt nicht stehen   5
  Denn ihr habt beschlossen, weiterzugehen.
  (Die drei Studenten bleiben stehen.)
Der Knabe: Ich will etwas sagen: Ich bitte euch, mich nicht
  hier liegenzulassen, sondern mich ins Tal hinabzuwerfen,
  denn ich fürchte mich, allein zu sterben.   10
Die drei Studenten: Das können wir nicht.
Der Knabe: Halt! Ich verlange es.
Der Lehrer:
  Ihr habt beschlossen, weiterzugehen und ihn dazulassen°.
  Es ist leicht, sein Schicksal zu bestimmen   15
  Aber schwer, es zu vollstrecken.
  Seid ihr bereit, ihn ins Tal hinabzuwerfen?
Die drei Studenten:
  Ja.
  (Die drei Studenten tragen den Knaben auf das Podest in   20
  Raum 2.)
  Lehne deinen Kopf an unsern Arm.
  Strenge dich nicht an.
  Wir tragen dich vorsichtig.
  (Die drei Studenten stellen sich vor ihn, ihn verdeckend, an   25
  den hinteren Rand des Podestes.)
Der Knabe (unsichtbar):
  Ich wußte wohl, daß ich auf dieser Reise
  Mein Leben verlieren könnte.
  Der Gedanke an meine Mutter   30
  Hat mich verführt zu reisen.
  Nehmt meinen Krug
  Füllt ihn mit der Medizin
  Und bringt ihn meiner Mutter
  Wenn ihr zurückkehrt.   35
Der große Chor:
  Dann nahmen die Freunde den Krug
  Und beklagten die traurigen Wege der Welt
  Und ihr bitteres Gesetz

2. drängen   *crowd, press*
3. der Abgrund   *abyss*

5. der Nachbar   *neighbor*
6. der Klumpen   *lump, clod*
7. flach   *(here) flat*
8. hinterher'   *(along) after*

Und warfen den Knaben hinab.
Fuß an Fuß standen sie zusammengedrängt
An dem Rande des Abgrunds
Und warfen ihn hinab mit geschlossenen Augen
Keiner schuldiger als sein Nachbar   5
Und warfen Erdklumpen
Und flache Steine
Hinterher.

Der Neinsager

by Bertolt Brecht

1

Der große Chor:
    Wichtig zu lernen vor allem ist Einverständnis.
    Viele sagen ja, und doch ist da kein Einverständnis.
    Viele werden nicht gefragt, und viele
    Sind einverstanden mit Falschem. Darum: 5
    Wichtig zu lernen vor allem ist Einverständnis.
    (Der Lehrer in Raum 1, die Mutter und der Knabe in Raum 2.)
Der Lehrer: Ich bin der Lehrer. Ich habe eine Schule in der Stadt und habe einen Schüler, dessen Vater tot ist. Er hat   10
nur mehr seine Mutter, die für ihn sorgt. Jetzt will ich zu ihnen gehen und ihnen Lebewohl sagen, denn ich begebe mich in Kürze auf eine Reise in die Berge. *(Er klopft an die Tür.)* Darf ich eintreten?
Der Knabe (tritt aus Raum 2 in Raum 1): Wer ist da? Oh, der   15
Herr Lehrer ist da, der Herr Lehrer kommt, uns zu besuchen.

13. seien *(subjunctive, indirect discourse)*
14. sich Sorgen machen *worry*
15. die Folge *consequence*

18. die Forschung *research*

Der Lehrer: Warum bist du so lange nicht zur Schule in die Stadt gekommen?

Der Knabe: Ich konnte nicht kommen, weil meine Mutter krank war.

Der Lehrer: Das wußte ich nicht. Bitte, sag ihr gleich, daß ich hier bin.

Der Knabe (ruft nach Raum 2): Mutter, der Herr Lehrer ist da.

Die Mutter (sitzt in Raum 2 auf dem Holzstuhl°): Bitte ihn, hereinzukommen.

Der Knabe: Bitte, treten Sie ein.

(Sie treten beide in Raum 2.)

Der Lehrer: Ich bin lange nicht hier gewesen. Ihr Sohn sagt, Sie seien krank gewesen. Geht es Ihnen jetzt besser?

Die Mutter: Machen Sie sich keine Sorgen wegen meiner Krankheit, sie hatte keine bösen Folgen.

Der Lehrer: Das freut mich zu hören. Ich komme, um Ihnen Lebewohl zu sagen, denn ich begebe mich in Kürze auf eine Forschungsreise in die Berge. Denn in der Stadt jenseits der Berge sind die großen Lehrer.

Die Mutter: Eine Forschungsreise in die Berge! Ja, in der Tat, ich habe gehört, daß die großen Ärzte dort wohnen, aber ich habe auch gehört, daß es eine gefährliche Wanderung ist. Wollen Sie etwa mein Kind mitnehmen?

Der Lehrer: Das ist keine Reise, auf die man ein Kind mitnimmt.

Die Mutter: Gut. Ich hoffe, Sie kehren gesund zurück.

Der Lehrer: Jetzt muß ich gehen. Leben Sie wohl. *(Ab in Raum 1.)*

Der Knabe (folgt dem Lehrer nach Raum 1): Ich muß etwas sagen.

(Die Mutter horcht an der Tür.)

Der Lehrer: Was willst du sagen?

Der Knabe: Ich will mit Ihnen in die Berge gehen.

Der Lehrer:

Wie ich deiner Mutter bereits sagte
Ist es eine schwierige und
Gefährliche Reise. Du wirst nicht
Mitkommen können. Außerdem:
Wie kannst du deine Mutter

10. zu-stoßen† *happen*

Verlassen wollen, die doch krank ist?
Bleibe hier. Es ist ganz
Unmöglich, daß du mitkommst.

Der Knabe:
Eben weil meine Mutter krank ist
Will ich mitgehen, um für sie
Bei den großen Ärzten in der Stadt jenseits der Berge
Medizin zu holen und Unterweisung.

Der Lehrer: Aber wärest du denn auch einverstanden mit
allem, was dir auf der Reise zustoßen könnte?

Der Knabe: Ja.

Der Lehrer: Ich muß noch einmal mit deiner Mutter reden.
*(Er geht nach Raum 2 zurück. Der Knabe horcht an der
Tür.)*

Der Lehrer: Ich bin noch einmal zurückgekommen. Ihr Sohn
sagt, daß er mit uns gehen will. Ich sagte ihm, daß er Sie
doch nicht verlassen könne, wenn Sie krank sind, und daß
es eine schwierige und gefährliche Reise sei. Er könne ganz
unmöglich mitkommen, sagte ich. Aber er sagte, er müsse
mit, um für Ihre Krankheit in der Stadt jenseits der Berge
Medizin zu holen und Unterweisung.

Die Mutter: Ich habe seine Worte gehört. Ich zweifle nicht an
dem, was der Knabe sagt — daß er gern mit Ihnen die ge-
fährliche Wanderung machen will. Komm herein, mein
Sohn!
(Der Knabe tritt in Raum 2.)
Seit dem Tag, an dem
Uns dein Vater verließ
Habe ich niemanden
Als dich zur Seite.
Du warst nie länger
Aus meinem Gedächtnis und aus meinen Augen
Als ich brauchte, um
Dein Essen zu bereiten
Deine Kleider zu richten und
Das Geld zu beschaffen.

Der Knabe: Alles ist, wie du sagst. Aber trotzdem kann mich
nichts von meinem Vorhaben abbringen.

Der Knabe, die Mutter, der Lehrer:
Ich werde (er wird) die gefährliche Wanderung machen
Und für deine (meine, ihre) Krankheit
In der Stadt jenseits der Berge
Medizin holen und Unterweisung.   5
Der große Chor:
Sie sahen, daß keine Vorstellungen
Ihn rühren konnten.
Da sagten der Lehrer und die Mutter
Mit einer Stimme: 10
Der Lehrer, die Mutter:
Viele sind einverstanden mit Falschem, aber er
Ist nicht einverstanden mit der Krankheit, sondern
Daß die Krankheit geheilt wird.
Der große Chor: 15
Die Mutter aber sagte:
Die Mutter:
Ich habe keine Kraft mehr.
Wenn es sein muß
Geh mit dem Herrn Lehrer.   20
Aber kehr schnell zurück.

2

Der große Chor:
Die Leute haben die Reise
In die Berge angetreten.
Unter ihnen befanden sich der Lehrer   25
Und der Knabe.
Der Knabe war den Anstrengungen nicht gewachsen:
Er überanstrengte sein Herz
Das die schnelle Heimkehr verlangte.
Beim Morgengrauen am Fuße der Berge   30
Konnte er kaum seine müden
Füße mehr schleppen.
*(Es treten in Raum 1: der Lehrer, die drei Studenten, zuletzt
der Knabe mit einem Krug.)*
Der Lehrer: Wir sind schnell hinangestiegen. Dort ist die erste 35
Hütte. Dort wollen wir ein wenig verweilen.

31. schleudern *hurl, throw*

Die drei Studenten: Wir gehorchen.

(Sie treten auf das Podest in Raum 2. Der Knabe hält den Lehrer zurück.)

Der Knabe: Ich muß etwas sagen.

Der Lehrer: Was willst du sagen?

Der Knabe: Ich fühle mich nicht wohl.

Der Lehrer: Halt! Solche Dinge dürfen nicht sagen, die auf eine solche Reise gehen. Vielleicht bist du müde, weil du das Steigen nicht gewohnt bist. Bleib ein wenig stehen und ruhe ein wenig.

(Er tritt auf das Podest.)

Die drei Studenten: Es scheint, daß der Knabe krank ist vom Steigen. Wir wollen den Lehrer darüber befragen.

Der große Chor: Ja. Tut das!

Die drei Studenten (zum Lehrer): Wir hören, daß dieser Knabe krank ist vom Steigen. Was ist mit ihm? Bist du besorgt seinetwegen?

Der Lehrer: Er fühlt sich nicht wohl. Aber sonst ist alles in Ordnung mit ihm. Er ist müde vom Steigen.

Die drei Studenten: So bist du also nicht besorgt seinetwegen?

(Lange Pause.)

Die drei Studenten (untereinander):

Hört ihr? Der Lehrer hat gesagt
Daß der Knabe nur müde sei vom Steigen.
Aber sieht er nicht jetzt ganz seltsam aus?
Gleich nach der Hütte aber kommt der schmale Grat.
Nur mit beiden Händen zufassend an der Felswand
Kommt man hinüber.
Wir können keinen tragen.
Sollten wir also dem großen Brauch folgen und ihn
In das Tal hinabschleudern?

(Sie rufen nach Raum 1 hinunter, die Hand wie einen Trichter vor dem Mund:)

Bist du krank vom Steigen?

Der Knabe:

Nein.
Ihr seht, ich stehe doch.
Würde ich mich nicht setzen

7. seit alters her *from time immemorial* · herrschen *obtain, prevail*
8. werden . . . geschleudert *(passive)*

17. berichten *report*

30. hinabgeworfen werden *(passive)* · sofort' *immediately*

34. ein-nehmen† *take*
35. könnte . . . würde *(subjunctive forms in "if" clause and conclusion)*

Wenn ich krank wäre?

(Pause. Der Knabe setzt sich.)

Die drei Studenten: Wir wollen es dem Lehrer sagen. Herr, als wir vorhin nach dem Knaben fragten, sagtest du, er sei nur müde vom Steigen. Aber jetzt sieht er ganz seltsam aus. Er hat sich auch gesetzt. Wir sprechen es mit Entsetzen aus, aber seit alters her herrscht hier ein großer Brauch: die nicht weiter können, werden in das Tal hinabgeschleudert.

Der Lehrer: Was, ihr wollt dieses Kind in das Tal hinabwerfen?

Die drei Studenten: Ja, das wollen wir.

Der Lehrer: Das ist ein großer Brauch. Ich kann mich ihm nicht widersetzen. Aber der große Brauch schreibt auch vor, daß man den, welcher krank wurde, befragt, ob man umkehren soll seinetwegen. Ich trage in meinem Herzen großes Leid um dieses Geschöpf. Ich will zu ihm gehen und ihm schonend von dem großen Brauch berichten.

Die drei Studenten: Bitte, tue das.

(Sie stellen sich mit den Gesichtern gegeneinander.)

Die drei Studenten, der große Chor:

Wir wollen ihn fragen (sie fragten ihn), ob er verlangt (verlange)
Daß man umkehrt (umkehre) seinetwegen.
Aber auch, wenn er es verlangte
Wollen wir (wollten sie) nicht umkehren
Sondern ihn in das Tal hinabwerfen.

Der Lehrer (ist zu dem Knaben in Raum 1 hinabgestiegen): Hör gut zu! Seit alters her besteht das Gesetz, daß der, welcher auf einer solchen Reise krank wurde, ins Tal hinabgeworfen werden muß. Er ist sofort tot. Aber der Brauch schreibt auch vor, daß man den, welcher krank wurde, befragt, ob man umkehren soll seinetwegen. Und der Brauch schreibt auch vor, daß der, welcher krank wurde, antwortet: Ihr sollt nicht umkehren. Wenn ich deine Stelle einnehmen könnte, wie gern würde ich sterben!

Der Knabe: Ich verstehe.

Der Lehrer: Verlangst du, daß man umkehren soll deinetwegen? Oder bist du einverstanden, daß du ins Tal hinabgeworfen wirst, wie der große Brauch es verlangt?

8. seinerzeit *previously* · gefragt wurdest *(passive)*
9. ob . . . würdest *if you would* · sich ergeben† *result*

·13. erkennen† *recognize*

16. die Lage *situation* · entsprechen† *correspond, be appropriate to*
18. durchaus′ *certainly, definitely* · drüben *over there*

21. betreffen† *concern:* was . . . betrifft *as far as . . . is concerned* · die Vernunft *reason, sense*
22. vielmehr′ *rather* · ein-führen *introduce*
23. nämlich *namely*

26. heldenhaft *heroic*

28. überlassen† *leave*
29. das Gelächter *laughter* · die Schande *shame*
30. überschütten *heap on*

35. die Schmähung *scorn*

37. an-nehmen† *accept*

Der Knabe (nach einer Pause des Nachdenkens): Nein. Ich bin nicht einverstanden.

Der Lehrer (ruft von Raum 1 nach Raum 2): Kommt herunter! Er hat nicht dem Brauch gemäß geantwortet!

Die drei Studenten (im Hinabgehen nach Raum 1): Er hat nein gesagt. *(Zum Knaben:)* Warum antwortest du nicht dem Brauch gemäß? Wer a gesagt hat, der muß auch b sagen. Als du seinerzeit gefragt wurdest, ob du auch einverstanden sein würdest mit allem, was sich aus der Reise ergeben könnte, hast du mit ja geantwortet.

Der Knabe: Die Antwort, die ich gegeben habe, war falsch, aber eure Frage war falscher. Wer a sagt, der muß nicht b sagen. Er kann auch erkennen, daß a falsch war. Ich wollte meiner Mutter Medizin holen, aber jetzt bin ich selber krank geworden, es ist also nicht mehr möglich. Und ich will sofort umkehren, der neuen Lage entsprechend. Auch euch bitte ich umzukehren und mich heimzubringen. Euer Lernen kann durchaus warten. Wenn es drüben etwas zu lernen gibt, was ich hoffe, so könnte es nur das sein, daß man in unserer Lage umkehren muß. Und was den alten großen Brauch betrifft, so sehe ich keine Vernunft an ihm. Ich brauche vielmehr einen neuen großen Brauch, den wir sofort einführen müssen, nämlich den Brauch, in jeder neuen Lage neu nachzudenken.

Die drei Studenten (zum Lehrer): Was sollen wir tun? Was der Knabe sagt, ist vernünftig°, wenn es auch nicht heldenhaft ist.

Der Lehrer: Ich überlasse es euch, was ihr tun sollt. Aber ich muß euch sagen, daß man euch mit Gelächter und Schande überschütten wird, wenn ihr umkehrt.

Die drei Studenten: Ist es keine Schande, daß er für sich selber spricht?

Der Lehrer: Nein. Darin sehe ich keine Schande.

Die drei Studenten: Dann wollen wir umkehren, und kein Gelächter und keine Schmähung sollen uns abhalten°, das Vernünftige zu tun, und kein alter Brauch uns hindern°, einen richtigen Gedanken anzunehmen.
Lehne deinen Kopf an unsern Arm.
Strenge dich nicht an.

4. begründen *establish*

7. Seit = Seite
8. entgegen *toward*

10. feige *cowardly*

BRUDER   Is Ausländer's view of "brotherhood" reconcilable with Brecht's notion of responsibility toward oneself and others?

Wir tragen dich vorsichtig.
Der große Chor:
    So nahmen die Freunde den Freund
    Und begründeten einen neuen Brauch
    Und ein neues Gesetz
    Und brachten den Knaben zurück.   5
    Seit an Seit gingen sie zusammengedrängt
    Entgegen der Schmähung
    Entgegen dem Gelächter, mit offenen Augen
    Keiner feiger als sein Nachbar.   10

Bruder

Ich gehöre dir
Fremder
der mein Bruder ist
und mir gehört

ROSE AUSLÄNDER

WOLF WONDRATSCHEK is important both as a poet — "his lyrical jeans fit him well," writes Karl Krolow — and a short story writer. Born in 1943 in Rudolstadt in East Germany, he has come to represent a major voice of German pop culture of the seventies, as it blends and often collides with "establishment" traditions in literature. As a "pop" poet, Wondratschek writes occasional poems in English, "Rock-Texte," mixes languages ("Er war too much für euch Leute"), and wavers between praise and criticism of the Consumer Culture. In his prose his highly modern, iconoclastic techniques often give the effect of anti-narrative. "Only sentences count. Stories aren't fun any longer," he offers as explanation — which challenges the reader to refrain from making causal connections, from adding what isn't actually there.

Aspirin is the "story" of youthful love ending in surrender; but it is presented as disjointed, unevaluated acts. This is the disjunctive nature of daily life, which in fiction produces a paradox: reader expectation ties sentences together while the author, refusing to help, seems to deny the possibility of narration.

This version of *Aspirin* is the one published in the literary magazine *Akzente*. For book publication Wondratschek made a few small but significant changes. The most important are at the end, where he deleted the phrases "Sie denken an Ewigkeit" and "Der Apotheker sagt." The differences in tone and effect are considerable. In what way? Try reading *Aspirin* twice, in both versions.

2. das Bein *leg*   3. der Spazier'gang *walk*   4. der Rücken *back* · das Flugzeug *airplane*   7. mager *thin, skinny*
8. ändern *change* · manchmal *occasionally* · die Frisur' *hair style*   9. der Vorfilm *short subject (film)* · der Hauptfilm *main feature*   10. streiten† *argue* · die Kleinigkeit *trivial matter* · umarmen *embrace*   11. aus-leihen† *lend* · die Schallplatte *record*   13. das Freibad *public outdoor pool* · schwören† *swear*   14. schwitzen *perspire*   15. das Abenteuer *adventure*   16. sich vor-stellen *imagine, picture* · das Geräusch *noise, sound* · probieren *try*   18. die Mühe *trouble*   19. die Seife *soap*   20. der Geburtstag *birthday* · riechen† *smell*   21. das Geheimnis *secret*

Aspirin°

by Wolf Wondratschek

Sie hat ein schönes Gesicht. Sie hat schöne Haare. Sie hat
schöne Hände. Sie möchte schönere Beine haben.

Sie machen Spaziergänge. Sie treten auf Holz. Sie liegt auf
dem Rücken. Sie hört Radio°. Sie zeigen auf Flugzeuge. Sie
schweigen. Sie lachen. Sie lacht gern. 5

Sie wohnen nicht in der Stadt. Sie wissen, wie tief ein See
sein kann. Sie ist mager. Sie schreiben sich Briefe und schreiben, daß sie sich lieben. Sie ändert manchmal ihre Frisur.

Sie sprechen zwischen Vorfilm und Hauptfilm nicht miteinander. Sie streiten sich über Kleinigkeiten. Sie umarmen sich. 10
Sie küssen° sich. Sie leihen sich Schallplatten aus.

Sie lassen sich fotografieren°. Sie denkt an Rom°. Sie muß
im Freibad schwören, mehr zu essen.

Sie schwitzen. Sie haben offene Münder. Sie gehen oft in
Abenteuerfilme. Sie träumt oft davon. Sie stellt sich die Liebe 15
wie ein großes Geräusch vor. Sie probiert ihre erste Zigarette°.
Sie erzählen sich alles.

Sie hat Mühe, vor der Haustür normal° zu bleiben. Sie
wäscht° sich mit kaltem Wasser. Sie kaufen Seife. Sie haben
Geburtstag. Sie riechen an Blumen. 20

Sie wollen keine Geheimnisse voreinander haben. Sie trägt

1. der Strumpf *stocking* · sich leihen† *rent, borrow* · die
   Höhensonne *sunlamp* · tanzen *dance*
2. übertreiben† *exaggerate* · spüren *notice, feel*

6. gemeinsam *together* · nach-geben† *yield, give in* · streifen
   pull, slip
8. die Ewigkeit *eternity*
9. die Tablet'te *pill* · der Apothe'ker *druggist* · zum Glück
   fortunately, thank goodness

EWIGE LIEBE He promises eternal love — which she accepts.
What attitude is expressed in the ending?

    ewig *eternal*

3. sich hin-geben† *surrender*

5. verbringen† *spend*

ÜBER DIE VOLLKOMMENHEIT DES UNTERSCHIEDS The
juxtaposition of life and "art" is adroitly turned against the woman.
Why are tears reserved for movies?
  Is there a similarity of situation in the two poems? Between the
poems and *Aspirin*?

    die Vollkommenheit *completeness* · der Unterschied
difference
5. der Heimweg *way home*
7. auf-hören *stop*

keine Strümpfe. Sie leiht sich eine Höhensonne. Sie gehen tanzen. Sie übertreiben. Sie spüren, daß sie übertreiben. Sie lieben
Fotos°. Sie sieht auf Fotos etwas älter aus.

Sie sagt nicht, daß sie sich viele Kinder wünscht.

Sie warten den ganzen Tag auf den Abend. Sie antworten   5
gemeinsam. Sie fühlen sich wohl. Sie geben nach. Sie streift
den Pullover° über den Kopf. Sie öffnet den Rock. Sie denken
an Ewigkeit.

Sie kauft Tabletten. Der Apotheker sagt, zum Glück gibt es
Tabletten.   10

Ewige Liebe

Er hat gesagt,
diese Nacht dauert ein Leben.
Da hat sie sich hingegeben.
So haben sie eine Nacht
verbracht.   5

Über die Vollkommenheit des Unterschieds

Sie sieht einen Film
und der Film ist traurig,
sie ist glücklich dabei
und weint.

Auf dem Heimweg denkt sie,   5
das Leben ist auch traurig.
Sie hört auf zu weinen;
es gibt jetzt keinen Grund mehr.

Poems by Wolf Wondratschek   71

HELGA NOVAK   Another portrait in Helga Novak's gallery of the all-too-human, this one is a vignette of frustration in the face of relentless good intentions. The central figures in the low-key world of Novak are often thus victimized by clichés and trivia, whether in word, personality or situation. They do not necessarily rebel, or even respond sharply. Sometimes they simply escape the prospect of hopeless boredom by slipping out the back door.

These seemingly uncomplicated stories are, in structure and technique, deceptive. Where, for example, is the borderline here between prospect and reality? The friend's onslaught exists at first in the imagination of recall and is expressed in generalized terms: "She always does thus and so." Is there any way of telling when it becomes reality? (See p. 18 for information on Helga Novak.)

---

kräftig essen   *eat a good meal, eat something substantial*
1. zufällig   *by chance*
2. die (der) Bekannte   *acquaintance*
3. ausgedehnt   *extensive*
4. der Briefwechsel   *correspondence*

6. sich auf-halten†   *stay*
7. widmen   *devote*
8. beschlagnahmen   *take possession of*

10. reißen†   *tug, yank*
11. an-rufen†   *call up*
12. herrlich   *splendid*

14. ach wo   *nonsense* · Haushaltstag   *day for housekeeping*
15. die Wäsche   *laundry*

17. das Kino   *movie*
18. ein-haken   *take one's arm* · an-kommen†   *arrive*

21. sofort' = sogleich · das Gepäck   *baggage*
22. sich lohnen   *be worthwhile*

Kräftig essen

by Helga Novak

Ich bin selten in dieser Stadt. Ich bin zufällig hier.

Ich habe eine Bekannte in dieser Stadt. Sie steht mir sehr nahe. Wir führen einen ausgedehnten, einen intimen° Briefwechsel miteinander.

Ich bin zufällig hier. Ich möchte meine Bekannte nicht treffen. Ich halte mich nur einen Tag lang auf. Ich habe keine Zeit. Wenn ich sie treffe, muß ich mich ihr widmen. Sie beschlagnahmt mich. Sie sagt, was machst DU denn hier, oder, was MACHST du denn hier, oder, was machst du denn HIER. Ich sage, gar nichts. Sie zieht mich. Sie reißt mich mit. Sie sagt, und du rufst mich nicht an. Ich sage, ich wollte es gerade. Sie sagt, dann ist es ja herrlich, daß wir uns treffen. Ich sage, ja. Ich frage, bist du nicht auf dem Weg ins Geschäft. Sie sagt, ach wo, ich habe heute meinen Haushaltstag. Ich sage, dann hast du also große Wäsche. Sie sagt, ich denke nicht daran, zu waschen, wo du schon einmal hier bist. Ich sage, ist hier in der Nähe ein Kino. Sie sagt, Kino. Zuerst ins Café°.

Sie hakt mich ein. Sie sagt, wann bist du angekommen. Ich sage, gestern abend. Sie sagt, das ist doch nicht möglich. Und wo hast du geschlafen? Ich sage, in einem Hotel. Sie sagt, aber, aber. Wir holen sofort dein Gepäck und bringen es zu mir. Ich sage, das lohnt sich nicht, ich fahre am Nachmittag° weiter. Sie sagt, du fährst am Nachmittag weiter, das kannst

1. an-tun† *do to*
2. vor-haben† *plan*
3. besonder- *special* · übrigens *incidentally*

7. wieso' *what do you mean*

9. ein noch aus *which way to turn*

12. Kai'serallee' *(name of street)*
13. die Kaffeestube *coffee shop* · rauchen *smoke*
14. was du nur mit . . . hast *why do you keep talking about*
15. frühstücken *eat breakfast*

18. belegtes Brot *(open-faced) sandwich* · der Kuchen *pastry, cake*
19. das Tablett' *tray*
20. die Bedienung *help*
21. der Ausgang *exit* · Königsstraße *(name of street)*

du mir nicht antun. Ich sage, sei mir nicht böse, ich habe kaum Zeit. Sie sagt, was hast du denn vor. Ich sage, nichts Besonderes. Sie sagt, was ist übrigens aus der Geschichte geworden. Ich sage, aus welcher Geschichte. Sie sagt, die Geschichte in deinem vorletzten° Brief. Ich sage, in meinem vorletzten Brief. Sie sagt, er hieß Roland oder Ronald. Du weißt schon, was ich meine. Ich sage, ach der. Sie sagt, wieso der. Du hast seitenlang° von ihm geschrieben und daß du nicht ein noch aus wüßtest. Ich sage, er ist weg. Sie sagt, einfach weg. Das ist fantastisch°. Ich sage, ja. Ist hier kein Kino?

Wir gehen die Kaiserallee hinauf. Wir setzen uns in eine Kaffeestube und rauchen. Sie sagt, was du nur mit deinem Kino hast. Wir haben noch gar nicht richtig miteinander gesprochen. Ich sage, nein. Sie sagt, hast du schon gefrühstückt? Ich sage, nein. Sie sagt, ich hole uns etwas zu essen. Ich sage, ich habe keinen Hunger. Sie sagt, du mußt aber kräftig essen, möchtest du belegte Brote oder Kuchen. Ich sage, nichts.

Sie geht zum Buffet°. Sie nimmt zwei Tabletts. Sie spricht mit der Bedienung. Ich verlasse die Kaffeestube durch den Ausgang Königstraße.

WERNER STELLY was born in Cadenberg on the Lower Elbe in 1909. After his university studies in law he worked in the court system and in municipal administration. For eleven years after World War II he was in the city government of Hamburg. Subsequently he became city manager of Wuppertal.

His volume of short stories, *Jetzt und hier,* from which this selection is taken, was published in 1948. It is written in unpretentious language, subtle in its restraint, and tells of meager lives in a disrupted world. The point is always clear but never labored. Disillusionment runs harsh and deep, but often some one of Stelly's plain people keeps alive a stubborn spark of hope or a tenacious will to live. It is this half-concealed tension between melancholy and brightness, tragedy and hope, that has led some critics to call him the German Saroyan.

Stelly's stories have been widely anthologized. He has also written a successful radio play entitled *Auch eine kleine Stadt.*

---

1. die Treppe   *stair*
2. bunt   *gay, bright* · die Fensterscheibe   *windowpane*
4. der Widerschein   *reflection*
6. das Gefühl   *feeling, sensation* · strömen   *stream* · das Blut   *blood*
7. der Fleck   *spot*
8. das Treppenhaus   *stairwell* · machten, daß er ...   *caused him to* · beina'h(e)   *almost* · heiter   *cheerful* · zufrie'den   *content*

13. der Schlüssel   *key*

16. auf-machen = öffnen
17. voran'   *ahead* · die Küche   *kitchen*
18. der Junge = der Knabe

Vielleicht scheint morgen die Sonne wieder

by Werner Stelly

Als der junge Mann die Treppen hinauf ging, schien die
Sonne durch die bunten Fensterscheiben. Jedesmal°, wenn die
Sonne schien und der junge Mann am Nachmittag°, wenn er
nach Hause kam, den bunten Widerschein der Fenster an der
Wand sah, dachte er, wie glücklich sie sein könnten. Und ein   5
warmes Gefühl strömte ihm mit dem Blut zum Herzen. Ein
paar rote, blaue und grüne Flecke an der Wand des Treppen-
hauses machten, daß er beinahe heiter, glücklich und zufrieden
wurde.

Da hörte er ihre Stimme hinter der Tür. Er klopfte dreimal.   10
Es wurde still. Dann hörte er ihre Schritte. Sie öffnete die
Tür.

„Wo hast du deinen Schlüssel?" fragte sie.

„In der Tasche", sagte er.

„Dann klopf' doch nicht immer", sagte sie. „Ich muß von   15
meiner Arbeit weggehen, nur um dir die Tür aufzumachen."

Sie ging voran in die Küche.

„Wo ist der Junge?" fragte er.

„Unten."

„Du hast doch gesprochen."   20

„So?" sagte sie. „Hast du das gehört?"

„Ja." Er setzte sich an den Tisch. „Mit wem hast du denn
gesprochen?"

2. das Streichholz   *match*
3. das Essen   *food, meal* · der Teller   *plate*
4. die Schachtel   *box*

6. an-stecken   *light*

9. an-machen   *start*

11. zu-sehen†   *see to (it)*
12. kriegen = bekommen · kochen   *cook*

19. schieben†   *shove*

23. leuchten   *shine, gleam* · deutlich   *clear* · der Kleine = der kleine Knabe
25. der Strahl   *beam*
26. ernst   *serious, earnest* · gesammelt   *composed*

29. klingeln   *ring*

36. hast du schön gespielt?   *did you have a nice time playing?*

38. man = nur
39. an-fassen   *touch, place hands on*

„Mit mir", sagte sie. „Der Junge weiß genau, daß wir keine Streichhölzer haben."

Sie gab dem Manne das Essen auf den Teller.

„Die letzte Schachtel Streichhölzer, die noch halbvoll° war, hat er mit nach unten genommen und alle Streichhölzer angesteckt." 5

„Und da hast du ihn wieder geschlagen", sagte der Mann und aß.

„Ich kann kein Feuer mehr anmachen", sagte die Frau.

„Und da hast du ihn wieder geschlagen." 10

„Jetzt kann ich zusehen, daß ich irgendwo im Hause Feuer kriege, wenn ich etwas kochen will."

„Du hast ihn wieder geschlagen."

„Ja", schrie sie, „natürlich° habe ich ihn geschlagen. Der nimmt keine Streichhölzer wieder." 15

„Wie oft habe ich dir gesagt, daß du den Jungen nicht schlagen sollst", sagte er.

Die junge Frau setzte sich an den Tisch. Der Mann aß sein Essen. Keiner von beiden sagte ein Wort. Der Mann schob den leeren Teller von sich. Da hörte er den Jungen die Treppe 20 heraufkommen. Ob er das ist? dachte er. Das Kind auf der Treppe blieb stehen. Jetzt sieht er, wie die bunten Scheiben leuchten, dachte der Mann. Er sah deutlich den Kleinen auf der Treppe stehen und seine kleine Hand einmal in den roten Strahl halten und dann in den grünen und blauen Strahl. Das 25 kleine Gesicht war ganz ernst und gesammelt.

Dann hörte der Mann den Jungen die Treppe weitersteigen. Vor der Tür blieb er eine Weile stehen, ohne zu klopfen oder zu klingeln. Der Mann saß ganz ruhig. Dann sah er seine Frau an. Es klopfte. 30

„Der Junge", sagte die Frau.

„Ja, der Junge", sagte der Mann und stand auf. Er ging zur Tür und öffnete sie.

„Vater", sagte der kleine Junge.

„Ja, mein Junge", sagte der Mann. „Na, hast du schön 35 gespielt?"

Da fing der Junge plötzlich an zu weinen.

„Na, nun weine man nicht", sagte der Mann. Er faßte den Jungen an.

2. schimpfen   *scold, fuss*
3. ängstlich   *timorous*
4. das Taschentuch   *handkerchief*
5. die Träne   *tear* · ab-wischen   *wipe away*

8. schluchzen   *sob*

14. der Flur   *hall*

21. trostlos   *bleak*

„Komm", sagte er und ging mit dem Jungen in die Küche. „Mutter schimpft ja nicht mehr."

Der Junge weinte noch immer. Er sah seinen Vater ängstlich an. Der Mann nahm sein Taschentuch aus der Tasche und wischte dem Jungen die Tränen ab.

„Hast du gesehen, wie die bunten Fensterscheiben im Treppenhaus leuchten?" fragte der Mann.

„Nein", schluchzte der Junge.

„Hast du das nicht gesehen?"

„Nein", sagte der Junge.

„Warum bist du dann auf der Treppe stehengeblieben?"

Der Junge antwortete nicht.

„Komm", sagte der Mann, „dann will ich es dir zeigen." Sie gingen auf den Flur und durch die Flurtür° auf die Treppe. Aber die Sonne schien nicht mehr und die bunten Fenster leuchteten nicht.

„Ja", sagte der Mann, „die Sonne scheint nicht mehr, wenn die Sonne scheint, dann leuchten die Fenster rot, blau und grün, und hier an der Wand ist es auch rot, blau und grün."

Er wußte nicht, warum er mit einem Male so traurig wurde und warum alles so trostlos war.

„Komm", sagte der Mann, „vielleicht scheint morgen die Sonne wieder."

ERNST JANDL is recognized today as one of the most successful practitioners of the "language game," that is, language that calls attention to itself, that intentionally shocks, and sometimes mocks and trivializes as it communicates. jandl was born in Vienna in 1925, and after military service and university training became a secondary school teacher *(Gymnasiallehrer)*. Since 1978 he has devoted himself entirely to writing. In 1984–85 jandl was appointed to the Visiting Chair of Poetics at the University of Frankfurt, a position first occupied (in 1959–60) by Ingeborg Bachmann (see p. 252). He has also spent considerable time in England. His collections of poetry have been appearing since 1964, the year in which his *lange gedichte* appeared. Two recent volumes, *my right hand, my writing hand, my handwriting* (1976) and *Die Bearbeitung der Mütze* (1978), have been described as *Effektkonzentrat°* — much like a tube of concentrated tomato paste with the nutrition of forty tomatoes.

"taschen" and "lichtung" are good examples of jandl's language game. The first makes the poet into a prestidigitator: "Observe my numerous pockets. . . ." More than incongruous objects are pulled forth: along with watches come two kinds of time, and 23 eyes (how does he arrive at this number?) need a raft of spectacles. The punch line reinforces jandl's refusal to keep traditional word categories intact. From linking human eyes to those of dice, he moves — with greater logic than effort — into the "misspoken" and miswritten, versions of spoonerisms that remind us of the comical tyranny of language gone amok.

---

2. die Ansichtskarte   *picture postcard*
5. der Würfel   *die (dice)*
8. an   *in the way of* · die Brille   *eyeglasses* · schleppen *carry around*

   die Lichtung   *clearing* · die Richtung   *direction*
4. verwechseln   *confuse*
5. der Irrtum   *mistake*

taschen

schau, meine vielen taschen.
in dieser hab ich ansichtskarten.

in dieser zwei uhren.
meine zeit und deine zeit.

in dieser einen würfel.
23 augen sehen mehr als zwei.

du kannst dir denken
was ich an brillen schleppe.

lichtung

manche meinen
lechts und rinks
kann man nicht
velwechsern.
werch ein illtum!

ZAHLEN Comedy is often based upon incongruity. Can one apply this principle to "Zahlen"? What does the "open" ending — *Haare* (repeated) — do to the poem's title?

    die Zahl *number*
3. der Erdteil *continent*

LIEGEN, BEI DIR But language can be serious, too! The claim that arms hold more than the lover (lines 1–3) is given sober and sincere explanation (lines 4–6): the *ich* becomes more, simply because it includes the act or moment of the embrace — a sentiment close to the notion that love is larger than those who love.

zahlen

mund ein
fuß zwei
erdteil fünf
finger zehn

und haare   5

mund ein
fuß zwei
erdteil fünf
finger zehn

und haare   10

und haare

und haare

liegen, bei dir

ich liege bei dir. deine arme
halten mich. deine arme
halten mehr als ich bin.
deine arme halten, was ich bin
wenn ich bei dir liege und   5
deine arme mich halten.

KARL HEINRICH WAGGERL (1897–1973), son of an itinerant carpenter, prepared for teaching but had to give up his profession for reasons of health. He was an officer — and a prisoner — in World War I. By 1924 he had become primarily a writer, although he also worked in arts and crafts and even served for a time as mayor of the little Austrian town of Wagrain, where he lived. His collected works were published in 1970.

Waggerl's style is marked by clarity and simplicity; life on the land is his enduring theme. His *Kalendergeschichten*, from which this story was taken, combine the folk tale and the parable. They are filled with a sense of the beauty of natural things, an implicit respect for the simple and reverent life. Love and loyalty, sympathetic understanding — people need little more from one another. Yet frequently and sadly even this is withheld.

---

vergraben† *bury*
3. wozu′ = warum′
4. wund *sore*
5. der Kummer *sorrow*

8. der Kieselstein *pebble*
9. pflanzen *plant*
10. behüten *protect* · die Wurzel *root*
10–11. behüte ... festhalte *(present subjunctive in* damit *clause)* *so that it might protect ...*
12. hat ... kein Herz mehr *no longer has a heart*

16. in der Fremde *away from home*
17. heim-kehren *return home*
17–18. hätte ... wissen müssen *(double infinitive with subjunctive)* *ought to have known*
20. ander *next* · der Brunnen *fountain, well*
21. verbergen† *hide*
22. barmher′zig *merciful*

Legende° vom vergrabenen Herzen

by Karl Heinrich Waggerl

Es lebt da ein Mädchen, das hat Vater und Mutter nicht mehr und steht ganz allein in der Welt, ganz arm und verlassen. Wozu trage ich mein Herz mit mir herum, denkt das Mädchen, es klopft und liegt mir wund in der Brust°, ich habe nur Kummer von meinem Herzen. 5

Und dann geht es also hinaus und sucht einen Stein auf dem Felde, du sollst mein Herz sein, sagt das Mädchen.

Es ist ein runder, schneeweißer° Kieselstein, den vergräbt es nachts in der Erde, und zuletzt pflanzt es noch einen Baum darüber, damit er das Herz behüte und mit seinen Wurzeln 10 festhalte.

Ja, und nun hat das Mädchen also kein Herz mehr in der Brust, nun muß doch alles gut sein. Es geschieht dann, daß nachts jemand an das Haus kommt und klopft, ein fremder Mensch. Oder vielleicht ist es der Bruder, doch, vielleicht 15 hat das Mädchen noch einen Bruder in der Fremde, der ist jetzt heimgekehrt und will bleiben, das Herz hätte es wissen müssen. Aber das Herz ist vergraben, und darum geht der Bruder wieder und wandert° traurig fort in die fremde Welt.

Im andern Jahr ist es eine Frau, die abends am Brunnen 20 vor dem Hause sitzt, das Gesicht in der Hand verbirgt und weint. Ich bin deine Schwester, sagt sie, sei barmherzig!

Das Mädchen läuft in der Nacht auf das Feld und fragt

1. die Tiefe   *depths*

6. sogar'   *even* · verwelken   *wither*
7. zu-sehen†   *watch* · ringsumher'   *round about*
8. verflucht   *accursed*
9. der Leib   *body*
10. der Frühling   *spring* · es ist soweit'   *things have reached a point*
11. blühen   *blossom*
13. über und über   *all over*

16. kahl   *bare*

20. an-rühren   *touch* · daß er bleibe   *(present subjunctive) to stay, that he remain*

25. allein'   *only, but*

27. begraben†   *bury*
28. verhallen   *die away*

34. hin-knien   *kneel down* · graben†   *dig*

den Baum, fragt den Stein in der Tiefe — ist es die Schwester? Aber das Herz ist zu tief vergraben, es schweigt auch dieses Mal. Geh wieder, sagt das Mädchen zur Frau am Brunnen. Ich kenne dich nicht.

Und das Haus bleibt lange leer. Die Vögel ziehen alle fort, sogar die Blumen am Fenster verwelken, das Mädchen sieht mit toten Augen zu, wie ringsumher alles stirbt. Sie ist verflucht, meinen die Männer. Nein, sie hat kein Herz im Leibe, sagen die Frauen, die es besser wissen.

Aber einmal im Frühling ist es soweit, daß der Baum auf dem Felde zu blühen anfängt, und da geht ein junger Mensch vorbei, der sieht den Baum, wie er blüht, weiß und rot und über und über. Und darum tritt der junge Mensch an das Fenster des Mädchens, um zu fragen. Wie kommt das, fragt er, warum blüht nur dieser einzige Baum auf dem Felde und alle anderen sind kahl? Und warum hast du so traurige Augen, bist du verflucht?

Das Mädchen schweigt. Der junge Mensch hat nach dem Baum gefragt, nach ihrem Herzen unter dem Baum, das rührt sie seltsam an. Sie kann ihn nicht bitten, daß er bleibe, aber sie sieht nicht gern, daß er geht.

In der folgenden Nacht kommt der junge Mensch wieder an das Fenster. Ich liebe dich, sagt er jetzt und lächelt ihr zu. Ja, du gefällst mir, mit deinem blühenden Baum!

Allein das Mädchen kann ihm auch dieses Mal nichts antworten, es ist das Herz, das die Worte gibt, und das Herz liegt begraben. Das Mädchen hört den Schritt des Fremden in der Nacht verhallen. Geh nicht fort, denkt das Mädchen, verlaß mich nicht! Vielleicht ist alles gut, der Baum blüht ja doch. Komm wieder, vielleicht ist mein Herz noch nicht tot, wenn er so blühen kann.

Und in der zweiten Nacht wartet das Mädchen gar nicht mehr auf den klopfenden Finger, sie läuft auf das Feld und kniet hin und gräbt mit den Händen in der Erde, sucht und gräbt. Aber der Baum gibt das Herz nicht zurück, o nein. Er hält es fest mit all seinen Wurzeln.

Und so kommt der fremde Mann zum letzten Male in der dritten Nacht. Er klopft gar nicht mehr — ich gehe jetzt!

2. ab-blühen *fade, cease blossoming*

6. der Zweig *branch* · der Stock *cane*

8. das Blut *blood*

14. die Wanderschaft *journey*
15. rinnen† *flow, run*

GÄBE ES posits succinctly two conjectural but impossible situations. Clearly we do not live "du an du" in Eden, but the possibility of "nichts wäre" is so final as to be unacceptable. Does this suggest a measure of hope?

gäb(e), lebten, wäre(n) *(past subjunctives in "if" clauses): if you existed . . . we could live (would be)*

ruft er laut durch das Fenster. Du hast kein Herz im Leibe,
sagt er, und dein Baum hat abgeblüht!

Nein, bleibe noch! ruft das Mädchen in seiner Angst, aber
der Mann hört es nicht mehr.

Er steht auf dem Felde vor dem Baum und schneidet einen   5
Zweig heraus, einen Stock für den Weg, weil er doch seine
Liebe verlassen und wandern muß. Und nun springt plötzlich
ein Brunnen Blut aus dem Baum, o mein Gott, ein breiter
Brunnen Blut!

Darüber erschrickt der Mann, und er läuft zurück in das   10
Haus. Was ist das, will er sagen, dein Baum blutet° ja, sieh
her! Aber das Mädchen liegt schon still und weiß auf seinem
Bett.

Er schnitt nur einen Stock für die Wanderschaft aus ihrem
Baum, da rann ihr ganzes Herzblut° in das Gras°.   15

Ja, still und tot, das ist die Geschichte von dem Mädchen,
das sein Herz vergrub.

Gäbe es

Gäbe es dich
Gott der Liebe
wir lebten noch heute
im Eden°
Volk an Volk   5
du an du

Gäb es dich nicht
o Liebesgott
wir wären nicht

nichts   10
wäre

ROSE AUSLÄNDER

Legende vom vergrabenen Herzen 91

CHRISTA REINIG   Many of Christa Reinig's works bear the mark of a life between East and West. Born in 1926, she did not finish secondary school until well after World War II, having worked in a factory while the Third Reich underwent its final agony. Later she sold flowers in East Berlin. After university study in art history and archeology she worked in a museum and began to write poetry and short fiction. From 1951 on, however, she could not publish in the East. Several of her best-known works appeared in the early sixties, all in West Germany. In 1964 she left East Berlin to accept a literary award of the City of Bremen — and did not return. She now lives in Munich.

Opiuchus is a parody of the proofs of God's existence and of theodicies. (Theodicies are inquiries into the existence of evil in a world created by a perfect and loving God.) The serpent nearly argues God into conceding that His existence is the prime wrong among many. Since God has threatened to damn the serpent if he does answer *and* if he doesn't, the creature's eagerness to make a logical point is understandable. Note how Reinig achieves her effect of gentle satire. How omniscient is God? How omnipotent? Is He satisfied with the way things are? Does He have any sympathy for humanity? Ask the same questions about the serpent.

(Note: Opiuchus is a constellation with various allegorical identifications, all involving the presence of a serpent or dragon. God's "order" may refer to the commandment to do no work on the seventh day, but more likely to the forbidden fruit and Genesis 2-3. It is not clear, in the Bible, whether the serpent was one of those creatures made by God and named by Adam, hence — perhaps — the allusion "Adam hat mich nie mit Augen gesehn.")

Serpens   *(Latin) serpent* = die Schlange   1.   sich langweilen *be bored*   2.   schaffen† *create* · aus Spaß und Laune   *as a joke and a whim*   4.   vertreiben† *drive out or away*   6.   pflegen zu *be accustomed to*   7. satt haben   *be tired of* · wandeln   *walk (around)*   8. stören   *disturb*   9.   erscheinen† *appear* 12.   der Befehl   *order*   16.   erzürnen   *anger*   17.   ungehorsam *disobedient*   18.   ebenfalls   *likewise* · wer könnte ...   *(past subjunctive, as if with* wenn *clause) who could (even if he wanted to)?* 19.   der Teufel   *devil*

Ophiuchus - Serpens
Ophiuchus und die Schlange

by Christa Reinig

Am siebenten Tag hat Gott nicht geruht. Er langweilte sich
und schuf aus Spaß und Laune das Tier, das es nicht gibt.
Adam hat es nie gesehen. Er erfuhr davon und nannte es
Ophiuchus. Als Adam und alle Tiere vertrieben waren, blieb
Ophiuchus im Garten Gottes allein zurück. Gott der Herr tat, 5
wie die Herren der Welt zu tun pflegen. Wenn er die Geschäfte satt hatte, stand er vom Schreibtisch° auf und wandelte
in seinem Garten. Einmal fragte er: Wer stört mich? Ophiuchus erschien unter den Bäumen und sagte: Nichts stört dich,
Herr, denn ich bin das Tier, das es nicht gibt. Gott lachte 10
und sagte: Dich hatte ich ganz vergessen. Was treibst du
hier in meinem Garten? Kennst du meinen Befehl nicht?—
Dein Befehl trifft mich nicht, Herr, denn Adam hat mich nie
mit Augen gesehn. — Setz dich, sagte Gott und setzte sich.
Ich will dich etwas fragen, sagte Gott, wenn du mir antwor- 15
test, erzürnst du mich und mußt den Garten verlassen. Wenn
du aber nicht antwortest, bist du ungehorsam und mußt
ebenfalls den Garten verlassen. Soll ich fragen? — Wer könnte
dich hindern°, Herr, wenn nicht der Teufel, sagte das Tier.
Gut, sagte Gott, glaubst du, daß ich Unrecht° getan habe? — 20
Herr, wo beginnt dein Unrecht? fragte das Tier. Das ist das
Problem°, sagte Gott. Fangen wir mit dem Ende an, sagte das
Tier, ist es ein Unrecht, daß du die Welt enden läßt? —

4. enthalten† *contain*

FRANZ MON (pen name of Franz Löffelholz) was born in Frankfurt
am Main in 1926 and received his education there: *Volksschule,*
Gymnasium, and the university, where he earned his doctorate in
1955. Mon is most closely identified with the *konkrete Literatur*
of the 1960s, but it is perhaps fairer to see him as one of the foremost
independent experimenters in contemporary German literature.
His "texts" (poems, plays, radio plays, essays) are sometimes listed
in the category of "collage"; and as in many artistic creations of this
kind, there is often some unifying aspect: lines or color for the
painter, thematic and verbal connections for the poet.

   In this passage, what appears to be a mere word game, analogous
to the self-devouring serpent, may in fact point to a constant in the
raveling process of memory: threads become lost, while a self-
cautionary awareness maintains its (precarious) hold. In the "quarrel"
between knowing and saying, the resolution seems to be finally *not*
forgetting that forgetting is possible. How does this give meaning
to the title?

---

3. sogar' *even*

Es ist ein Unrecht, sagte Gott, aber so, wie die Welt ist, kann sie nicht bleiben. — Ist es ein Unrecht, daß die Welt so ist, wie sie ist? fragte das Tier. Es ist ein Unrecht, sagte Gott, aber sie kann nicht anders sein. In dieser Welt ist alles enthalten. — Ist es ein Unrecht, fragte das Tier, daß du Adam aus dem 5 Paradies° vertrieben hast? — Es ist ein Unrecht, sagte Gott, aber er langweilte sich zu Tode und jetzt ist er glücklich. — Ist Adam auch glücklich, wenn er sterben muß? fragte das Tier. Wenn er lange genug gelebt hat, ist er glücklich, daß er sterben darf, sagte Gott. Warum hast du eine Welt erschaffen°, 10 fragte das Tier, in der Adam seines Todes froh ist? — Weil Ich bin. — Ist es also ein Unrecht, daß es dich gibt?

Ich weiß

by Franz Mon

Ich weiß nichts. Ich habe mir gesagt: ich weiß nichts. Ich weiß: ich habe mir gesagt „ich weiß nichts". Was ich mir gesagt habe, weiß ich. Ich weiß: ich kann es vergessen. Ich kann sogar vergessen, daß ich es gesagt habe. Aber ich werde nie vergessen, daß ich es vergessen habe. Ich sage mir: ich kann es vergessen. 5 Wenn ich mir sage „ich kann es vergessen", werde ich nicht vergessen, daß ich es vergessen kann.

ILSE AICHINGER   With the publication of her novel *Die größere Hoffnung* in 1948, Ilse Aichinger, wife of the poet and playwright Günter Eich (1907–1972), established herself as one of the foremost writers of postwar Austria and Germany. Born in Vienna in 1921, she studied medicine for a time at the university there but left to work and teach in Ulm and subsequently to devote herself entirely to writing. In addition to her novel, Aichinger has written a number of radio plays and short stories, and in 1978 her poems appeared under the title *Verschenkter Rat*. Recipient of a number of literary awards — among them the prize of Gruppe 47 (1952), of the cities of Bremen (1955) and Düsseldorf (1957), and the Nelly-Sachs-Preis (1971) — Aichinger now makes her home in Gmain in Upper Bavaria.

In this straightforward account of a boy and of his tutor's sudden fit of madness, Aichinger explores the themes found in her earlier works, especially the radio plays (*Knöpfe*, 1953; *Französische Botschaft*, 1960): isolation and lack of communication. Fearing the old beggar ("den er schon kannte") but not the more familiar tutor, the child refuses to accept a threatening reality. His insistence that it is a game renders the situation harmless (for him); and, after all, there is nothing but confirmation of this viewpoint in the tutor's "Spielen wir, es wäre jemand in der Wohnung." But the reader is reminded of the boy's inability to reach the peephole, to peer out into a world outside his game. Is it significant that the tutor's clenched fist and distorted face are seen in the mirror and not directly? How does nature, as the boy reads about it and questions it, contribute to the "events" of the story?

---

der Hauslehrer *tutor*   1. hängen† *hang*   2. das Stiegen-geländer *stair rail*   4. der Flur *entry hall*   6. wären gesunken *(subjunctive after* denken, glauben, *etc.)* · die Ermah-nung · *admonition* · eindringlich *urgent*   7. als ließen *(subjunctive as in "if" clauses) as if they were . . .*   8. schwirren *buzz* · die Kette *chain* · vor-legen *put on*   11. erhalten† *receive* · der Unterricht *instruction*   13. langweilen *bore*   15. die Muschel *sea shell*   16. die Vorratskammer *pantry* · der Korb *basket*   17. die Fracht *cargo*   19. läuten *ring* · schleichen† *creep, sneak*   20. zögern *hesitate*   21. der Spalt *crack*   22. der Bettler *beggar*   23. verlegen *embarrassed, confused*

Der Hauslehrer

by Ilse Aichinger

Vater und Mutter waren gegangen. Der Kleine hing über das
Stiegengeländer und schaute ihnen nach. Er sah den hellen
Hut seiner Mutter und den dunklen seines Vaters tief unten
und noch tiefer — zuletzt sah er nichts mehr. Der Flur war
grün wie die See. Man konnte denken, Vater und Mutter   5
wären gesunken°. Ihre Ermahnungen waren so eindringlich
gewesen, als ließen sie ihn nicht nur für eine Stunde allein.
Dem Kleinen schwirrte der Kopf: Die Kette vorlegen und
niemandem öffnen, nur wenn der Hauslehrer kam — — — Er
war lange krank gewesen, und da er noch schwach war, blieb er   10
zu Hause und erhielt Unterricht. Sein Hauslehrer war ein Stu-
dent°, ein stiller, junger Mann, der ihn für gewöhnlich langweilte.

Der Kleine ging durch die leere Wohnung. Sie war still wie
eine Muschel, die man ans Ohr hielt. Er öffnete die Tür zur   15
Vorratskammer. Alle diese gefüllten Körbe und Gläser gehörten jetzt ihm: die Fracht eines fremden Schiffes — die weite
Welt. Er nahm einen Apfel aus dem Korb, aber in diesem
Augenblick läutete es. Er schlich hinaus. Vor der Tür hielt er
den Atem an und zögerte. Dann legte er die Kette vor und   20
öffnete die Tür um einen Spalt. Draußen stand der alte Bettler, den er schon kannte. „Ich habe nichts!" sagte das Kind verlegen und gab ihm den Apfel, den es in der Hand hielt. Der

1. auf Wiedersehen *good-by*

3. die Spitze *tip, point*

5. empfinden† *feel*

7. erleichtern *relieve*

9. das Guckloch *peephole*

11. erreichen *reach* · erwidern *reply*
12. der Spiegel *mirror*
13. streichen über *stroke* · inne-halten† *stop*
14. als lauschte *(subjunctive, "as if" clause) as if he were listening*
15. rücken *move*
16. der Herbst *autumn* · stocken *hesitate, halt*

19. ungeduldig *impatient*
20. als hätte... *(subjunctive, "as if" clause) as if he had* ·
    sich besser besinnen† *think better of it*

23. ernten *harvest*
24. bunt *colorful* · das Weinlaub *vine leaves*

26. drüben *over there*
27. die Wolke *cloud*

32. dringend *urgent, insistent*
33. -los *-less* · durchschei'nend *translucent* · der Einbruch
    break
34. die Dämmerung *dusk*

Bettler nahm ihn, ohne zu danken. „Auf Wiedersehen!" sagte der Kleine, aber er erhielt keine Antwort.

Er schloß die Tür und ging auf den Fußspitzen in sein Zimmer. Dort setzte er sich an den Tisch und saß ganz still. Er hatte sich darauf gefreut, allein zu sein, aber jetzt empfand er Furcht. Furcht vor dem Bettler und Furcht vor den leeren Räumen. Es erleichterte ihn, als er den Hauslehrer läuten hörte. Er lief hinaus und öffnete.

„Du solltest durch das Guckloch schauen!" sagte der Hauslehrer.

„Ich erreiche es nicht!" erwiderte das Kind.

Es sah an dem jungen Mann hinauf, der sich vor dem Spiegel über das Haar strich und einen Augenblick innehielt, als lauschte er.

Sie rückten den Tisch ans Fenster und begannen zu lesen. „Es — ist — Herbst —", las der Kleine stockend, „die Vögel fliegen nach dem Süden." Er hob den Kopf und sah hinaus.

„Wo fliegen sie?" fragte er.

„Lies weiter!" sagte der Hauslehrer ungeduldig. Und dann, als hätte er sich besser besonnen: „Sie sind schon über dem Meer!"

Der Kleine las weiter. Von Blättern, die fielen, und von Früchten, die in großen Gärten geerntet wurden. Von dem bunten Weinlaub und von der Sonne, die früher unterging°.

„Wo?" fragte er. „Wo geht sie unter?"

„Drüben!" sagte der Hauslehrer unbestimmt.

Sie lasen jetzt vom Himmel und von den weißen Wolken, die der Wind darübertreibt.

„Wo?" rief der Kleine wieder. Aber er bekam keine Antwort.

Er hob den Kopf und sah, daß der Hauslehrer still saß und auf seine Knie° schaute. „Wo treibt der Wind die Wolken?" rief er dringender. Der Himmel vor dem offenen Fenster war wolkenlos und fast durchscheinend. Es war kurz vor Einbruch der Dämmerung.

„Hörst du etwas?" fragte der Hauslehrer, ohne den Kopf zu heben.

„Hören?" sagte der Kleine. „Nein, ich höre nichts!"

„Still!" sagte der Hauslehrer. „Wenn du ganz still bist, hörst du sie!"

2. horchen *listen*

5. blättern *turn pages* · senken *lower*

7. brausen *roar, hum*
8. verzaubern *transform (by magic)*
9. rauschen *rustle, murmur*

11. klatschen *clap*

15. der Nebel *mist*
16. der Schatten *shadow*
17. auf-reißen† *open quickly* · überraschen *surprise*
18. der Salon' *drawing room*
19. durchqueren *cross* · das Vorzimmer *anteroom*
20. erstaunt *astonished*

22. sich erkundigen *inquire*

30. nachdenklich *pensive*
31. es wäre jemand . . . *(subjunctive, unreal taken as real) play that . . . , pretend that . . .*

38. feucht *moist* · der Schweiß *perspiration*

„Wen?" fragte das Kind.

„Horch!" rief der Hauslehrer.

„Wen soll ich hören?" fragte der Kleine noch einmal.

„Diese Stimme", sagte der junge Mann, „diese Stimme!"

Der Kleine ließ das Blättern. Er senkte den Kopf und legte 5
die Hände hinter die Ohren, aber er hörte nichts als das leichte
Brausen, das von tief unten kam und die ganze Wohnung in
eine Muschel verzaubert hatte.

„Rauschen?" sagte das Kind.

„Nein", antwortete der Hauslehrer. „Schreien!" 10

Der Kleine begann zu lachen. Er sprang auf und klatschte in
die Hände.

„Ist es ein Spiel!" rief er.

„Lies weiter!" sagte der Hauslehrer.

Aber kaum hatten sie von den Nebeln und von den langen 15
Schatten zu lesen begonnen, als er aufsprang und die Tür ins
Nebenzimmer° aufriß, als wollte er jemanden überraschen. Er
ging von da durch den Salon in das Schlafzimmer° der Eltern,
durchquerte das Vorzimmer und kam wieder zurück. Der
Kleine sah ihm erstaunt entgegen. 20

„Es ist jemand in der Wohnung!" sagte der Hauslehrer. Er
erkundigte sich, ob vor ihm schon jemand hier gewesen sei.

„Ja", antwortete das Kind, „ein Bettler."

„Hast du die Kette vorgelegt?"

„Ja!" 25

Der Hauslehrer fiel in Schweigen.

„Soll ich weiterlesen?"

„Horch!"

„Spielen wir?" lächelte der Kleine unsicher.

Der junge Mann sah ihm nachdenklich ins Gesicht. 30

„Ja!" sagte er nach einer Weile. „Spielen wir, es wäre jemand
in der Wohnung!"

„Und wer?" reif der Kleine freudig°.

„Einer", sagte der Hauslehrer, „den wir fürchten."

„Der Bettler?" 35

„Ja, der Bettler! Wir wollen ihn suchen gehen."

Als der Hauslehrer die Hand in die seine legte, fühlte der
Kleine, daß sie kalt und feucht von Schweiß war. Sie gingen
auf den Fußspitzen, öffneten leise die Türen und sahen in alle

1. nach-lassen† *diminish*
2. der Rahmen *frame*
3. glänzen *shine*

6. die Wange *cheek* · glühen *glow*
7. der Eifer *eagerness*

10. nebenan' *next door, close by*

12. drohen *threaten*
13. stürzen *dash*
14. der Kleiderständer *clothes stand*
15. schlüpfen *slip* · schleifen *drag*

17. furchtsam *timid, apprehensive*

21. die Faust *fist* · erheben† *raise*
22. ballen *clench* · blaß *pale*
23. verzerrt *distorted*

25. der Schlüssel *key* · das Schloß *lock* · erkennen† *recognize*
27. bändigen *subdue*
28. erschöpft *exhausted* · der Schaum *foam* · der
    Rettungswagen *rescue car*
29. laden† *load* · in die Arme fallen† *hang onto and stop*

31. damals *(at) that time, then*
32. rechtzeitig *in time* · wären *(subjunctive in "if" clause)* ·
    zornig *angry*
33. ins Wort fallen† *interrupt*
35. mißtrauen *distrust* · erwachsen† *grow up*

Ecken. Das Licht draußen ließ nach, und in den Zimmern begann es schon zu dunkeln°. Nur noch die Rahmen der Bilder glänzten von den Wänden. Im Salon hielt der junge Mann inne, ließ die Hand des Kleinen fallen und legte den Finger an den Mund. 5

„Wo ist er?" fragte der Kleine. Seine Wangen glühten vor Eifer.

„Hörst du ihn nicht?" flüsterte der Hauslehrer.

„Wo?"

„Nebenan!" 10

„Was sagt er?"

„Er droht!"

Der Kleine stürzte hinaus, riß den Mantel seines Vaters vom Kleiderständer und schrie: „Ich habe ihn, ich habe ihn!" Dann schlüpfte er in den Mantel und schleifte ihn hinter sich her. 15

Der Hauslehrer kam aus dem Salon. Er kam ganz langsam mit kleinen furchtsamen Schritten auf den Kleinen zu.

„Wir haben ihn!" rief der noch einmal. „Wir haben ihn!"

„Ach", sagte der Hauslehrer langsam, „du bist es!"

Sie standen vor dem großen Spiegel, und der Kleine sah, wie 20 das Spiegelbild des anderen die Faust gegen ihn erhob. In dem fallenden Dunkel sah er diese geballte Faust und das blasse verzerrte Gesicht. Er sprang und lachte laut. So lustig war der Hauslehrer noch nie gewesen! In diesem Augenblick hörte er die Schlüssel im Schloß gehen und erkannte die Gesichter 25 seiner Eltern hinter sich. Und er hörte seine Mutter schreien.

Aber noch als der Hauslehrer, von drei Männern gebändigt, erschöpft, mit Schaum vor dem Mund in den Rettungswagen geladen wurde, suchte der Kleine ihnen in die Arme zu fallen.

„Aber wir wollten doch nur spielen!" 30

Und sooft° seine Eltern später sagten: „Wenn wir damals nicht rechtzeitig gekommen wären —", fiel er ihnen zornig ins Wort:

„Wir wollten doch nur spielen!"

Und er mißtraute den Erwachsenen. 35

REINER KUNZE, born in 1933 in Oelsnitz, a coal-mining city in Saxony, has suffered the same fate as several of his East German compatriots: after running afoul of the authorities, he found it increasingly difficult to publish his works and was eventually forbidden publication altogether. Kunze moved to West Germany in 1977 and now lives in Bavaria. Noted chiefly for his poetry — *Sensible Wege* was published in 1969 and *Zimmerlautstärke* in 1972 — Kunze has also gained recognition for his translations and adaptations of Czechoslovakian literature.

In a poem cycle (in *Sensible Wege*) of 21 variations on the theme of mail, that is, receiving and sending letters, the poet makes plain his firm rejection of personal isolation, of flight into the private sphere. Using imagery decidedly simpler and more straightforward than audacious, Kunze in effect deals less with letters and their contents than with the problem of "excommunication," of closing the gap and restoring human contact.

What specific situations may one reasonably imagine "zwischen zwei briefen"? Can the final line of the last poem really close the gap which the dashes represent?

---

4. versiegeln *seal*
8. empfangen† *receive*

2. schwer fallen† *be difficult*

3. die Marke *stamp*

Jeder Tag

(für Elisabeth)

Jeder tag
ist ein brief

Jeden abend
versiegeln wir ihn

Die nacht   5
trägt ihn fort

Wer
empfängt ihn

Tochter, schwer
fällt das warten bis
der zug kommt bis
er abfährt bis
 wir aussteigen   5

Doch wenn man stirbt
zwischen zwei briefen

O aus
einem fremden land, sieh
die marken . . . Wie
heißt das land?

— — —

Deutschland, tochter   5

PETER BICHSEL was born in 1935 in Lucerne, Switzerland and grew up in the town of Olten (Canton Solothurn). After graduation from college he became an elementary school teacher in the village of Zuchwil. The notable success of his collection of short stories, *Eigentlich möchte Frau Blum den Milchmann kennenlernen* (1964), and a novel, *Die Jahreszeiten* (1967), led him to give up teaching and devote himself fully to writing. Other volumes of stories appeared in 1969 under the title *Kindergeschichten* and, more recently, *Geschichten zur falschen Zeit* (1979). Bichsel has been the recipient of the literary prize of Gruppe 47 and the Lessing Prize of the city of Hamburg, both in 1965. Since 1972 he has made a number of visits to the United States and given readings from his short stories at various colleges.

One of the most popular of these, *Jodok,* might well be called a "*Kindergeschichte* for adults," for its amusing account of the eccentric, even deranged grandfather ends with a startling confession that is far from humorous: "Leider ist diese Geschichte nicht wahr." The grandfather's sadness and his increasingly obsessive "Jodok," as well as the young narrator's rage, betray not merely a fearful sense of isolation and estrangement from everyday existence, but also the (unconscious) use of language to create a surrogate "reality" and thus strike a bridge over the emptiness that is the source of the child's fear. For when nothing is heard finally but "Jodok" — does this not suggest a defiantly affirmative "Ja doch!"? — "haben wir zwei uns doch immer sehr gut verstanden."

---

läßt grüßen   *sends regards*
8. besuchen   *visit* · die Maulgeige   *Jew's harp* · schenken   *give*
13. gescheit   *bright, clever*
14. jedenfalls   *in any event*
18. zufrie'den   *content*

22. der Lokomotiv'führer   *train engineer*

Jodok läßt grüßen

by Peter Bichsel

Von Onkel Jodok weiß ich gar nichts, außer daß er der Onkel des Großvaters war. Ich weiß nicht, wie er aussah, ich weiß nicht, wo er wohnte und was er arbeitete.

Ich kenne nur seinen Namen: Jodok.

Und ich kenne sonst niemanden, der so heißt.   5

Der Großvater begann seine Geschichten mit: „Als Onkel Jodok noch lebte" oder mit „Als ich den Onkel Jodok besuchte" oder „Als mir Onkel Jodok eine Maulgeige schenkte."

Aber er erzählte nie von Onkel Jodok, sondern nur von der Zeit, in der Jodok noch lebte, von der Reise zu Jodok und 10 von der Maulgeige von Jodok.

Und wenn man ihn fragte: „Wer war Onkel Jodok?", dann sagte er: „Ein gescheiter Mann."

Die Großmutter jedenfalls kannte keinen solchen Onkel, und mein Vater mußte lachen, wenn er den Namen hörte. 15 Und der Großvater wurde böse, wenn der Vater lachte, und dann sagte die Großmutter: „Ja, ja, der Jodok", und der Großvater war zufrieden.

Lange Zeit glaubte ich, Onkel Jodok sei Förster° gewesen, denn als ich einmal zum Großvater sagte: „Ich will Förster 20 werden", sagte er, „das würde den Onkel Jodok freuen".

Aber als ich Lokomotivführer werden wollte, sagte er das auch, und auch als ich nichts werden wollte. Der Großvater

2. der Lügner   *liar*

5. der Hörer   *receiver*
6. ein-stellen   *dial*

9. die Gabel   *cradle, hook (for telephone receiver)* · runter =
   herunter · drücken   *press* · nur so tat   *only pretended*
10. trotzdem   *in spite of that*
12. Schluß machen = schließen

19. überzeugen   *convince*

21. auf-atmen   *breathe a sigh of relief*

23. an-rufen† = telefonieren

27. spazieren-gehen†   *take a walk*
28. ertragen†   *bear* · die Kälte   *cold*

31. vertragen† = ertragen

34. der Enkel   *grandchild*

36. die Hauptstadt   *capital* · Island   *Iceland*

sagte immer: „Das würde den Onkel Jodok freuen."

Aber der Großvater war ein Lügner.

Ich hatte ihn zwar gern, aber er war in seinem langen Leben zum Lügner geworden.

Oft ging er zum Telefon°, nahm den Hörer, stellte eine Nummer° ein und sagte ins Telefon: Tag, Onkel Jodok, wie gehts denn, Onkel Jodok, nein, Onkel Jodok, ja doch, bestimmt, Onkel Jodok", und wir wußten alle, daß er beim Sprechen die Gabel runterdrückte und nur so tat.

Und die Großmutter wußte es auch, aber sie rief trotzdem: „Laß jetzt das Telefonieren°, das kommt zu teuer." Und der Großvater sagte: „Ich muß jetzt Schluß machen, Onkel Jodok" und kam zurück und sagte: „Jodok läßt grüßen."

Dabei hatte er früher immer gesagt: „Als Onkel Jodok noch lebte", und jetzt sagte er schon: „Wir müssen unsern Onkel Jodok mal besuchen."

Oder er sagte: „Onkel Jodok besucht uns bestimmt", und er schlug sich dabei aufs Knie°, aber das sah nicht überzeugend aus, und er merkte es und wurde still und ließ dann seinen Jodok für kurze Zeit sein.

Und wir atmeten auf.

Aber dann begann es wieder:

Jodok hat angerufen.

Jodok hat immer gesagt.

Jodok ist derselben Meinung.

Der trägt einen Hut wie Onkel Jodok

Onkel Jodok geht gern spazieren.

Onkel Jodok erträgt jede Kälte.

Onkel Jodok liebt die Tiere liebt Onkel Jodok geht mit ihnen spazieren bei jeder Kälte geht Onkel Jodok mit den Tieren geht Onkel Jodok verträgt jede Kälte verträgt der Onkel Jodok

d-e-r O-n-k-e-l J-o-d-o-k.

Und wenn wir, seine Enkel, zu ihm kamen, fragte er nicht: „Wieviel gibt zwei mal sieben", oder: „Wie heißt die Hauptstadt von Island", sondern: „Wie schreibt man Jodok?"

Jodok schreibt man mit einem langen J und ohne CK, und

1. schlimm *bad* (das Schlimme an *the bad thing about)*
2. die Stube *room*

5. kochen *cook* · die Bohne *bean*
6. loben *praise*
7. toben *bluster, fume*

18. sogar' *even* · behaupten *claim*
19. wir hätten *(past subjunctive, implied indirect discourse) he claimed we had . . .*
21. streiten† *squabble, fight*

23. bereits = schon

25. der Kosename *nickname*
26. das Schimpfwort *term of abuse* · vermaledei'en *curse* · der Fluch *oath*

30. hieß es *it was*
31. die Zeitung *newspaper*
32. auf-schlagen† *open* · das Unglück *accident, disaster* · das Verbrechen *crime*
33. vor-lesen† *read aloud*
34. sich ereignen *occur*
35. fordern *require*

das Schlimme an Jodok waren die beiden O. Man konnte sie nicht mehr hören, den ganzen Tag in der Stube des Großvaters die O von Joodoook.

Und der Großvater liebte die O von Jooodoook, und sagte: Onkel Jodok kocht große Bohnen.

Onkel Jodok lobt den Nordpol°.

Onkel Jodok tobt froh.

Dann wurde es bald so schlimm, daß er alles mit O sagte: Onkol Jodok word ons bosochon, or ost on goschotor Monn, wor roson morgon zom Onkol.

Oder so:

Onkoljodok word
onsbosochon orost
ongoschotor mon
woroson mor
gonzomonkol.

Und die Leute fürchteten sich mehr und mehr vor dem Großvater, und er begann jetzt sogar zu behaupten, er kenne keinen Jodok, habe nie einen gekannt. *Wir* hätten davon angefangen. *Wir* hätten gefragt: „Wer war Onkel Jodok?"

Es hatte keinen Sinn, mit ihm zu streiten.

Es gab für ihn nichts anderes mehr als Jodok.

Bereits sagte er zum Briefträger°: „Guten Tag, Herr Jodok", dann nannte er mich Jodok und bald alle Leute.

Jodok war sein Kosename: „Mein lieber Jodok", sein Schimpfwort: „Vermaledeiter Jodok" und sein Fluch: „Zum Jodok noch mal."

Er sagte nicht mehr: „Ich habe Hunger", er sagte: „Ich habe Jodok." Später sagte er auch nicht mehr „Ich", dann hieß es „Jodok hat Jodok."

Er nahm die Zeitung, schlug die Seite „Jodok und Jodok" — nämlich° Unglück und Verbrechen — auf und begann vorzulesen:

„Am Jodok ereignete sich auf der Jodok bei Jodok ein Jodok, der zwei Jodok forderte. Ein Jodok fuhr auf der Jodok von Jodok nach Jodok. Kurze Jodok später ereignete sich auf der Jodok von Jodok der Jodok mit einem Jodok. Der Jodok des Jodoks, Jodok Jodok, und sein Jodok, Jodok Jodok, waren auf dem Jodok tot."

1. stopfen *stick, stuff*

3. auf-hören *stop*

5. zum Schluß = endlich

15. der Verwandte *relative*
16. der Grabstein *gravestone*
17. müsse *(subjunctive, indirect discourse)*
18. so sehr . . . auch *however much*

19. leider *unfortunately*

22. sich erinnern *remember*

25. an-schreien† *shout at* · schroff *harsh*

27. sich entschuldigen *apologize*
28. die Wut *rage*
29–30. wenn . . . hätte *(past subjunctive, "if" clause contrary to fact; usually continued:* würde ich . . .*) if I had . . . , I would . . .*
32–33. wäre er . . . , und ich hätte *("if" clause conclusion =* würde er . . . sein, und ich würde . . . haben*)*

Die Großmutter stopfte sich die Finger in die Ohren und rief: „Ich kann's nicht mehr hören, ich ertrag es nicht." Aber mein Großvater hörte nicht auf. Er hörte sein ganzes Leben lang nicht auf, und mein Großvater ist sehr alt geworden, und ich habe ihn sehr gern gehabt. Und wenn er zum Schluß auch nichts anderes mehr als Jodok sagte, haben wir zwei uns doch immer sehr gut verstanden. Ich war sehr jung und der Großvater sehr alt, er nahm mich auf die Knie und jodokte Jodok die Jodok vom Jodok Jodok — das heißt: „Er erzählte mir die Geschichte von Onkel Jodok", und ich freute mich sehr über die Geschichte, und alle, die älter waren als ich, aber jünger als mein Großvater, verstanden nichts und wollten nicht, daß er mich auf die Knie nahm, und als er starb, weinte ich sehr.

Ich habe allen Verwandten gesagt, daß man auf seinen Grabstein nicht Friedrich Glauser, sondern Jodok Jodok schreiben müsse, mein Großvater habe es so gewünscht. Man hörte nicht auf mich, so sehr ich auch weinte.

Aber leider, leider ist diese Geschichte nicht wahr, und leider war mein Großvater kein Lügner, und er ist leider auch nicht alt geworden.

Ich war noch sehr klein, als er starb, und ich erinnere mich nur noch daran, wie er einmal sagte: „Als Onkel Jodok noch lebte", und meine Großmutter, die ich nicht gern gehabt habe, schrie ihn schroff an: „Hör auf mit deinem Jodok", und der Großvater wurde ganz still und traurig und entschuldigte sich dann.

Da bekam ich eine große Wut — es war die erste, an die ich mich noch erinnere — und ich rief: „Wenn *ich* einen Onkel Jodok hätte, ich würde von nichts anderem mehr sprechen!"

Und wenn das mein Großvater getan hätte, wäre er vielleicht älter geworden, und ich hätte heute noch einen Großvater, und wir würden uns gut verstehen.

RAHEL HUTMACHER was born in 1944. She is of Swiss nationality and lives and works in Zurich (and in Düsseldorf). A volume of her stories, *Wettergarten,* appeared in 1980 and a collection entitled *Geschichten von der Dona* in 1984.

This account of Dona may be read on two levels: as a bit of everyday psychology in which a woman — a seer or soothsayer — dispenses advice to other (superstitious) women; or as a tale of a fearsome divinity in her own right, who counsels and foretells. The name Dona echoes that of the goddess Diana, whose characteristics vary with the phases of the moon, and the divine figure of Don (Danu) in Celtic mythology, whose children were the powers of light in conflict with the powers of darkness. In *Mond* Dona seems to be speaking with tongue in cheek. What evidence do we have of this? What is the probable significance of the gate? Why, finally, is Dona's silence so devastating?

1. wieder-kehren   *return*
2. verbergen†   *hide*
5. der Baumgarten   *orchard*

7. das Tor   *gate*
8. betreten†   *enter* · kauern   *crouch*
9. erwachen   *awake*

11. verhüllen   *cover* · das Tuch   *cloth*
12. ist ihnen gesagt worden   *(passive) they have been told*

15. aus-trocknen   *dry out* · der Augapfel   *eyeball* · das Lid *eyelid*
16. verwelken   *wither* · der Knochen   *bone*
17. wagen   *dare*

Mond

by Rahel Hutmacher

Sag mir, wann er wiederkehrt, sag mir, was ich falsch gemacht
habe, sagen die Frauen und verbergen ihr Gesicht. Warum ist
er weggegangen, sag mir, was zu tun ist, sagen sie und sehen
mich nicht an.

Sie kommen und gehen in meinem Baumgarten. Früh am   5
Abend kommen die ersten, da schlafe ich noch. Sie warten.
Sie gehen durch das Tor; von jetzt an schweigen sie. Sie betreten meinen Baumgarten, kauern sich hin und warten auf
mein Erwachen. Wenn sie meine Schritte hören, legen sie die
Hände vor die Augen, wenden ihr Gesicht von mir ab, ver-   10
hüllen ihren Kopf mit einem Tuch.

Die Dona darfst du nicht ansehen, ist ihnen gesagt worden.
Warum, haben sie gefragt. Die Dona sieht furchtbar aus, ist
ihnen gesagt worden. Wenn du sie ansiehst, trocknen dir die
Augäpfel aus, fallen dir die Lider ab; wenn du sie ansiehst,   15
verwelken dir deine Knochen, stirbt dir das Herz. Warum, hat
vielleicht noch eine zu fragen gewagt. Aber sie bekommt keine
Antwort mehr.

Also kauern sie mit verborgenen Gesichtern unter meinen
Bäumen und fürchten sich vor mir. Sie kommen, weil sie wis-   20
sen wollen, ob der Geliebte bleibt, ob der weggelaufene Mann
wiederkommt. Weil sie ein Kind wollen, weil sie den Geliebten

1. hassen *hate*

6. beharrlich *persistent*
7. los-binden† *untie, free*

9. gehorsam *obedient*

13. begehren *desire* · die Geduld *patience*

15. die Zunge *tongue*
16. der Stock *stick (of wood)*

18. empfangen† *receive* · der Vorwurf *reproach*

23. fröhlich = froh

27. trauern *mourn*

29. der Fälscher *falsifier, forger* · der Dieb *thief*

33. ratlos *helpless* · erhängen *hang*
34. ertränken *drown*

binden° wollen, weil sie den nicht mehr Geliebten hassen
wollen und vergessen.

Früh am Abend kommen die ersten, mit dem ersten Morgenlicht gehen die letzten. Die ganze Nacht kommen und
gehen sie in meinem Baumgarten, warten beharrlich, fragen 5
beharrlich immer die gleichen Fragen, wann kommt er wieder,
wie binde ich mich los.

Hin und her kommen sie und gehen unter meinen Bäumen.
Sie sind gehorsam, weil sie Angst haben. Sie warten; sie essen
und trinken nicht; sie schweigen. Keine wagt in mein Gesicht 10
zu sehen.

In den ersten Nächten sage ich denen, die zu mir kommen:
Er kehrt wieder, er begehrt dich wieder, aber deine Geduld
ist zu klein. Geh nach Hause und warte. Ich lege ihnen meinen
Finger auf den Mund, da erschrecken sie, denn die Zunge liegt 15
ihnen jetzt wie ein Stock im Mund. Während Tagen können
sie nicht sprechen; wenn dann der weggelaufene Mann wiederkehrt, empfangen sie ihn ohne Vorwurf.

Die nächsten sieben Nächte ist mein Gesicht weiß, ich sage:
Geh nach Hause, freue dich, es ist alles gut. Zwar müssen sie 20
schweigen, bis sie durchs Tor gegangen sind. Aber hinter dem
Tor höre ich sie lachen; sie reden laut, ihre Stimmen sind
fröhlich.

Dann kommen sieben Nächte, da sage ich: Nein, er wird
nicht wiederkommen, nein, der bleibt nicht bei dir, der bleibt 25
bei keiner. Deine Geduld ist zu lang, deine Angst vor dem
Trauern ist zu groß. Geh nach Hause und weine endlich,
trauere endlich und vergiß ihn endlich, den Untreuen, den
Fälscher, den Dieb. Sie gehen; hinter dem Tor öffnen sie ihren
Mund und klagen laut. 30

Die letzten sieben Nächte schweige ich, antworte nichts,
mein Gesicht ist schwarz. Wenn das erste Morgenlicht kommt,
stehen sie auf und gehen. Die bleiben ratlos. Die erhängen sich
eines Tages, ertränken sich mit Steinen in den Taschen, fallen
aus dem Fenster eines Morgens; die leben nicht mehr gern. 35

HEINRICH SPOERL was born in Düsseldorf in 1887. From 1919 to 1937 he practiced law in his home town. His literary activity dates from about 1928, and an indication of the popularity he achieved in his "second profession" may be seen in the way his works have sold. By 1949, for example, *Die Feuerzangenbowle* (1932) had gone through editions totaling 740,000 copies, his *Man kann ruhig darüber sprechen* (1937) more than 975,000. All of Spoerl's novels were made into motion pictures which enjoyed the same resounding success. Spoerl's later years were spent at Tegernsee in Bavaria. He died in 1955.

His short story *Der Stift* may best be described by the words which one critic has applied to Spoerl's writings in general, "harmlos und heiter."

---

der Stift   *pin*
1. die Türklinke   *latch* · bestehen†   *consist*

3. zerfallen†   *fall apart* · die Herrlichkeit   *the whole show*
4. die Obertertia   *tenth grade*
5. bewährt   *proven* · der Grundsatz   *principle* · konstruieren   *construct*
6. der Lehrer   *teacher*
8. behalten†   *keep*
9. klirren   *clatter*
10. der Gang   *corridor*

12. viereckig   *square* · das Loch   *hole*
13. desglei'chen   *likewise*

15. unbändig   *unrestrained*
16. römisch   *Roman numeral* · ausführlich   *detailed* · die Untersu'chung   *investigation*
17. schuldbeladen   *guilt-ridden* · der Schüler   *pupil*

21. erfahren   *experienced*
22. ausgerechnet   *of all things* · kriminalis'tisch   *criminological*

Der Stift

by Heinrich Spoerl

Eine Türklinke besteht aus zwei Teilen, einem positiven° und
einem negativen°. Sie stecken ineinander, der kleine wichtige
Stift hält sie zusammen. Ohne ihn zerfällt die Herrlichkeit.

Auch die Türklinke an der Obertertia ist nach diesem
bewährten Grundsatz konstruiert.   5

Als der Lehrer für Englisch um zwölf Uhr in die Klasse kam
und mit der ihm gewohnten konzentrierten° Energie° die
Tür hinter sich schloß, behielt er den negativen Teil der
Klinke in der Hand. Der positive Teil flog draußen klirrend
auf den Gang.   10

Mit dem negativen Teil kenn man keine Tür öffnen. Die
Tür hat nur ein viereckiges Loch. Der negative Teil desglei-
chen.

Die Klasse hat den Atem angehalten und bricht jetzt in
unbändige Freude aus. Sie weiß, was kommt. Nämlich°   15
römisch eins: Eine ausführliche Untersuchung, welcher schuld-
beladene Schüler den Stift herausgezogen hat. Und römisch
zwei: Technische° Versuche, wie man ohne die Klinke die
Tür öffnen kann. Damit wird die Stunde herumgehen.

Aber es kam nichts. Weder römisch eins noch römisch zwei.   20
Professor Heimbach war ein viel zu erfahrener Pädagoge°, um
sich ausgerechnet mit seiner Obertertia auf kriminalistische

1. sich ein-lassen auf   *get involved in*
2. erwarten   *expect* · das Gegenteil   *opposite*
3. schon mal   *all right*
4. gleichgültig   *nonchalantly* · das Kapi'tel   *chapter*
5. der Absatz   *paragraph, section*

8. verpufft   *shot*
9. der Junge = der Knabe · schlau   *sly* · wenigstens   *at least*
10. auf einmal = plötzlich · lang   *tall, lanky*
11. raus = heraus (hinaus)
12. nachher'   *later*
13. trotzdem   *anyway*

15. behaupten   *claim*
16. der Pflaumenkuchen   *plum tart* · und so weiter   *et cetera*

18. widerle'gen   *contradict* · die Folgen   *consequences*

20. nach-geben†   *yield* · stochern   *poke*
21. der Schlüssel   *key*
22. klemmen   *jam*
23. merkwürdig   *strange*
24. krabbeln   *fiddle* · geschäftig   *busily* · die Hose   *pants*
25. feixen   *grin, giggle*
26. unvorsichtigerweise   *incautiously*

30. die Rechnung   *bill*
31. das Gewissen   *conscience* · das Grinsen   *grinning* · fort-fahren†   *continue*
33. schellen   *ring*
34. die Anstalt   *institution* · schütten   *pour* · der Insasse   *inmate*
35. erlösen   *release, liberate* · dritter Stock   *fourth floor*

37. der Unterricht   *instruction*
38. das Kathe'der   *lecture platform* · packen   *grab, clutch*

Untersuchungen und technische Probleme° einzulassen. Er
wußte, was man erwartete, und tat das Gegenteil:

„Wir werden schon mal wieder herauskommen", meinte er
gleichgültig. „Matthiesen, fang mal an. Kapitel siebzehn,
zweiter Absatz." 5

Matthiesen fing an, bekam eine drei minus. Dann ging es
weiter; die Stunde lief wie jede andere. Die Sache mit dem
Stift war verpufft.

Aber die Jungen waren doch noch schlauer. Wenigstens
einer von ihnen. Auf einmal steht der lange Klostermann auf 10
und sagt, er muß raus.

„Wir gehen nachher alle."

Er muß aber trotzdem.

„Setz dich hin!"

Der lange Klostermann steht immer noch; er behauptet, er 15
habe Pflaumenkuchen gegessen und so weiter.

Professor Heimbach steht vor einem Problem. Pflaumenkuchen kann man nicht widerlegen. Wer will die Folgen auf
sich nehmen?

Der Professor gibt nach. Er stochert mit seinen Haus- 20
schlüsseln in dem viereckigen Loch an der Tür herum. Aber
keiner läßt sich hineinklemmen.

„Gebt mal eure Schlüssel her." Merkwürdig, niemand hat
einen Schlüssel. Sie krabbeln geschäftig in ihren Hosentaschen
und feixen. 25

Unvorsichtigerweise feixt auch der Pflaumenkuchenmann°.
Professor Heimbach ist Menschenkenner°. Wer Pflaumenkuchen gegessen hat und so weiter, der feixt nicht.

„Klostermann, ich kann dir nicht helfen. Setz dich ruhig
hin. Die Rechnung kannst du dem schicken, der den Stift auf 30
dem Gewissen hat. — Kebben, laß das Grinsen und fahr fort."

Also wieder nichts.

Langsam, viel zu langsam, wird es ein Uhr. Es schellt. Die
Anstalt schüttet ihre Insassen auf die Straße. Die Obertertia
wird nicht erlöst. Sie liegt im dritten Stock am toten Ende 35
eines langen Ganges.

Professor Heimbach schließt den Unterricht und bleibt auf
dem Katheder. Die Jungen packen ihre Bücher. „Wann

4. das Butterbrot   *bread and butter* · kauen   *chew*
5. die Backe   *cheek* · betreten   *crestfallen*
6. der Bleistift   *pencil*

9. erstens   *firstly*

11. zart   *delicate* · schonen   *spare*
12. sich aus-ruhen   *rest* · meinethalben   *as far as I am concerned*
13. die Bank   *bench* · genügend   *adequate* · üben   *practice*
14. verbieten†   *forbid*
15. empfehlen†   *recommend* · Spaß machen   *be fun*

17. öd(e)   *desolate* · die Langeweile   *boredom* · kriechen†
    creep
18. dösen   *doze* · korrigieren   *correct* · das Heft   *composition book*
19. die Putzfrau   *scrubwoman*
21. stolz   *proud*
22. die Klassenhiebe   *punishment by the class*

können wir gehen?" — „Ich weiß es nicht. Wir müssen eben warten."

Warten ist nichts für Jungen. Außerdem haben sie Hunger. Der dicke Schrader hat noch ein Butterbrot und kaut schon mit vollen Backen; die anderen kauen betreten an ihren 5 Bleistiften.

„Können wir nicht vielleicht unsere Hausarbeiten° machen?"

„Nein, erstens werden Hausarbeiten, wie der Name sagt, zu Hause gemacht. Und zweitens habt ihr fünf Stunden hinter 10 euch und müßt eure zarte Gesundheit° schonen. Ruht euch aus; meinethalben könnt ihr schlafen."

Schlafen in den Bänken hat man genügend geübt. Es ist wundervoll°. Aber es geht nur, wenn es verboten ist. Jetzt, wo es empfohlen wird, macht es keinen Spaß und funktioniert° 15 nicht.

Eine öde Langeweile kriecht durch das Zimmer. Die Jungen dösen. Der Professor hat es besser: er korrigiert Hefte.

Kurz nach zwei kamen die Putzfrauen, die Obertertia konnte nach Hause, und der lange Klostermann, der das mit dem 20 Stift gemacht hatte und sehr stolz darauf war, bekam Klassenhiebe.

BENNO PLUDRA, born in 1925 in Mückenberg (now Lauch-
hammer in the DDR), is best known as a writer of children's books.
Two of his novels, *Lütt Matten und die weiße Muschel* (1963) and
Die Reise nach Sundevit (1965), have achieved international recognition. The first deals with the eternal problem of the relationship
between father and son, a sensitive, almost lyrical variation of which
is offered in *Ein Wellensittich starb.*

Toward the end of the story, as the family waits for Andy, the
father thinks about the "understanding and harmony" in which
they live but suddenly notices an element of strangeness: one son's
ears are like his mother's. This trivial observation manages to convey
something of the deeper malaise affecting the family. Indeed, the
notion of family itself seems strangely distorted: a mother who has
deserted, a distracted father, two sons — and a parakeet so important to Andy's life that its loss threatens to disrupt the patterns
of everyday existence. *Ein Wellensittich starb* exposes the lack of
communication that underlies the "Verständnis und Harmonie"
and raises a series of questions about Andy and his "family." Why,
for example, is the mother so important, even though she is scarcely
mentioned? What does the father utterly fail to grasp? Is this story
a study in solitude, self-deception, and isolation?

---

der Wellensittich *parakeet* 1. der Junge *boy* 3. sich
auf-halten† *stay, be* · verweint *red from crying* 7. ziemlich
rather · das Zelt *tent* · gelb *yellow* 8. die Ferien *(pl.)*
vacation · der Kühlschrank *refrigerator* 9. samstags *Satur-*
days · sonntags *Sundays* · manchmal *occasionally* 10. der
Urlaub *leave* · offenbar *obvious* 11. oder so *or something*
12. ungefähr *about* 13. dauernd *constant* · zu tun haben†
be involved with 14. überlassen *left to* · angeln *fish* ·
baden *swim* 15. strohdick *like heavy straw* 17. nach-
denken† *meditate* · irgendwas *something or other* 18. der
Mittwoch *Wednesday* · der Grad *degree* 19. märkisch
of the Mark (region of Brandenburg around Berlin) · dörren
lie parched 21. der Schatten *shade* 22. bauen *build* ·
der Delphin' *dolphin (class of boat)* 23. die Ahnung *idea*
(what to do) · die Leiste *strip of wood*

Ein Wellensittich starb

by Benno Pludra

Es wußte niemand zu sagen, wohin der Junge gegangen war
und wann er weggegangen war, nachdem er sich bei den Männern aufgehalten hatte. Er war klein, die Augen verweint. Sein
Wellensittich war gestorben.

„Dein Wellensittich", sagte jemand, „das ist traurig."   5

Sie kannten den Jungen wenig. Er wohnte mit seinem Bruder
in einem ziemlich komfortablen° Zelt, einem blaugelben Fe-
rientraum, natürlich° mit Kühlschrank. Der Vater kam nur
samstags oder sonntags heraus, manchmal auch gar nicht, er
hatte noch keinen Urlaub und offenbar eine wichtige Arbeit,   10
Technologe° oder so; die Mutter hatte man noch nie hier
draußen gesehen. Der Bruder war älter, ungefähr siebzehn, er
hatte dauernd mit Mädchen zu tun. Der Kleine, meist sich
selber überlassen, ging angeln, ging baden oder träumte vor
dem Zelt. Er war neun, vielleicht schon zehn: strohdickes Haar   15
und eine zu kurze Oberlippe°, wodurch er aussah, als habe er
nachzudenken über irgendwas.

An diesem Tag, einem Mittwoch, hatten sie dreißig Grad,
der Zeltplatz auf märkischem Sand° dörrte in der Sonne. Am
Wasser waren Bäume, dort waren auch die Männer, und der   20
Junge blieb bei den Männern, im Schatten der Bäume. Die
Männer bauten ein Boot° zusammen, einen *Delphin,* sie hat-
ten keine Ahnung und brauchten für jede Leiste eine Minute°.

1. zu-sehen† *watch*
2. noch jünger *still rather young* · ausladend rund *full-figured*

4. dünn *thin* · der Hänfling *linnet, finch*

6. hierbei' *with that*

9. die Hitze *heat* · sogar' *even*

19. das Abendbrot *supper* · der Kocher *camp stove* · fauchen *hiss* · die Mücke *mosquito*
20. stürzen *dive down* · der Fleck *spot, patch* · nackt *bare*
21. die Haut *skin* · der Lampion' *lantern*

24. der Wilde *savage* · bespritzen *splash*
25. nö *(dialect)* = nein
26. spüren *feel*
27. empfindsam *sensitive* · die Träne *tear*
28. die Nachricht *news* · die Roheit *rudeness*
29. verhungern *starve to death*

32. sich verteilen *be distributed* · schmal *narrow* · blank *shiny*
33. das Ufer *shore* · drüben *on the other side*
34. lauschen *listen*

37. das Schilf *reed(s)*

Ein paar Frauen in Bikinis° sahen ihnen zu, die meisten noch
jünger, doch manche schon so ausladend rund, daß man
nicht wußte, was später bei ihnen werden sollte. Der Junge
daneben war dünn wie ein Hänfling, er hatte die verweinten
Augen, und sie fragten ihn: „Was hast du? Weinst du?" 5

Er sagte, sein Wellensittich sei gestorben, doch hierbei lief
er schon weg, und jemand sagte: „Dein Wellensittich, das ist
traurig", und noch jemand sagte: „Kein Wunder°. Bei der
Hitze. Im Zelt. Da stirbt sogar ein Pferd."

Doch der Wellensittich war nicht im Zelt gestorben. Zu 10
Hause in der Wohnung, im Zimmer des Jungen war er gestorben, weil der Vater ihn vergessen hatte.

Den Jungen sah für den Rest° des Tages niemand mehr,
und es dachte an ihn auch niemand mehr, erst abends wieder,
als sein Bruder umherlief und fragte: „Hat jemand Andy 15
gesehn?"

„Andy?" fragte wohl mancher, dann wußte er: der kleine
Bruder, doch niemand hatte ihn gesehen.

Es war Abendbrotzeit, die Kocher fauchten, und Mücken
stürzten in singenden Schwärmen° auf jedes Fleckchen nackte 20
Haut, sie fanden genug. Irgendwo glimmten° schon Lampions,
der Himmel aber war noch hell.

Der große Bruder lief zuletzt ans Wasser. Dort badeten
Kinder, schrien wie die Wilden, bespritzten sich, Andy war
nicht dabei. Andy nicht. „Nö, den ganzen Tag nicht." 25

Nun spürte der große Bruder die Angst plötzlich im Herzen.
Er wußte ja, wie der Kleine war: empfindsam bis zu Tränen.
Er hatte ihm die Nachricht überbracht°, nicht ohne Roheit:
„Dein Vogel ist tot. Verhungert."

Nun spürte er die Angst um Andy. 30

Die Kinder verschwanden aus dem Wasser, ihre Stimmen
verteilten sich zwischen den Zelten, der schmale See lag blank
im sinkenden Abend. Das Ufer drüben wurde schwarz.

Der große Bruder lauschte. Seine Augen suchten übers Wasser hin, doch da war nichts zu sehen. 35

„Andy", sagte der große Bruder, „Andy", noch einmal, und
wandte sein Ohr dem Wasser zu, dem Wasser, dem Schilf, dem
schwarzen stillen Ufer, und hörte die Fische, wie sie sprangen,

1. die Ente *duck* · werkeln *busy oneself*
2. die Recor'dermusik' *music on records, tapes*

4. der Kummer *(here) heartache* · nahe-gehen† *affect* ·
   vorher' *before*
6. die Spur *trace* · hocken *squat*
7. an-rufen† *call up*
8. der Lada *(car built in Czechoslovakia)*

10. der Scheinwerfer *headlight* · erloschen *(p.p.) out*

12. kariert' *checkered* · das Hemd *shirt* · sich bewegen *move*
13. los *wrong*

15. es . . . Gelegenheit *it seemed like a good opportunity*

19. mindestens *at least*

21. blaß *pale*

23. verständigen *inform*
24. erwidern *reply* · drehen *turn*
25. ratlos *helpless, perplexed*

29. passieren *happen*

34. der Vorraum *anteroom*
35. an-rauchen *start smoking*

38. unverblümt *unceremonious*

und hörte die Enten werkeln im Schilf, und von den Zelten, hier und da, hörte er Recordermusik, einmal Bonny Tyler, wie sie sang. It's a Heartache, sang Bonny Tyler. It's a Heartache, es ist ein Kummer, das ging ihm nah wie vorher nie.

Der Vater kam kurz nach Mitternacht°, da fehlte von Andy immer noch jede Spur, der große Bruder hockte vor dem Zelt. Er hatte zu Hause angerufen, nachdem er vom Wasser wegge- gangen war, nun sah er den weißen *Lada* halten. Das Auto° war leise herangerollt°, fast ohne Gas°, der Vater stieg aus, die Tür blieb offen, die Scheinwerfer waren erloschen.

Der Junge stand auf und stand vor dem Zelt, der Vater war kleiner. Kariertes Hemd und helle Jeans°, er bewegte sich schnell. „Wo ist er? Was war los?"

„Der Vogel", sagte der Junge. „Ich hab mir gedacht, ich sag's ihm gleich, es war so eine Gelegenheit."

„Gelegenheit", sagte der Vater.

„Dann mach es nächstesmal° selber", sagte der Junge.

Sie standen sich gegenüber, der Vater kleiner um minde- stens einen Kopf. Der Zeltplatz schlief, der Himmel immer noch hell, sie konnten ihre Gesichter sehn. Das Gesicht des Vaters blaß, noch blasser jetzt, der Junge war braun, man sah bei ihm fast nur das Weiße in den Augen.

„Wir müssen die Polizei° verständigen", sagte er.

Der Vater erwiderte nichts, drehte nur halb den Kopf, als käme da was von der Seite, und der Junge bemerkte, wie ratlos er war.

„Die Polizei", sagte der Junge.

„Mitten in der Nacht?"

„Es kann was passiert sein."

„Mit Andy? Mit Andy doch nicht."

„Wenn du das so genau weißt", sagte der Junge, „warum bist du dann gekommen?"

Der Vater trat ins Zelt, in den Wohnraum°, der hinter dem Vorraum lag, auch hier war das Nachtlicht° hell genug. Der Vater rauchte seine erste Zigarette° an, setzte sich auf einen Campingstuhl°, rauchte schweigend, und der Junge sah ihm zu. Dann sagte der Vater: „Wie ich dich kenne, hast du's ihm ganz unverblümt gesagt."

„Wie ich's gewußt hab von dir", sagte der Junge. „Tot ist

6. gleich so *just like that*
7. quasi *so to speak*
8. unterjubeln *(colloq.) pass off (as a big favor)*
9. Das ... wollen *That's what I'd have liked to do*
10. na ja *oh well*

12. ausdauernd *patiently*

19. das Abi = Abitur' *(secondary school graduation and degree)*
20. der Kumpel *buddy, pal*

28. lauter *nothing but*

30. so ... ungefähr *you could put it that way, that's about it*

32. das Feuerzeug *lighter*

tot, und so ein Vogel auch."

Der Vater jetzt: „Ich hatte dich gebeten, nichts zu sagen."

„Er hätte es ja doch erfahren, irgendwie."

„Ich hätte es ihm anders gesagt, nicht irgendwie. Und hätte einen neuen Vogel mitgebracht."

„Ach so", sagte der Junge, „gleich so. Gleich einen neuen Vogel mitgebracht. Und hättest ihm den als quasi alten Vogel unterjubeln wollen?"

„Das hätte ich wollen", sagte der Vater.

„Na ja, warum denn nicht?"

Die zweite Zigarette, aus der Tasche oben im Hemd, der Vater sah sie ausdauernd an, und fragte auf einmal den Jungen: „Warum bist du bei mir geblieben?"

„Warum bin ich was?"

„Warum bist du bei mir geblieben. Nicht mitgegangen, vor drei Wochen?"

„Mit Mama?" sagte der Junge.

„Mit Mama, ja."

„Ich wollte nicht", sagte der Junge. „So kurz vor dem Abi, und meine Kumpels alle hier. Ich wollte nicht mit, das weißt du doch."

„Das weiß ich, ja. Und Andy?" fragte der Vater.

„Andy?"

„Warum ist Andy nicht mitgegangen?"

„Der wollte bei dir bleiben, hat er's dir nicht gesagt? Und außerdem — ihm gefielen die kleinen Häuser nicht."

„Die kleinen Häuser?" fragte der Vater.

„Da unten, wo Mama jetzt lebt. Lauter so kleine Häuser."

„Und wollte bei mir bleiben?"

„So ausgedrückt, so ungefähr."

Der Vater steckte sich die Zigarette in den Mund, hob das Feuerzeug, doch keine Flamme° sprang hervor, der Vater nahm die Zigarette wieder aus dem Mund.

Der Junge lauschte nach draußen, wo der Nachtwind° durch die Bäume ging.

„Hörst du was?" fragte der Vater.

„Ich an deiner Stelle würde zur Polizei."

„Du bist nicht an meiner Stelle. Geh schlafen."

„Wie soll einer schlafen? Schläfst du?"

2.   sich handeln um   *be a question of* · bequem   *comfortable*
3.   auf-stützen   *prop up* · zur Not   *in a pinch*
4.   gekrümmt   *crooked* · der Rücken   *back* · äußerst
     extreme · gespannt   *tense*
6.   sich locker machen   *relax*
7.   ein-schlafen†   *fall asleep* · nachher′   *afterward* · das Kreuz
     small of the back · weh tun†   *hurt*

10.   seit ... wieder = seit wann rauchst du ...

15.   der Besuch   *visit(or)*

25.   verdrehen   *twist*
26.   falten   *fold*

30.   mit-teilen   *tell*

32.   betäubt   *benumbed*

35.   hochgekrampft   *in a high, cramped position* · die Schulter
     shoulder
36.   das Zeugnis   *mark* · hinter ... her   *after*

39.   die Fremdheit   *strangeness*

Der Junge saß in dem zweiten Campingstuhl. Es handelte sich um Stühle einer bequemeren Sorte°, man konnte die Arme aufstützen, zur Not auch schlafen, doch der Junge saß mit gekrümmtem Rücken da, äußerst gespannt und wie zum Sprung° bereit.

"Mach dich locker", sagte der Vater. "Wie du dasitzt, wenn du so einschläfst, tut dir nachher das Kreuz weh."

"Ich schlafe nicht ein, ich schlafe nicht."

Nun rauchte der Vater seine zweite Zigarette an.

"Seit wann denn wieder?" fragte der Junge.

"Nur heute mal, nur jetzt."

"Aber daß du noch ruhig sitzen kannst."

"Ruhig?"

"Du sitzt und rauchst, als würden wir hier warten auf Besuch."

"Anders", sagte der Vater. "Ich bin auf Besuch, jetzt warten wir, daß Andy kommt."

"Warten", sagte der Junge.

"Warten wir", sagte der Vater.

Sie sahen sich wenig an, sie hörten über dem Zelt die Nacht. Ganz fern, sehr fern fuhr jetzt ein Zug. Ein zweiter fuhr, da sagte der Vater: "Das glaubt man gar nicht, daß man hier die Züge fahren hört."

Der Junge blieb still, er war ganz plötzlich eingeschlafen: den Kopf zur Seite, den Hals verdreht, die Hände vor sich gefaltet. Nachher das Kreuz, dachte der Vater, er hat's wieder mal besser gewußt.

Er hat's schon immer besser gewußt, aber nun Andy.

Andy ist fort, der Wellensittich ist gestorben, der große Bruder hat's ihm mitgeteilt auf seine Art.

Wenn Andy nicht wiederkommt, dachte der Vater.

Er dachte es wie betäubt, während er nun so saß, die dritte Zigarette zwischen den Fingern, während er saß und rauchte und den Jungen ansah, dort im Campingstuhl, der mit hochgekrampften Schultern schlief: Der große Bruder. Die besten Zeugnisse immer. Die Mädchen hinter ihm her. Für Andy der größte große Bruder. Und dann: Tot ist tot, und so ein Vogel auch.

Der Vater blickt zu dem Jungen hin. Fremdheit ist da,

1. das Verständnis *understanding*

3. höchstens *at most*
4. weich *soft*

6. begreifen† *comprehend*
8. die Autotouris'tik *automobile trips*
9. längst *long since*
10. endgültig *decisive* · der springende Punkt *crucial point, crux* · weswegen *because of which*
11. in die Ferne ziehen† *move out*
12. der Beruf *occupation, job*
13. gewissermaßen *in a way*

18. der Nebel *fog, mist*
19. tatsächlich *really*

22. die Eingangsplane *entrance flap*
23. verwunschen *under a spell* · der Guckkasten *peep show*

25. wach *awake* · sich dehnen *stretch*
26. der Widerhall *echo*

28. auf ... zu-gehen† *go up to*

31. das Gefühl *feeling*

33. beisei'te-drängen *push aside*

35. betrachten *look at* · das Kinn *chin*
36. die Brust *chest*

38. um-stoßen† *upset*
39. der Schreck *terror*

woher? Man lebt in Verständnis und Harmonie°, doch man weiß nicht einmal, was für Ohren solch ein Junge hat: kleine, große, dünne, dicke, höchstens allzu große wüßte man. Der da hat weiche, runde. Er hat sie von seiner Mama. Die lebt nun, wo die kleinen Häuser sind. Nach achtzehn guten Jahren! Wer begreift so was?

Das Zelt hier hat sie nie gemocht, noch manches andere nie gemocht, zum Beispiel zu genaue Uhren, Autotouristik und Rosali. Doch Rosali war längst vorbei, und ist auch der Punkt nicht gewesen, der endgültig springende Punkt, weswegen man nach achtzehn Jahren in die Ferne zieht. Es war auch kein anderer Mann und war auch kein neuer Beruf, es war gewissermaßen nichts. Gewissermaßen, sozusagen, wer begreift schon was? Und dies die vierte, fünfte, letzte Zigarette nun, der Morgen kommt.

Der Morgen kommt, und Müdigkeit° kommt. Nachher kommt Andy.

Aus dem Nebel zwischen den Bäumen und hinter den letzten Zelten hervor: Andy, tatsächlich Andy, doch niemand bemerkt ihn, wie er dort kommt, der Vater und der große Bruder schlafen. Im Wohnraum des blau-gelben Zeltes, die Eingangsplane zurückgeschlagen, sieht man sie beide schlafen: wie verwunschen in einem Guckkastenbild.

Andy steht still, die Bäume und die Zelte stehen still, denn der Morgen ist noch gar nicht richtig wach. Dehnt sich im ersten weißen Licht, steigt und fällt im Widerhall der Vogelrufe °. Kein Mensch außer Andy ist unterwegs.°

Er geht auf die Schlafenden zu, sehr langsam, Schritt um Schritt.

Der Vater ist da. Sie haben auf ihn gewartet. Sie haben ihn gesucht. Das macht ein gutes Gefühl, es macht Triumph° und irgendwo auch Freude. Doch hieran° denkt Andy jetzt nicht, er drängt es beiseite, er will es nicht denken, noch nicht. Er setzt sich auf den dritten Campingstuhl. Setzt sich, sitzt da, und betrachtet Vater und Bruder, wie sie schlafen, das Kinn liegt beiden auf der Brust. Sie atmen schwer, sie sehen komisch° aus.

Wenn ich jetzt schreie, denkt Andy, den Tisch umstoße und schreie, was würden sie tun? Vor Schreck vielleicht sterben.

2. der Ascher *ashtray* · aus-drücken *(here) stub out*

4. der Schnaufer *(colloq.) sudden breath, snort*
5. ein bißchen *a bit* · reiben† *rub* · die Stirn *forehead*

7. zerwühlt *rumpled*
8. feucht *moist* · der Rand *edge, rim*

11. der Druck *pressure* · kenntlich *recognizable*

13. beina'he *almost*
14. rein = herein
15. erkennen† *recognize*

18. bloß *just* · heulen *cry, scream* · der Specht *woodpecker*
19. klopfen *(here) tap*

Andy schreit nicht und läßt den Tisch so stehen, wie er steht, den Ascher mit den ausgedrückten halben Zigaretten, fünf. Fünf, denkt Andy, er hat geraucht, das sollte nicht mehr sein.

Ein mächtiger Schnaufer, der Vater ist wach, Andy ein bißchen erschrocken. Der Vater reibt sich die Stirn.

„Andy", sagt er.

Andy blickt ihn ruhig an. Das strohdicke Haar zerwühlt und feucht, die Augen haben rote Ränder.

„Wie geht's dir?" fragt der Vater.

„Gut", sagt Andy, „wie soll's mir gehn?", und spürt dabei schon den Druck im Hals, die Stimme gerade noch kenntlich.

„Ich habe auf dich gewartet", sagt der Vater.

„Er konnte schon beinah sprechen", sagt Andy. „Er hat mich genau gekannt. Wie ich nur reinkam ins Zimmer, hat er mich schon erkannt."

Der Vater sagt nichts, was soll er auch sagen, und Andy ist froh, daß der Vater nichts sagt. Könnt es nicht hören, müßte bloß heulen. Wendet sich ab und wendet den Kopf: ein Specht, ganz nah, beginnt zu klopfen.

HEINRICH BÖLL, winner of the 1972 Nobel Prize for Literature, was one of Germany's most popular writers. He was born into a Catholic family in Cologne in 1917. After completing secondary school he became a bookseller's apprentice but was drafted soon afterwards and served as an infantry soldier from 1939 to 1945.

Böll's short stories have been appearing since 1947 — there have been eleven volumes of shorter fiction during the past 25 years — and even some of his novels tend to dissolve into short episodes: his first novel, *Wo warst du, Adam?* (1951), is more reminiscent of a series of sketches or stories than a novel. Later works include the highly successful *Und sagte kein einziges Wort* (1953), *Billard um halbzehn* (1959), *Ansichten eines Clowns* (1963), and, more recently, *Gruppenbild mit Dame* (1971) and *Die verlorene Ehre der Katherina Blum oder Wie Gewalt entstehen und wohin sie führen kann* (1974). Böll's death in the summer of 1985 brought to a sudden end the career of one of Germany's most popular and prestigious writers of this century.

Thematically, Böll was most concerned with ordinary lives, that is, with the little man in his struggle to assert his private humanity. Against a backdrop first of war, then of a recuperating and increasingly prosperous, materialistic Germany, Böll's men and women try to find their way back to love and understanding.

Abschied, one of the 25 "Kurzgeschichten ohne Pointe" that make up the collection *Wanderer, kommst du nach Spa . . .* (1950), typifies Böll's art of understatement, his gift for realistic detail, and his understanding treatment of the tenderness and strain of human relationships.

---

der Abschied *farewell* 1. gräßlich *terrible* · die Stimmung *mood* 2. Abschied nehmen *take leave* 3. trennen *part* · vermögen† *be able* · ab-fahren† *leave* 4. die Bahnhofshalle *railroad station hall* · schmutzig *dirty* 5. zugig *drafty* · erfüllen *fill* · der Dunst *haze, fume* · der Abdampf *exhaust steam* · der Lärm *noise* 7. der Flur *corridor* 8. stoßen† *push, hit* · beisei'te *aside* · drängen *push, crowd* 9. fluchen *curse* 10. kostbar *precious* · gemeinsam *mutual* 11. das Winkzeichen *(hand) signal* 12. das Abteil *compartment* · sich verständigen *to make oneself understood* 13. nett *nice* 17. immerhin' *for all that* 19. auf-hören *stop* 21. der Dreck *muck, filth* 22. bißchen *bit, little*

Abschied

by Heinrich Böll

Wir waren in jener gräßlichen Stimmung, wo man schon
lange Abschied genommen hat, sich aber noch nicht zu
trennen vermag, weil der Zug noch nicht abgefahren ist. Die
Bahnhofshalle war wie alle Bahnhofshallen, schmutzig und
zugig, erfüllt von dem Dunst der Abdämpfe und von Lärm,   5
Lärm von Stimmen und Wagen.

Charlotte stand am Fenster des langen Flurs, und sie wurde
dauernd von hinten gestoßen und beiseite gedrängt, und es
wurde viel über sie geflucht, aber wir konnten uns doch diese
letzten Minuten°, diese kostbarsten letzten gemeinsamen un-   10
seres Lebens nicht durch Winkzeichen aus einem überfüllten°
Abteil heraus verständigen . . .

„Nett", sagte ich schon zum drittenmal, „wirklich nett, daß
du bei mir vorbeigekommen bist."

„Ich bitte dich, wo wir uns schon so lange kennen. Fünfzehn   15
Jahre."

„Ja, ja, wir sind jetzt dreißig, immerhin . . . kein
Grund . . ."

„Hör auf, ich bitte dich. Ja, wir sind jetzt dreißig. So alt
wie die russische° Revolution . . ."   20

„So alt wie der Dreck und der Hunger . . ."

„Ein bißchen jünger . . ."

„Du hast recht, wir sind furchtbar jung." Sie lachte.

2. der Koffer *suitcase*
3. das Bein *leg*
4. was dran tun *put something on it*

11. sich schämen *be ashamed*
12. der Lumpen *rag* · die Trümmer *(pl.) ruins*
13. scheußlich *horrible*

15. der Unsinn *nonsense*

17. manchmal *sometimes* · das Essen *food*
18. herrlich *fine, splendid* · kaputt' *ruined, broken*
19. begeistert *enthusiastic*

21. erklingen† *sound* · der Bahnsteig *platform*

23. an-kündigen *announce*
24. zart *tender, delicate* · betrachten *regard, study*
25. der Geruch *odor* · die Seife *soap*
26. elend *miserable*
27. verzweifelt *desperate* · der Mut *courage*
28. zerren *pull* · behalten† *keep*

32. toll *insane, wild, terrific*
33. gefangen† *(as) a prisoner* · Rußland *Russia* · abenteuerlich
    adventurous · die Flucht *flight, escape* · lesen† *lecture*

36. promovieren *take a degree*
37. Halt die Schnauze! *hold your trap!, shut up!*
38. entsetzt *horrified, shocked* · bleich *pale*

„Sagtest du etwas", fragte sie nervös°, denn sie war von hinten mit einem schweren Koffer gestoßen worden . . .

„Nein, es war mein Bein."

„Du mußt was dran tun."

„Ja, ich tu was dran, es redet wirklich zu viel . . ." 5

„Kannst du überhaupt noch stehen?"

„Ja . . .", und ich wollte ihr eigentlich sagen, daß ich sie liebte, aber ich kam nicht dazu, schon seit fünfzehn Jahren . . .

„Was?"

„Nichts . . . Schweden°, du fährst also nach Schweden . . . 10

„Ja, ich schäme mich ein bißchen . . . eigentlich gehört das doch zu unserem Leben, Dreck und Lumpen und Trümmer, und ich schäme mich ein bißchen. Ich komme mir scheußlich vor . . ."

„Unsinn, du gehörst doch dahin, freu dich auf Schwe- 15 den . . ."

„Manchmal freu' ich mich auch, weißt du, das Essen, das muß herrlich sein, und nichts, gar nichts kaputt. Er schreibt ganz begeistert . . ."

Die Stimme, die immer sagt, wann die Züge abfahren, 20 erklang jetzt einen Bahnsteig näher, und ich erschrak, aber es war noch nicht unser Bahnsteig. Die Stimme kündigte nur einen internationalen° Zug von Rotterdam nach Basel an, und während ich Charlottes kleines, zartes Gesicht betrachtete, kam der Geruch von guter Seife und Kaffee mir in den Sinn, 25 und ich fühlte mich scheußlich elend. Einen Augenblick lang fühlte ich den verzweifelten Mut, diese kleine Person einfach aus dem Fenster zu zerren und hier zu behalten, sie gehörte mir doch, ich liebte sie ja . . .

„Was ist?" 30

„Nichts", sagte ich, „freu dich auf Schweden . . ."

„Ja. Er hat eine tolle Energie°, findest du nicht. Drei Jahre gefangen in Rußland, abenteuerliche Flucht, und jetzt liest er da schon über Rubens."

„Toll, wirklich toll . . ." 35

„Du mußt auch was tun, promovier doch wenigstens . . ."

„Halt die Schnauze!"

„Was?" fragte sie entsetzt. „Was?" Sie war ganz bleich geworden.

1. verzeihen† *pardon*

4. bloß *only, anyway*
5. heiraten *marry* · hübsch *pretty*

8. unter-bringen† *accomodate*

15. das Gegenteil *opposite* · schlank *slender*
16. hochbeinig *long-legged*

24. lohnt sich nicht *isn't worth while*

29. horchen *listen*
30. an-blicken = ansehen

36. fort-fahren† *continue*

„Verzeih", flüsterte ich, „ich meine nur das Bein, ich rede manchmal mit ihm . . ."

Sie sah absolut° nicht nach Rubens aus, sie sah eher nach Picasso aus, und ich fragte mich dauernd, warum er sie bloß geheiratet haben mochte, sie war nicht einmal hübsch, und ich liebte sie. ₅

Auf dem Bahnsteig war es ruhiger geworden, alle waren untergebracht, und nur noch ein paar Abschiedsleute° standen herum. Jeden Augenblick würde die Stimme sagen, daß der Zug abfahren soll. Jeder Augenblick konnte der letzte ₁₀ sein . . .

„Du mußt doch etwas tun, irgend etwas tun, es geht so nicht . . ."

„Nein", sagte ich.

Sie war das gerade Gegenteil von Rubens: schlank, hoch- ₁₅ beinig, nervös, und sie war so alt wie die russische Revolution, so alt wie der Hunger und der Dreck in Europa° und der Krieg . . .

„Ich kann's gar nicht glauben . . . Schweden . . . es ist wie ein Traum . . ."
₂₀

„Es ist ja alles ein Traum."

„Meinst du?"

„Gewiß. Fünfzehn Jahre. Dreißig Jahre . . . Noch dreißig Jahre. Warum promovieren, lohnt sich nicht. Sei still, ver-dammt°!"
₂₅

„Redest du mit dem Bein?"

„Ja."

„Was sagt es denn?"

„Horch."

Wir waren ganz still und blickten uns an und lächelten, ₃₀ und wir sagten es uns ohne ein Wort zu sprechen.

Sie lächelte mir zu: „Verstehst du jetzt, ist es gut?"

„Ja . . . ja."

„Wirklich?"

„Ja, ja."
₃₅

„Siehst du", fuhr sie leise fort, „das ist es ja gar nicht, daß man zusammen ist und alles. Das ist es ja gar nicht, nicht wahr?"

Die Stimme, die sagt, wann die Züge abfahren, war jetzt

1. amtlich *official* · sauber *neat, clean*
2. zusam'men-zucken *wince, cringe* · grau *grey* · behördlich
   official
3. die Peitsche *whip*

6. an-fahren† *start up* · sich entfernen *depart*

AM ZIEL In this poem the tensions and contrasts of Ausländer's
other works find at least a partial resolution. In the striking of time's
hammer, a bridge (continuity, connection) is built. In the *going*
there is the sense of, or belief in, *arrival*. Life's journey is in effect
a timeless goal.

   das Ziel *goal*
3. schlagen† (*with* Brücke) *build*
5. die Brücke *bridge*
7. manchmal *sometimes*
8. seist *(subj. w. verbs such as* glauben, denken) · an-kommen†
   arrive
9. -los *-less*

ganz genau über mir, amtlich und sauber, und ich zuckte
zusammen, als schwinge° sich eine große, graue, behördliche
Peitsche durch die Halle°.

„Auf Wiedersehen!"

„Auf Wiedersehen!" 5

Ganz langsam fuhr der Zug an und entfernte sich im Dunkel
der großen Halle . . .

Am Ziel

Von einer Sekunde°
zur andern
schlagen die Hämmer°
der Uhr
eine Brücke 5

Du gehst
und glaubst manchmal
du seist angekommen
am zeitlosen Ziel

ROSE AUSLÄNDER

GABRIELE WOHMANN   Since the disturbing but highly influential fiction of Franz Kafka, many German writers have demonstrated a passionate concern for the "outsider," for the "otherness" and frightening vulnerability of human beings, which not only isolate but represent a mark of distinction, a "badge." As Gabriele Wohmann suggests, green is perhaps *unheimlich,* but it is more beautiful; yet her technique of distorting in order to define and describe — "entstellen, um festzustellen," as has been said of Kafka too — by no means offsets the deep sense of alienation and the feeling of skepticism towards modern society. In what sense is green really green in this story? What is the effect of *blasser* in the final line?

Gabriele Wohmann was born in Darmstadt in 1932. She studied music and German literature at the University of Frankfurt, then taught for a few years before devoting herself full time to writing. She has published novels, lyric poetry, radio and television plays, and a large number of short stories. In recent years she has turned increasingly to lyric poetry and has published two notable collections, *So ist die Lage* (1974) and *Grund zur Aufregung* (1978).

1. die Placke   *patch, spot*
2. die Haut   *skin* · schwärzlich   *darkish, blackish*
3. schlimm   *bad*
5. der Erwachsene   *adult* · verdecken   *cover, conceal*
6. der Handschuh   *glove*
7. neugierig   *curious*
10. sich drehen   *turn* · der Badezimmerspiegel   *bathroom mirror*
11. betrachten   *examine* · nackt   *naked* · stengeldünn   *thin as a rail*
12. innen   *inside*
13. heraus'-strecken = herausstecken · die Zunge   *tongue* · finster   *dark*
14. fett   *fat* · der Lappen   *flap, lobe*   15. wischen   *wipe*
16. der Tau   *mist (lit. dew)* · blaß   *light, pale*
17. der Zahn   *tooth*
18. häßlich   *ugly* · unheimlich   *weird, uncanny*
21. die Treppe   *stairs* · der Gangschlauch   *speaking tube*
22. der Frosch   *frog*

Grün ist schöner

by Gabriele Wohmann

Ich bin ein grüner Mensch. Grün mit grünblauen Placken.
Grüne Haut. Die Lippen° von einem so schwärzlichen Grün,
daß die Leute sich fürchten. Das wird überhaupt schlimm,
wenn ich mal mehr unter Leute komme. In der Schule und
dann als Erwachsener. Ich muß so viel wie möglich verdecken.   5
Doktor Stempel hat auch immer Handschuhe an. Er hat Ek-
zem°. Bei mir werden auch alle Leute neugierig drauf sein,
.was ich unter den Handschuhen habe. Sie werden denken,
ich hätte Ekzem. Ich muß auch einen Namen dafür finden.
   Das Kind drehte sich vor dem langen Badezimmerspiegel,   10
betrachtete seinen nackten Körper, hob die stengeldünnen
Ärmchen — alles grün, unten, oben; innen auch? Es trat
näher an den Spiegel°, streckte die Zunge heraus: finstre
bläuliche° Grünporen°, ein fetter Grünlappen hing° über
die dunklen Lippen. Also auch innen grün. Es wischte den   15
Tau seines Atems vom Glas, es lächelte sich zu: die blassen
Zähne gefielen ihm.
   Häßlich bin ich nicht. Nur unheimlich. Grüne Haut ist
eigentlich schöner als braune oder rosige°.
   — Bist du schon im Wasser? rief die Stimme der Mutter   20
die Treppe herauf und durch den Gangschlauch zu ihm ins
Badezimmer°. Bist du schon ein Frosch im Wasser?
   Grüner Frosch im Wasser.

2. patschen *make a splashing noise* · knistern *crackle* · die
   Schaumwolke *cloud of suds*
3. glitschen *slide* · die Wannenschräge *sloping part of the tub* ·
   schwitzen *sweat*
4. schnauben *snort*
6. der Sprenkel *speckle, spot*
8. die Stirn *forehead* · kriegen = bekommen · der Bart *beard*
9. der Hals *throat, neck*
10. der Nacken *nape of neck*
11. bloß *merely*
12. deshalb = daher

14. die Hose *pants*

19. baden *bathe, swim* · zurück′haltend *reserved*
20. quälen *torment*
21. vornehm *refined*
22. heiß *hot*
23. spazieren-gehen† *walk, stroll*
24. das Fröschlein *dim. of* Frosch
25. nach-sehen† *check* · sauber *clean*
26. ab-sondern *segregate*
27. einsam *lonely*

29. die Badewanne *bathtub*
30. das Schaumbläschen *bubble*
31. naß *wet* · glänzen *glisten*
32. trocken *dry*
33. schade *too bad* · strahlend *radiant, shiny*

35. die Schlange *snake*
36. raus = heraus

— Ja! schrie es.

Es patschte sich schnell in die knisternden Schaumwolken, glitschte an der Wannenschräge hinunter und schwitzte und schnaubte.

Aber das grüne Gesicht wird jeder sehn. Grün mit grün- 5
blauen Sprenkeln und einer fast schwarzen Zunge hinter fast schwarzen Lippen. Ich trag das grüne Haar tief in der Stirn, später krieg ich auch einen Bart, der wird auch grün. Und ich habe einen grünen Hals, ich winde° immer einen Schal° drumherum, der verdeckt auch den Nacken. Die Leute 10
können denken, ich wär bloß im Gesicht grün. Alles andere ist normal°. Ich sag: an den Händen hab ich Ekzem, deshalb die Handschuhe. Sonst zeigt man ja nichts. Ich werde immer lange Hosen tragen.

— Ists schön im Wasser, du Frosch? rief die Mutter. 15
— Ja! schrie es.

Alle werden denken: wie ein Frosch sieht er aus. Aber ich kann natürlich° nicht mit Mädchen und so, wie Dicki das macht, baden gehn. Ich bin ganz zurückhaltend, alle wollen mit mir baden gehn, alle Mädchen, immer werd ich gequält 20
von allen Mädchen, baden zu gehn, aber ich bin ganz vornehm und ganz grün. Ich geh in der heißesten Sonne mit meinem Schal spazieren und mit den Handschuhen.

— Fröschlein, rief die Mutter, gleich komm ich und seh nach, ob du sauber bist. 25

Das Grüne wird mich natürlich von den andern absondern. Ich werd wie Onkel Walter: ein einsamer alter Mann. Nur schon, bevor° ich alt bin.

Von der Badewanne aus konnte es in den Spiegel sehn. Es hob einen Arm aus dem Wasser: Schaumbläschen flüster- 30
ten; das nasse Grün glänzte, es sah schärfer und krasser° aus als das trockne.

Schade, daß niemand je meine strahlende nasse Grünhaut sehn wird. Ich werde ein einsamer grüner Mann. Wie eine Schlange. Der Schlangenmann°. 35

— Fröschlein, rief die Mutter, gleich hol ich dich raus!
— Ja, rief es.

Jetzt hab ich noch die Mutter, die weiß es. Später weiß es keiner mehr.

1. flink   *nimble* · der Gang   *hallway*
2. klaffen   *be ajar*

4. aus-knipsen   *switch off* · die Höhensonne   *ultra-violet lamp*
5. an-schalten   *turn on* · gelb   *yellow* · weich   *soft* · die Decke   *ceiling*

ANDERS II raises the age-old question of our perception of things. Is it a mark of pessimism or disorientation to give no answer — or to suggest that no answer is even possible?

Es hörte die flinken Schritte auf der Treppe, im Gang. Die Tür klaffte; es hielt die Hände vor die Augen, denn dazu hatte es gar keine Lust! Ein Strom° frischer° Luft zog herein, und die Mutter knipste die Höhensonne aus und schaltete das gelbe weiche Deckenlicht an und sagte: 5
— So, nun komm, mein blasser sauberer Froschmann.

Anders II

Es ist alles
anders geworden

oder sind wir es
die anders wurden

oder ist alles Andere   5
anders
als wir es sehen

ROSE AUSLÄNDER

KARL KROLOW, one of the more important contemporary lyric poets to have begun publishing in the 1940s, characterizes himself primarily as a nature or landscape poet — to which an impressive number of volumes of poetry bear testimony: *Hochgelobtes, gutes Leben* (1943), *Gedichte* (1948), and *Auf Erden* (1949); four additional collections published during the fifties; a half-dozen more in the sixties and seventies; and, in another vein, a series of translations and adaptations of French and Spanish works. Krolow has also spoken with critical authority in numerous lectures, essays, and books. Among his many honors and citations are the presidency of the *Akademie für Sprache und Dichtung*, the Georg Büchner Prize (1956), and the Literature Prize of the Bavarian Academy of Fine Arts in 1960 and again in 1985. He was born in 1915 in Hanover and now makes his home in Darmstadt.

"Der Augenblick des Fensters" is an urbanized pastoral; the nature of the *Licht* which dominates the first twelve lines is central to its understanding. It may not be specifically identifiable. Which could be best sustained: love, religious light, natural light? The best clues lie in its effects: the roses blossom, children lift their eyes, doves feed on its sweetness. Perhaps most revealing is the change it brings about in young women and men.

1. schütten   *shake, pour*
4. auf-blühen   *blossom out*
8. die Taube   *pigeon, dove* · naschen   *nibble*
9. die Süße   *sweetness*
11. sanft   *gentle*
13. ehe   *before*

Der Augenblick des Fensters

Jemand schüttet Licht
aus dem Fenster.
Die Rosen der Luft
blühen auf,
und in der Straße   5
heben die Kinder beim Spiel
die Augen.
Tauben naschen
von seiner Süße.
Die Mädchen werden schön   10
und die Männer sanft
von diesem Licht.
Aber ehe es ihnen die anderen sagen,
ist das Fenster von jemandem
schon wieder geschlossen worden.   15

UNBESEHEN   In this nature poem the "quarrel" between the pristine and the populated is put aside: a piece of nature, when unviewed, loses its status as landscape and reverts to its "real" state. In the poet's eyes this process is a recovery, which the final lines of the poem emphasize. What does the inherently self-contradictory "Song without Words" suggest? Why would flowers, when unviewed, unexamined, become a bouquet (rather than the other way around)?

1. die Gegend   *area, region*
2. sich erholen   *recover* · der Spaziergänger   *walker, person walking*
3. bekannt   *familiar*
4. sich durch-setzen   *have one's way, assert oneself*
6. der Blumenstrauß   *bouquet*
8. zu-gehen†   *happen*
11. der Teich   *pond* · der Ruderer   *oarsman*

ICH GEHE ÜBER DIE STRASSE   In a number of ways this poem might be read as a variation on "Unbesehen." People and Nature, not estranged, still manage to go their separate ways. Nature returns to or remains itself — "grün oder grau" ("je nach der Jahreszeit"); the poet — in a sense one of the *Spaziergänger* of "Unbesehen" — accepts the benign indifference of Nature and attends rather to his own "seasons." Is there a relationship between the rather impersonal *weitergeht* and *weiterzukommen*?

3. zählen   *count*
4. auf-passen   *pay attention*
6. die Aussicht   *view*
11. zwitschern   *twitter*

14. achten   *take care, pay attention*

Unbesehen°

Die unbesehene Gegend
erholt sich von Spaziergängern.
Das bekannte Lied
ohne Worte setzt sich durch.
Unbesehen wird aus Blumen   5
ein Blumenstrauß.
Alles geht wieder
einfach zu.
Die Worte haben mit den Worten
ihren Frieden gemacht.   10
Der Teich, ohne Ruderer,
lebt mit seinen Fischen.

Ich gehe über die Straße

Ich gehe über die Straße.
Das macht die Gegend nicht anders,
ob ich meine Schritte zähle
oder nicht aufpasse und unterwegs
vergesse, wohin ich will.   5

Die einfache Aussicht
auf Häuser und Gärten
bleibt an ihrem Platz
mit Bäumen, je nach der Jahreszeit
grün oder grau und den bekannten   10
Vögeln, die zwitschern und fliegen.

Niemand will sehen, wie das
weitergeht, nur ich
muß darauf achten, weiterzukommen.

HANS BENDER, born in 1919 in Mühlhausen, near Heidelberg, is a writer to whom other writers owe much. As editor and anthologist, as arranger of symposia and translations, he has worked extensively in their interest. He has been connected with several periodicals active in the presentation of new writing: *Deutsche Zeitung, Konturen, magnum* (of which he is editor-in-chief), and the American journal of contemporary German literature, *Dimension.* His anthologies include *Junge Lyrik* and the annual *Jahresring.* At the same time he has been able to maintain a major reputation in fiction. His own forte is the short story, and the American influence is clear. His characters tend to be ordinary, often undistinguished, their speech natural, even "common." Bender's style is straightforward and unpretentious. His symbolism is implicit or unobtrusive, but his skill as an observer gives extended meaning to his works as a portrait of the contemporary German scene.

Der Automat offers a slice of not too pleasant reality, naturalistically portrayed, immediately identifiable as to scene, characters and time: a society in disorder, the American intruder, the banality and crudity of very ordinary German types, above all the omnipresence of the physical and the imagery and allusions of sex. Under its realistic surface, the story is tightly constructed, with a remarkable range of submerged symbol and of social or historical implications.

---

der Automat′   *slot machine*
1. decken   *set (a table)*
3. gähnen   *yawn*
4. strecken   *stretch* · das Trikothemd   *undershirt* · rutschen *slip* · der Gürtel   *belt*
5. die Haut   *skin* · streicheln   *stroke*   6. lehnen   *lean*
7. die Handtasche   *purse* · der Spiegel   *mirror*
8. der Lippenstift   *lipstick*
10. aufmerksam machen   *catch the attention of* · hübsch   *pretty* · schmal   *narrow*   11. blaß   *pale* · stoßen†   *poke*
12. der Ellenbogen   *elbow* · die Illustrierte   *picture magazine*
13. besehen†   *look at*
15. sich graben†   *line, etch*   20. ober   *upper*
21. der Rand   *edge*   23. der Fleck   *spot* · das Kleid   *dress*

Der Automat

by Hans Bender

An einem der gedeckten Tische vor den Fenstern saß ein amerikanischer° Sergeant mit seiner deutschen Freundin°, die sich Mary nannte. Beide hatten müde Augen. Sie gähnte. Er streckte sich. Das Trikothemd rutschte aus seinem Gürtel. Mary griff an seine Haut und streichelte sie. Er schloß die 5 Augen, faßte nach ihren Knien° und lehnte den Kopf zu ihrem Haar. Sie nahm die Handtasche, holte Spiegel und Lippenstift heraus und zog ihre Lippen° neu.

Der Lippenstift machte die Frau am Nebentisch° aufmerksam. Eine junge Frau. Sie war hübsch, hatte ein schmales, 10 blasses Gesicht und einen geraden Mund. Sie stieß mit dem Ellenbogen an ihren Mann, der vor sich eine Illustrierte besah:

„Schau mal, hast du so etwas gern?“

Er sah hinüber. Um seinen Mund grub sich ein Lächeln. 15 „Warum nicht . . .“

„Du —“

„Doch, ich habe das ganz gern. Warum machst du’s nicht auch?“

Er nahm sein Glas, trank und schaute über den oberen 20 Rand zu Mary hinüber. Er dachte: Sie hat in der Nacht bei ihm geschlafen. Sie ist müde. Sie gähnt. Am Hals hat sie rote Flecke. Das Kleid ist von ihm. Amerikanisch. Im PX gekauft.

2. spüren *feel*
3. beobachten *watch*
4. rauher Teint *rough skin (complexion)*
5. zornig *angry* · zugleich' *at the same time* · ein-sperren *lock up, cage*
6. der Bussard *here: hawk* · nebendran' *next to (him)*
8. erleben *experience*
9. wirken *give an impression, act* · schätzen auf *guess to be*

11. sich täuschen *be fooled* · sehnig *sinewy*
12. liegen *(+ dat.) suit*

17. gutgelaunt *good-humoredly*
18. der Wirt *innkeeper, barkeeper* · nicken *nod*
19. zu Ende trinken *finish*

22. überlegen *reflect* · Ami = *colloq. for* Amerikaner
23. sommersprossig *freckled*
24. gestickt *embroidered* · der Kram *stuff, junk* · das Goldblech *gold plate*
25. schließlich *after all* · mal = einmal
27. die Hose *pants* · der herausgedrückte Hintere *rear end sticking out*

34. schräg *slanting*
35. lehnen *lean* · die Theke *bar, counter*
36. die Vereinstafel *club plaque* · die Rekla'me *ad*
37. der Bursch(e) *fellow, man* · schieben† *shove*
38. der Spalt *slot* · schleudern *shoot* · der Hebel *lever*
39. die Scheibe *pane of glass* · die Messingschiene *brass strip (rail)*

Aber sie ist gut. Die Brust° gerade richtig . . .

Mary spürte den Blick. Sie hielt den Lippenstift ruhig und beobachtete ihn über den Spiegelrand°. Er sieht gut aus, dachte sie. Männlich°. Ein rauher Teint. Seine Augen sind traurig und zornig zugleich. Die Augen eines eingesperrten Bussards. Aha, die nebendran ist seine Frau. Kein Wunder°. Sie läßt ihn nicht, wie er will.

Die hat nichts erlebt. Er hat viel erlebt. Ich sehe das. Er wirkt älter, als er aussieht. Ich schätze ihn auf fünfunddreißig. Er kann auch erst achtundzwanzig sein. Ich mag diesen Typ°. Doch man kann sich täuschen. Was für sehnige Hände er hat! Er arbeitet schwer, aber das liegt ihm nicht . . .

Seine Frau fragte: „Gehn wir, Kurt?"

Er sagte: „Ich trink noch ein Bier."

„Trink doch keins mehr!"

„Warum soll ich keins mehr trinken?"

Er lachte gutgelaunt und trank leer. Er hob das Glas hoch. Der Wirt sah gerade her und nickte.

„Trink meins zu Ende. Ich mag nicht mehr. Es ist bitter."

„Du und bitter!"

Sie redete weiter. Er hörte nicht hin. Er sah zu Mary und überlegte: warum hatte sie nur diesen Ami bei sich? Diesen schwachen, sommersprossigen Ami? Das Einzige, was an ihm dran ist, die Uniform°, der gestickte Kram, das Goldblech. Hatten wir schließlich auch mal. Aber vielleicht sind es doch mehr die Dollars, der Kaffee, die Zigaretten° — oder die enge Hose mit dem herausgedrückten Hintern . . .

„Warum lachst du?"

„Ich dachte an etwas."

„An was dachtest du?"

„Wie?"

„Du hast doch gelacht!"

„Ja, habe ich gelacht?"

Der Wirt ließ Bier ins schräge Glas laufen. Die Tochter Jossi lehnte über die Theke. An der Wand zwischen den schwarzen Vereinstafeln und den Zigarettenreklamen hing ein Automat. Junge Burschen spielten. Sie schoben Zehnpfennig-stücke° in den Spalt und schleuderten sie mit einem Hebel hinter die Scheibe, in ein Oval° aus Messingschienen zu

1. drehen *turn* · das Rad *wheel*
2. die Kralle *claw, metal jaw*
3. winken *beckon to*
4. zahlen *pay* · übersetzen *translate, interpret*
5. der Geldschein *bill* · die Kasse *cash box, cash register*

8. sich bücken *bend down*
9. behalten† *keep*
10. verspielen *gamble away*

20. die kennt man so *you just sort of know her*
21. die Jacke *jacket*

23. grinsen *grin*

25. der Kasten *box* · die Feder *spring*
26. das Gelenk *hinged piece, joint* · aus-lösen *set in motion*
27. frei-geben† *release* · der Becher *receptacle*
28. rasseln *rattle, clink* · streichen† *stroke, sweep*

31. schenken *give*

36. Nimm sie nur in Schutz *go ahead and defend her*

treffen. Trafen sie, drehte sich das Messingrad in der Mitte und ließ aus seinen Krallen zwei, drei oder fünf Zehnpfennigstücke fallen. Der Sergeant winkte Jossi. Sie ging an seinen Tisch. Er wollte zahlen. Mary half übersetzen. Jossi ging zur Theke, legte die Geldscheine in die Kasse, nahm Geldstücke 5 heraus und ging zum Tisch zurück. Ein Zehnpfennigstück fiel daneben, fiel auf den Boden und rollte° unter die Stühle. Jossi bückte sich. Mary fand das Zehnpfennigstück. Sie nahm es auf und behielt es in der Hand.

„Ich verspiele es", sagte sie. „Hast du etwas dagegen? Ich 10 werde gewinnen°, Frank. Bestimmt werde ich gewinnen!"

„Okay."

Mary stand auf und ging am Tisch der beiden vorbei. Sie schaute zu Kurt und sagte halb zu ihm und halb zu sich—:

„Vielleicht habe ich Glück." 15

Kurt sagte: „Sicher hast du Glück."

Seine Frau fragte: „Kennst du die?"

„Woher soll ich sie kennen?"

„Du sagtest doch du?"

„Nun, die kennt man so." 20

Frank folgte Mary. Unter der Jacke schaute sein Trikot hervor. Die Burschen um den Automaten machten Platz und grinsten. Die Frau dachte: verlieren soll sie! Verlieren soll sie! Mary warf einen Zehner° ein und schleuderte. Sie traf in das Oval. Der Kasten schüttelte sich. Federn, Räder, Ge- 25 lenke wurden ausgelöst, die Krallen drehten sich und gaben fünf Zehnpfennigstücke frei, die in den Messingbecher rasselten. Mary strich sie in die Hand. Dann warf sie wieder ein, schleuderte, verlor. Sie warf wieder ein —

„Sie verliert! Siehst du, alle, die spielen, verlieren. — Mit 30 Geld spielt man nicht, selbst wenn man es geschenkt bekommt."

„Wer bekommt Geld geschenkt?"

Sie antwortete nicht.

„Meinst du die?" 35

„Nimm sie nur in Schutz!"

„Nehm ich sie in Schutz?"

Mary gewann. Dann wollte Frank spielen.

„Okay."

2. zupfen *tug* · das Hemd *shirt*
3. auf-hören *stop*

5. leuchten *shine* · glühen *glow*
6. der Absatz *heel* · die Diele *here:* = Boden · die Hüfte *hip*
7. ständig *constant* · die Bewegung *motion*
8. bestellen *order*
9. der Gedanke *thought* · durcheinan'der-bringen† *shake up*
10. aus-halten† *(be able to) stand* · verrückt machen *drive crazy*
12. kapiert? *get it?*
14. Nun fehlt noch, daß du heulst *Next thing you know you'll be crying*

18. drüben *over there*

22. Darf man auch mal? *Mind if I take a turn?*
23. gedehnt *speaking slowly*

25. streifen *touch, brush against* · die Berührung *contact*

27. paß auf *watch*

29. der Stammtisch *regular (reserved) table (for club members or regular customers)*

36. wirbeln *whirl*

Mary steckte ihm das Trikot in den Gürtel. Die Burschen zupften sich an ihren Hemden. Frank warf ein Zehnpfennigstück ein und gewann beim ersten Mal. Er wollte aufhören, aber Mary nahm ihm das gewonnene Geld ab und warf wieder ein, immer wieder. Ihre Augen leuchteten. Ihr Gesicht glühte. 5 Die Absätze klopften auf die Dielen. Die Hüften waren in ständiger Bewegung.

Kurt bestellte das dritte Glas. Und einen Kognak°. Ich muß die Gedanken durcheinanderbringen, dachte er. Sonst halte ich es nicht aus. Sie macht mich verrückt . . . 10

„Nun trinkst du noch eins?"

„Ja! — Und den Rest° werfe ich in den Kasten, kapiert?"

„Bitte, Kurt, spiel nicht! Bitte — bitte — bitte!"

„Nun fehlt noch, daß du heulst, ja?"

Mary hatte wieder gewonnen. Frank stand hinter ihr und 15 legte den Ellenbogen auf ihre Schulter°. Der Automat schüttelte sich. Mary dachte: recht so! Ich will gewinnen! Ich muß gewinnen! Die drüben sollen sehen, daß ich gewinne! Und er soll sehen — sie schob Frank die gewonnenen Geldstücke in die Tasche und ließ lange die Hand darin. 20

Dann stand Kurt auf und ging zum Automaten.

„Darf man auch mal?"

Mary drehte den Kopf und sagte gedehnt: „Alle dürfen."

Sie ging zur Seite, ihm Platz zu machen. Sie kam ihm dabei ganz nahe, streifte ihn nicht, und doch war es eine Berührung. 25 Kurt warf ein. Die andern wurden aufmerksam.

Die Jungen sagten: „Paß auf, wie der spielt!"

Der Wirt sagte: „Dort drüben spielt einer."

Ein Alter am Stammtisch sagte: „Er spielt mal wieder."

Und ein anderer sagte: „Das gefällt mir gar nicht, daß der 30 dort spielt."

Kurt schleuderte, traf. Er warf ein, schleuderte, gewann. Er warf ein, schleuderte, verlor. Gewann, verlor, gewann, verlor, gewann, verlor, gewann, gewann, gewann . . . Seine Frau saß am Tisch und starrte° in das halb ausgetrunkene° Glas. 35 Der Kasten wirbelte. Und Mary lachte!

FRIEDRICH DÜRRENMATT   The career of the Swiss playwright and critic Friedrich Dürrenmatt (born in Konolfingen near Bern in 1921) has been one of the most phenomenal of postwar Europe. The son of a Protestant minister, Dürrenmatt studied philosophy and theology first at Bern, then at Zurich. After working for a time as a draftsman and designer, he turned to writing in 1947. His success was immediate. Such plays as *Romulus der Große, Die Ehe des Herrn Mississippi, Ein Engel kommt nach Babylon, Der Besuch der alten Dame,* and the radio plays *Der Streit um des Esels Schatten, Die Panne* (later to become a famous short novel), and *Das Unternehmen der Wega* have earned him a major European reputation. *The Visit* and the *Physicists,* among others, have been produced in the United States. Another of Dürrenmatt's achievements is the literary detective novel, a genre ably represented in the English-speaking world by G. K. Chesterton and Graham Greene but virtually unknown in Germany. The seventies were marked by a turn away from drama: a tale, *Der Sturz,* appeared in 1971; and a volume of essays, *Zusammenhänge. Ein Essay über Israel,* and another prose work, *Der Mitmacher. Ein Komplex,* were published in 1976. Dürrenmatt is theater critic of the Swiss weekly *Die Weltwoche.*

Das Unternehmen der Wega (the concluding scenes of which are offered here) is a *Hörspiel* of powerful and controversial impact, as contemporary as the bomb, the cold war, and the nuclear arms race. In re-plays of films taken on the scene, the story of the spaceship *Wega* unfolds. The United States of America and Europe have sent the *Wega* to Venus to win that planet before the Russians do. Venus offers, by virtue of its terrible, overclouding atmosphere, the possibility of undetected preparation for sudden nuclear attack, a possibility which has vanished on Earth. The ultimate fate of the mission (and of Venus) is decided in these last scenes. The irony and pessimism are as strong, the verdict on humanity as severe as in any of Dürrenmatt's works.

---

das Unterneh'men   *mission*   1. die Aufnahme   *recording*
2. taubstumm   *deafmute* · der Gatte   *husband* · die Straßendirne
   streetwalker   3. das Spital'schiff   *hospital ship* · leiten   *lead*
4. hager   *gaunt* · etwa   *about* 5. naß   *wet* · erwarten   *await*
6. schwer-fallen† *be difficult* · willkommen heißen† *welcome*

from Das Unternehmen der Wega

by Friedrich Dürrenmatt

Mannerheim is the personal physician of the president of the United States of Europe and America. He is also a member of the secret service and in this capacity has recorded the negotiations undertaken on the journey.

Bonstetten appears here for the first time in the play. He is mentioned earlier as having been the last commissioner sent to Venus by the government. Ten years before the play opens he resigned and, like his predecessors, did not return to Earth.

Sir Horace Wood, foreign minister, is head of the delegation.

Colonel Roi is in charge of the space-ship's observation room. He is also in charge of the military equipment with which, unknown to Wood at the start of the journey, the Wega is outfitted.

The time is the year 2255.

Mannerheim: Die zehnte Aufnahme. Seine Exzellenz° und ich sind vom taubstummen — Gatten — der Straßendirne in die Kantine° des Spitalschiffs geleitet worden, wo uns ein hagerer, etwa sechzigjähriger° Mann im Halbdunkel° des nassen Raumes erwartet.   5

Bonstetten: Es fällt schwer, dich willkommen zu heißen, Wood. Du kommst in einer traurigen Mission°.

4. sich verändern *change*
5. ziemlich *rather*

11. der Kommissar' = der Kommissär' *commissioner, commissar*
12. sich bemächtigen *(+ gen.)* *seize control of*
13. der Unsinn *nonsense* · der Arzt *doctor*
14. der Bevollmächtigte *plenipotentiary*

17. jagen *hunt* · der Wal(fisch) *whale*
18. an-bieten† *offer*
19. rauchen *smoke*
20. neugierig *curious* · schmecken *taste*

23. Bescheid wissen = wissen
24. nett *nice*
25. das Staatsoberhaupt *chief of state* · ernennen† *name*
26. nur noch *just . . . now*
27. benachrichtigen *inform*
28. funken *radio*
29. zurück'-kehren *return*

34. das Eiweiß *(excess of) albumin* · erhöht *elevated*

38. es ist nun einmal so *that's the way things are*
39. begreifen† *comprehend*

Wood: Du bist —

Bonstetten: Bonstetten. Du studiertest° mit mir in Oxford und Heidelberg.

Wood: Du hast dich verändert.

Bonstetten: Ziemlich.

Wood: Wir haben zusammen Plato gelesen und Kant.

Bonstetten: Eben.

Wood: Ich hätte mir denken sollen, daß du hinter dem allem steckst.

Bonstetten: Ich stecke hinter nichts.

Wood: Du bist unser Kommissar gewesen und wirst dich der Venus bemächtigt haben.

Bonstetten: Unsinn. Ich bin Arzt geworden, und dies ist meine freie Stunde. Nun bin ich der Bevollmächtigte und werde mit dir reden.

Wood: Der russische° Kommissär°?

Bonstetten: Jagt Wale. Hast du eine Zigarette°?

Wood: Mannerheim wird dir eine anbieten.

Bonstetten: Seit zehn Jahren habe ich keine mehr geraucht. Neugierig, wie das wieder schmeckt.

Mannerheim: Feuer?

Bonstetten: Danke.

Wood: So weißt du Bescheid?

Bonstetten: Natürlich°. Irene hat mir alles erzählt. Nett, daß ihr sie zum Staatsoberhaupt ernannt habt. Wir nennen sie nur noch Exzellenz.

Wood: Die andern sind benachrichtigt?

Bonstetten: Wir haben nach den Schiffen gefunkt, ob jemand zurückkehren wolle.

Wood: Die Antwort?

Bonstetten: Niemand.

    Schweigen

Wood: Ich bin müde, Bonstetten. Ich muß mich setzen.

Bonstetten: Du wirst Eiweiß haben und erhöhte Temperatur°. Das haben wir alle die erste Zeit hier.

    Schweigen

Wood: Niemand von euch will zurück.

Bonstetten: Es ist nun einmal so.

Wood: Ich kann es nicht begreifen.

7. fürchterlich = furchtbar

11. die Dirne *prostitute* · der Verbrecher *criminal*
12. verfolgen *persecute*

16. die Narko'se *anesthetic*
17. schmecken *taste good*
18. die Feuchtigkeit *humidity* · qualmen *smolder*

20. der Durst *thirst*
21. abgekocht *boiled*
22. verteufelt *devilish* · die Luke *porthole* · zitro'nengelb
    lemon-colored
23. der Dampf *vapor* · schwindlig *giddy, dizzy*
24. wechseln *change*
25. gleißen *glitter*

28. schaffen† *do, make, create* · das Werkzeug *tool*
29. die Kleider *clothing* · der Funk'apparat' *radio* · die Waffe
    weapon
30. riesenhaft *gigantic* · die Erfahrung *experience*
31. das Vertrauen *confidence* · ständig *constant*
32. sich ändern *change* · die Pflanze *plant*
33. giftig *poisonous*
35. scheußlich *abominable*
36. trinkbar *potable*

38. mild *gentle* · ein-tauschen *trade*
39. dampfend *steaming* · glühen *glow*

Bonstetten: Du kommst von der Erde. Darum kannst du es nicht begreifen.

Wood: Ihr seid doch auch von der Erde.

Bonstetten: Das haben wir vergessen.

Wood: Hier kann man doch nicht leben! 5

Bonstetten: Wir können es.

Wood: Dann muß es ein fürchterliches Leben sein.

Bonstetten: Ein richtiges Leben.

Wood: Was verstehst du darunter?

Bonstetten: Was wäre ich auf der Erde, Wood? Ein Diplomat°. 10
Irene? Eine Dirne. Wieder andere wären Verbrecher und einige Idealisten°, verfolgt von irgendeiner Staatsmaschine°.
Schweigen

Wood: Und nun?

Bonstetten: Du siehst, ich bin Arzt.

Wood: Und operierst° ohne Narkose. 15

Bonstetten: Die Zigarette schmeckt nicht mehr. Sie ist naß geworden in dieser Feuchtigkeit und qualmt nur.
Schweigen

Wood: Ich habe Durst. 20

Bonstetten: Hier hast du abgekochtes Wasser.

Wood: Das verteufelte Licht in den Luken, zitronengelb, der stinkige° Dampf dieser Luft macht mich schwindlig.

Bonstetten: Es gibt keine andere Luft, nur das Licht wechselt. Zitronengelb, manchmal wie gleißendes Silber°, oft auch 25
sandig° rot.

Wood: Ich weiß.

Bonstetten: Alles müssen wir uns selber schaffen. Werkzeuge, Kleider, Schiffe, Funkapparate, Waffen gegen die riesenhaften Tiere. Alles fehlt. Die Erfahrung. Das Wissen. Das 30
Gewohnte. Das Vertrauen in den Boden, der sich ständig ändert. Keine Medikamente°; Pflanzen, Früchte, die wir nicht kennen, die meisten giftig. Selbst an das Wasser kann man sich nur langsam gewöhnen.

Wood: Es schmeckt scheußlich. 35

Bonstetten: Es ist trinkbar.
Schweigen

Wood: Was habt ihr gegen die milde Erde eingetauscht? Dampfende Ozeane°. Brennende Kontinente°, rot glühende

1. die Wüste *desert* · tosen *rage* · die Erkenntnis *realization*

3. kostbar *precious*
4. die Gnade *act of grace*
5. lächerlich *ridiculous*
6. schon lange *a long time*

10. zwingen† *force*
11. der Unterschied *difference*
12. zu Grunde gehen *meet destruction, perish*

15. verraten† *betray*

17. die Hölle *hell*

22. vernünftig *reasonable*
23. besiegen *conquer* · hierher *to this place*

26. ein-schätzen *assess* · die Lage *situation*
27. die Straf'kolonie' *penal colony*
28. die Menschheit *mankind* · sich an-schicken *set about* · der
    Besitz *possession*
29. einträglich *profitable* · das Grundstück *property*
30. die Abfallgrube *refuse pit* · gemeinsam *common*

33. spannen *hitch*
34. dahin'-fallen† *vanish*
35. die Rückkehr *return*
36. entlassen† *dismiss*
37. wer auch immer *whoever*
38. betreten† *set foot on* · fallen† = kommen · das Gesetz *law*

Wüsten. Ein tosender Himmel. Welche Erkenntnis habt ihr dafür bekommen?

Bonstetten: Der Mensch ist etwas Kostbares und sein Leben eine Gnade.

Wood: Lächerlich. Diese Erkenntnis haben wir auf der Erde 5
schon lange.

Bonstetten: Nun? Lebt ihr nach dieser Erkenntnis?

Schweigen

Wood: Und ihr?

Bonstetten: Die Venus zwingt uns, nach unseren Erkenntnissen 10
zu leben. Das ist der Unterschied. Wenn wir hier einander
nicht helfen, gehen wir zu Grunde.

Wood: Darum bist du auch nicht mehr zurückgekehrt.

Bonstetten: Darum.

Wood: Und hast die Erde verraten. 15

Bonstetten: Ich desertierte°.

Wood: In eine Hölle, die ein Paradies° ist.

Bonstetten: Wir müßten töten, wenn wir zurück wollten,
denn helfen und töten ist bei euch dasselbe. Wir können
nicht mehr töten. 20

Schweigen

Wood: Wir müssen vernünftig sein. Auch ihr seid in Gefahr.
Wenn die Russen° uns besiegen, werden sie hierher kommen.

Bonstetten: Wir fürchten uns nicht. 25

Wood: Ihr schätzt die politische° Lage falsch ein.

Bonstetten: Du vergißt, daß wir die Strafkolonie der ganzen
Erde sind. Die Menschheit schickt sich an, um den Besitz
der schönen Zimmer und der einträglichen Grundstücke zu
kämpfen, nicht um die Abfallgrube, die allen gemeinsam 30
ist. Für uns interessiert° sich niemand. Ihr braucht uns jetzt
nur, um uns wie Hunde vor den Wagen eures Krieges zu
spannen. Ist der Krieg zu Ende, fällt auch dieser Grund
dahin. Doch ihr könnt uns zwar hierher schicken, aber
nicht zur Rückkehr zwingen. Ihr habt keine Macht über 35
uns. Ihr habt uns aus der Menschheit entlassen. Die Venus
ist nun fürchterlicher als ihr. Wer auch immer ihren Boden
betritt, fällt unter ihr Gesetz, in welcher Eigenschaft er

1. in welcher . . . komme   *in whatever capacity he may come* ·
   die Freiheit   *freedom* · gewähren   *grant*
3. krepieren   *kick off, die*
4. handeln   *act* · notwendig   *necessary*

7. verführen   *entice* · die Ungleichheit   *inequality* · die Armut
   poverty
8. die Schande   *disgrace* · schänden   *defile*
9. die Nahrung   *nourishment*
10. kleben   *cling* · der Schweiß   *sweat*
11. die Ungerechtigkeit   *injustice*
12. der Überfluß   *superabundance*

15. die Wahrheit   *truth*

18. der Wasserstoff   *hydrogen*

22. ahnungslos   *unsuspecting* · der Befehl   *order*
23. überrascht   *surprised* · vernehmen†   learn

26. peinlich   *painful*
27. verzweifelt   *desperate*
28. zweifeln   *doubt*
29. schließlich   *finally* · sich durch-setzen   *prevail*

31. momentan′   *for the moment*
32. die Maßnahme   *measure* · ergreifen†   *take*
33. selbstverständlich   *obvious*
34. es tut mir leid   *I'm sorry*

36. ein-setzen   *make use of*

auch komme, und es wird ihm keine andere Freiheit gewährt als die ihre.

Wood: Die Freiheit, zu krepieren.

Bonstetten: Die Freiheit, recht zu handeln und das Notwendige zu tun. Auf der Erde konnten wir es nicht. Auch ich nicht. Die Erde ist zu schön. Zu reich. Ihre Möglichkeiten° sind zu groß. Sie verführt zur Ungleichheit. Auf ihr ist Armut eine Schande, und so ist sie geschändet. Nur hier ist die Armut etwas Natürliches. An unserer Nahrung, an unseren Werkzeugen klebt nur unser Schweiß, nicht noch Ungerechtigkeit wie auf der Erde. Und so haben wir Furcht vor ihr. Furcht vor ihrem Überfluß, Furcht vor dem falschen Leben, Furcht vor einem Paradies, das eine Hölle ist.

Schweigen

Wood: Ich muß dir die Wahrheit sagen, Bonstetten. Wir haben Bomben° bei uns.

Bonstetten: Atombomben°?

Wood: Wasserstoffbomben.

Bonstetten: Mit einem Kobaltmantel° darum?

Wood: Mit einem Kobaltmantel.

Bonstetten: Ich dachte es.

Wood: Ich war ahnungslos. Es geschah auf Befehl des Präsidenten°. Ich war überrascht, als ich es gestern vernahm, Bonstetten.

Bonstetten: Ich glaube dir ja.

Wood: Es ist mir natürlich peinlich. Aber wir sind in einer verzweifelten Lage. An unserem guten Willen° kann nicht gezweifelt werden. Die Freiheit und die Humanität° werden sich schließlich durchsetzen.

Bonstetten: Natürlich.

Wood: Wir sind einfach momentan gezwungen, scharfe Maßnahmen zu ergreifen.

Bonstetten: Selbstverständlich.

Wood: Es tut mir wirklich leid, Bonstetten.

Schweigen

Bonstetten: Ihr setzt die Bomben ein, wenn wir euch nicht helfen?

Wood: Wir müssen.

Das Unternehmen der Wega 173

4. entkommen† *escape*

7. verstreuen *scatter*
8. voraus'-ahnen *foresee*

12. sich erholen *recover, rest*
13. die Schweiz *Switzerland* · das Engadin *region in the Swiss Grisons*

20. die Nachricht *message*

22. leb wohl *farewell*

24. entgehen† = entkommen

28. drohen *threaten*
29. sinnlos *senseless* · die Grausamkeit *(act of) cruelty*

32. der Schlächter *butcher*

34. die Tat *deed*

37. scheitern *fail, be ruined* · das Mitleid *compassion*
38. verblassen *grow pale*
39. das Mißtrauen *mistrust* · erwachen *awaken*

Bonstetten: Wir können euch nicht hindern°.
   Schweigen
Wood: Ihr seid verloren.
Bonstetten: Viele. Andere werden entkommen. Die Schiffe
   waren gewarnt°, als ihr kamt. Sonst lebten wir nahe beiein-   5
   ander, doch nun sind wir über den ganzen Planeten° ver-
   streut.
Wood: Ihr habt alles vorausgeahnt?
Bonstetten: Wir waren schließlich auch einmal auf der Erde.
   Schweigen   10
Wood: Ich muß nun gehen.
Bonstetten: Du wirst dich erholen müssen, wenn du zurück-
   kehrst. Geh in die Schweiz. Ins Engadin. Ich war einmal dort
   im letzten Sommer vor fünfzehn Jahren. Ich vergesse nie die
   Bläue° dieses Himmels.   15
Wood: Ich fürchte — die politische Lage —
Bonstetten: Natürlich. Eure politische Lage. Daran habe ich
   gar nicht gedacht.
Wood: Du hast noch Familie auf der Erde. Deine Frau, zwei
   Söhne — hast du ihnen eine Nachricht zu geben?   20
Bonstetten: Nein.
Wood: Leb wohl.
Bonstetten: Stirb wohl, willst du sagen. Mein Spitalschiff wird
   deinen Bomben nicht entgehen.
Wood: Bonstetten!   25
Bonstetten: Der Mann Irenes bringt dich an Land.
Wood: Wir setzen die Bomben natürlich nicht ein, Bon-
   stetten. Ich habe nur damit gedroht. Da wir euch nicht
   zwingen können, wäre dies nur eine sinnlose Grausamkeit.
   Ich gebe dir mein Wort.   30
Bonstetten: Ich nehme es dir nicht ab.
Wood: Ich bin kein Schlächter!
Bonstetten: Aber ein Mensch von der Erde. Du kannst die
   Tat nicht zurücknehmen, die du denken konntest.
Wood: Ich verspreche dir. . .   35
Bonstetten: Du wirst dein Versprechen brechen. Deine Mission
   ist gescheitert. Noch hast du Mitleid mit mir. Doch wenn
   du auf dein Schiff zurückkehrst, wird dein Mitleid verblassen
   und dein Mißtrauen erwachen. Die Russen könnten kom-

1. das Abkommen   *agreement*

3. behandeln   *treat*
4. das Stäubchen   *speck, grain*

6. sich verbünden   *ally oneself*
7. um ... willen   *for the sake of* · die Unsicherheit   *uncertainty*
8. ab-werfen†   *release*

13. das Opfer   *victim*

17. an-nehmen†   *accept*

19. die Hitze   *heat* · die Strahlung   *radiation*
20. der Wurm   *worm* · die Haut   *skin*
21. das Eingeweide   *intestine(s)* · dringen†   *penetrate* · das
    Blut   *blood* · vergiften   *poison* · das Virus   *virus*
22. die Zelle   *cell* · zerstören   *destroy*
23. unpassier'bar   *impassable* · der Sumpf   *swamp* · kochen
    boil · das Ölmeer   *sea of oil* · der Vulkan'   *volcano*
24. das Riesentier   *giant animal*
25. mitten in   *in the midst of*
28. unangreifbar   *unassailable* · die Festung   *fortress*

31. bewundern   *admire*
32. zu-geben†   *admit*
33. lieb = nett
34. gefährden   *endanger*
35. berühren   *touch*

37. der Außenminister   *foreign minister*
38. vereinigen   *unite*

men und mit uns ein Abkommen schließen, wirst du denken. Du wirst zwar wissen, daß dies unmöglich ist, daß wir
die Russen behandeln würden, wie wir euch behandelt
haben, aber an deinem Wissen wird ein Stäubchen Furcht
kleben, daß wir uns doch vielleicht mit euren Feinden   5
verbünden könnten, und um dieses Stäubchens Furcht
willen, um dieser leichten Unsicherheit willen in deinem
Herzen, wirst du die Bomben abwerfen lassen. Auch wenn
sie sinnlos sind, auch wenn du Unschuldige triffst, und so
werden wir sterben.   10
Wood: Du bist mein Freund, Bonstetten. Ich kann doch einen
   Freund nicht töten!
Bonstetten: Man tötet leicht, wenn man sein Opfer nicht sieht,
   und du wirst mich nicht sterben sehen.
Wood: Das sagst du, als wäre es etwas Leichtes, zu sterben!   15
Bonstetten: Alles Notwendige ist leicht. Man muß es nur annehmen. Und das Notwendigste, das Natürlichste auf diesem
   Planeten ist der Tod. Er ist überall und zu jeder Zeit. Zu
   große Hitze. Zuviel Strahlung. Selbst das Meer radioaktiv°.
   Überall Würmer, die unter unsere Haut, in unsere Einge-   20
   weide dringen, Bakterien°, die unser Blut vergiften, Viren,
   die unsere Zellen zerstören. Die Kontinente voll unpassier-
   barer Sümpfe, überall kochende Ölmeere und Vulkane,
   stinkende° Riesentiere. Wir fürchten eure Bomben nicht,
   weil wir mitten im Tode leben und lernen mußten, ihn   25
   nicht mehr zu fürchten.
Schweigen
Wood: Ihr seid unangreifbar in der Festung eurer Armut and
   eurer Todesnähe.
Bonstetten: Geh jetzt.   30
Wood: Bonstetten. Ich bewundere dich. Du hast recht und
   ich unrecht. Ich gebe es zu.
Bonstetten: Das ist lieb von dir.
Wood: Was du über eure Armut und über euer gefährdetes
   Leben gesagt hast, berührt mich tief.   35
Bonstetten: Das ist schön von dir.
Wood: Wenn ich jetzt nicht Außenminister der freien ver-
   einigten Staaten der Erde wäre, würde ich bei dir bleiben.
Bonstetten: Das ist edel von dir.

2. im Stich lassen   *leave in the lurch*

4. die Hinsicht   *respect*

14. die Verhandlungen   *negotiations* · ergebnislos verlaufen
    come to no conclusion, be fruitless · der Oberst   *colonel*

18. müssen = muß   *(honorific)* · sich entscheiden†   *decide, make
    up one's mind*
20. befehlen†   *order*

23. möglichst gleichmäßig   *as evenly as possible*
24. verteilen   *distribute*

29. an-schnallen   *fasten in (safety belt)*

32. fesseln   *chain, tie down*

Wood: Aber ich kann natürlich die Erde nicht einfach im Stich lassen.

Bonstetten: Das ist ja klar.

Wood: Es ist tragisch°, daß ich in dieser Hinsicht nicht frei bin. 5

Bonstetten: Du mußt nicht traurig sein.

Wood: Die Bomben werden nicht abgeworfen.

Bonstetten: Wir wollen jetzt nicht mehr darüber sprechen.

Wood: Mein Wort.

Bonstetten: Leb wohl. 10

Mannerheim: Die elfte Aufnahme. Das Raumschiff° Wega fliegt zur Erde zurück.

Roi: Eure Exzellenz?

Wood: Die Verhandlungen sind ergebnislos verlaufen, Oberst Roi. 15

Roi: Dann lasse ich die Bomben abwerfen, Exzellenz?
Schweigen

Roi: Exzellenz müssen sich nun entscheiden.
Schweigen

Roi: Der Präsident hat befohlen. 20
Schweigen

Wood: Wenn der Präsident befohlen hat, Oberst Roi, lassen Sie die Bomben eben abwerfen. Möglichst gleichmäßig über die Venus verteilt.

Roi: Bereit zum Start°. 25

Eine Stimme: Bereit zum Start.

Wood: Führen Sie mich in meine Kabine°, Mannerheim.
Schritte

Mannerheim: Ich schnalle Sie an, Exzellenz.

Wood: Bitte. 30

Mannerheim: Geht es so, Exzellenz?

Wood: Gefesselt.

Mannerheim: Das rote Licht, Exzellenz. In zwanzig Sekunden° starten° wir.
Schweigen 35

Mannerheim: Noch zehn Sekunden.

3. der Summton *buzzing*

9. unwahrscheinlich *unlikely*
10. leider *unfortunately*

17. sicher gehen† *make sure, be certain*

21. die Höhe *altitude*

23. die Höchstgeschwindigkeit *full speed* · ein-schalten *turn on*

25. außerirdisch *extra-terrestrial* · das Gebiet *area*
26. auf-leben *come around, come to life*

28. wieder der alte *his old self*

30. der Minis'terrat *cabinet meeting* · statt-finden† *take place*

32. im Ziel *on target*

35. die Wirkung *effect*
36. unbeobachtbar *not observable*

39. ekeln *disgust*

Wood: Gescheitert.

Mannerheim: Wir starten.

   Leiser Summton

Wood: Mannerheim?

Mannerheim: Exzellenz? 5

Wood: Die Russen könnten kommen und mit ihnen einen Pakt° schließen.

Mannerheim: Eben.

Wood: Es ist zwar unwahrscheinlich, aber doch möglich.

Mannerheim: Leider. 10

Roi: Bomben bereit?

Eine Stimme: Bereit.

Wood: Diese Möglichkeit, so unwahrscheinlich sie ist, zwingt uns, die Bomben zu werfen.

Roi: Öffnet die Luken!

Eine Stimme: Geöffnet. 15

Wood: Wir müssen sicher gehen.

Mannerheim: Sicher, Exzellenz.

Roi: Bomben abwerfen!

Eine Stimme: Abgeworfen. 20

Wood: Welche Höhe haben wir?

Mannerheim: Hundert Kilometer°.

Roi: Höchstgeschwindigkeit einschalten!

Eine Stimme: Eingeschaltet.

Wood: Wie geht es dem Minister für außerirdische Gebiete? 25

Mannerheim: Er lebt auf.

Wood: Dem Kriegsminister°?

Mannerheim: Wieder der alte.

Wood: Auch mir geht es besser.

Mannerheim: Morgen findet ein Ministerrat statt. 30

Wood: Die Politik° geht weiter.

Roi: Bomben im Ziel?

Eine Stimme: Im Ziel.

   Schweigen

Wood: Die Wirkung? 35

Mannerheim: Unbeobachtbar. Aber wir können es uns ja denken.

   Schweigen

Wood: Mich ekelt dies alles. Diese Venus ist fürchterlich.

1. schließlich   *after all*

3. schmutziges Thea'ter vorspielen   *put on a bad show*

7. der Keller   *cellar, shelter* · von Amts wegen   *ex officio* ·
   die Ferien   *vacation*
9. verzichten   *give up* · die Klassiker   *classics, classical authors*
10. beruhigen   *reassure, soothe*
11. spannend   *exciting*
12. die Lektü're   *reading*
13. prägen   *coin*

MITTELPUNKT echoes the controversy about the center of our solar system: earth (Ptolemy) or sun (Copernicus). As the poet says, "Erde, nicht du." Her modern answer (really a Renaissance one) is homocentric but clearly conditioned by the belief in humanity as one of those "moments of eternity." Compare this philosophy with that of "Aber ich weiß," p. 191 Also, compare Ausländer's "astronomy" with Dürrenmatt's.

1. der Stern   *star*

Sind schließlich alles Verbrecher da oben. Bin sicher, daß Bonstetten sich mit den Russen verbünden wollte. War schmutziges Theater, das sie uns vorspielten.

Mannerheim: Glaube ich auch, Exzellenz.

Wood: Nun sind die Bomben gefallen, und bald werden sie 5 auch auf der Erde fallen. Froh, daß ich einen atombomben-sicheren° Keller habe. Von Amts wegen. Und Ferien, die hat ein Außenminister im Krieg ja immer. Nur aufs Fischen° werde ich verzichten müssen. Werde Klassiker lesen. Am besten Thomas Stearns Eliot. Der beruhigt 10 mich am meisten. Es gibt nichts Ungesünderes als spannende Lektüre.

Mannerheim: Da haben Exzellenz ein goldenes° Wort geprägt.

Mittelpunkt°

Welcher Stern
ist Mittelpunkt
des Himmels

Erde
nicht du   5

ROSE AUSLÄNDER

WOLFGANG HILDESHEIMER   In terms of place and profession, Wolfgang Hildesheimer's life has been a varied one. Born in Hamburg in 1916, he went to the Gymnasium in Mannheim and later to a private school in England. At 17 he emigrated to Palestine and found work as a cabinetmaker and interior decorator. After further training in London, he turned to stage designing and commercial art, and finally to painting. During World War II Hildesheimer served as British information officer in Palestine and subsequently as a translator at the Nuremberg trials. His career as writer began in 1952, with a collection of short stories, *Lieblose Legenden,* from which this story is taken. Hildesheimer's literary work also includes a novel (*Paradies der falschen Vögel,* 1953), the autobiographical *Zeiten in Cornwall* (1971), plays, translations, literary criticism, and a number of successful radio plays. His most recent work, *Mitteilungen an Max über den Stand der Dinge und anderes* (1983), has the form of a (long!) letter to the writer Max Frisch and contains Hildesheimer's views — some serious, some ironically witty — on contemporary affairs. Hildesheimer now lives in the Swiss village of Poschiavo.

Der hellgraue Frühjahrsmantel is a kind of "nonsense" fiction, understated, bizarre, capricious, deceptively simple. Harmless in itself, the extended anecdote about switched coats, with the added complication of lost letters, a twelve-year-old theater ticket, etc., points like a parable to our contemporary situation, in which human action appears to derive its logic from the trivial and inevitably absurd life of *things.* For is it not the spring coat, with its mushroom guide, and the other lost or misplaced or "senseless" things that control and give direction to the otherwise passive life of Hildesheimer's characters?

---

hellgrau   *light grey* · der Frühjahrsmantel   *spring coat*
1.   das Frühstück   *breakfast*   2.   der Vetter   *cousin*
3.   der Frühlingsabend   *spring evening*   4.   ein-stecken   *mail*
5.   zurück'-kehren = zurückkommen · seitdem'   *since then*
10.   nach-schicken   *forward, send on* · nämlich   *you see*
11.   der Pilzsammler   *mushroom gatherer*   12.   eßbar   *edible* ·
der Pilz   *mushroom*   13.   im voraus   *in advance*   14.   herzlichst
(most) cordially, affectionately   17.   dabei'   *on the point of* ·
der Tauchsieder   *immersion-heater*   18.   das Ei   *egg* · kochen   *cook*

Der hellgraue Frühjahrsmantel

by *Wolfgang Hildesheimer*

Vor zwei Monaten — wir saßen gerade beim Frühstück —
kam ein Brief von meinem Vetter Eduard. Mein Vetter Eduard
hatte an einem Frühlingsabend vor zwölf Jahren das Haus
verlassen, um einen Brief einzustecken, und war nicht
zurückgekehrt. Seitdem hatte niemand etwas von ihm gehört. 5
Der Brief kam aus Sydney in Australien°. Ich öffnete ihn
und las:

Lieber Paul!
Könntest Du mir meinen hellgrauen Frühjahrsmantel nach-
schicken? Ich kann ihn nämlich brauchen. In der linken 10
Tasche ist ein *Taschenbuch° für Pilzsammler*. Das kannst
Du herausnehmen. Eßbare Pilze gibt es hier nicht. Im vor-
aus vielen Dank.
                                   Herzlichst Dein Eduard.

Ich sagte zu meiner Frau: „Ich habe einen Brief von meinem 15
Vetter Eduard aus Australien bekommen." Sie war gerade
dabei, den Tauchsieder in die Blumenvase° zu stecken, um
Eier darin zu kochen, und fragte: „So, was schreibt er?"
    „Daß er seinen hellgrauen Mantel braucht und daß es in
Australien keine eßbaren Pilze gibt." — „Dann soll er doch 20

2. obwohl es . . . hatte *though that wasn't really the point*
3. der Klavier'stimmer *piano tuner*
4. schüchtern *shy* · zerstreut *absent-minded, distracted* ·
   nett *nice*
6. das Sai'teninstrument' *stringed instrument* · erteilen *give* ·
   der Blockflötenunterricht *recorder instruction*
8. der Akkord' *chord* · an-schlagen† = schlagen
9. die Gardero'be *closet*
10. der Speicher *store-room, loft, attic*
11. sorgfältig *careful* · die Post *post-office*
12. ein-fallen† *occur*

14. spazieren-gehen† *walk*

16. umher'-irren *wander about (aimlessly)* · der Schrank *ward-robe cabinet*

22. aus Versehen *by mistake*
23. stören *disturb* · betreten *disconcerted*
24. sich entschuldigen *excuse oneself, leave*

27. verstaubt *dusty* · der Koffer *suitcase*
28. zerknittern *rumple, crease* · schließlich *after all*
29. der Zustand *condition*
30. bügeln *press*
31. die Partie' *game*
32. an-ziehen† *put on* · sich verabschieden *say good-bye*
33. erhalten† = bekommen
34. der Steinpilz *yellow boletus (common edible mushroom)*

36. Sehr geehrter Herr *Dear Sir*
37. liebenswürdig *kind*

etwas anderes essen." — „Da hast du recht", sagte ich, obwohl es sich eigentlich darum nicht gehandelt hatte.

Später kam der Klavierstimmer. Es war ein etwas schüchterner und zerstreuter Mann, aber er war sehr nett, ich kannte ihn. Er stimmte° nicht nur Klaviere°, sondern reparierte° auch Saiteninstrumente und erteilte Blockflötenunterricht. Er hieß Kolhaas. Als ich aufstand, hörte ich ihn schon im Nebenzimmer° Akkorde anschlagen.

In der Garderobe sah ich den hellgrauen Mantel hängen. Meine Frau hatte ihn also schon vom Speicher geholt. Ich packte° ihn sorgfältig ein, trug das Paket° zur Post und schickte es ab. Mir fiel ein, daß ich vergessen hatte, das Pilzbuch° herauszunehmen.

Ich ging noch etwas spazieren, und als ich nach Hause kam, irrten der Klavierstimmer und meine Frau in der Wohnung umher und schauten in die Schränke und unter die Tische.

„Kann ich irgendwie helfen?" fragte ich.

„Wir suchen Herrn Kolhaas' Mantel", sagte meine Frau. „Ach so", sagte ich, „den habe ich eben nach Australien geschickt". „Warum nach Australien?" fragte meine Frau. „Aus Versehen", sagte ich. „Dann will ich nicht weiter stören", sagte Herr Kolhaas etwas betreten und wollte sich entschuldigen, aber ich sagte: „Warten Sie, Sie können den Mantel von meinem Vetter bekommen."

Ich ging auf den Speicher und fand dort in einem verstaubten Koffer den hellgrauen Mantel meines Vetters. Er war etwas zerknittert — schließlich hatte er zwölf Jahre im Koffer gelegen — aber sonst in gutem Zustand.

Meine Frau bügelte ihn noch etwas auf, während ich mit Herrn Kolhaas eine Partie Domino° spielte. Dann zog Herr Kolhaas ihn an, verabschiedete sich und ging.

Wenige Tage später erhielten wir ein Paket. Darin waren Steinpilze. Auf den Pilzen lagen zwei Briefe. Ich öffnete den einen und las:

Sehr geehrter Herr!
Da Sie so liebenswürdig waren, mir ein *Taschenbuch für Pilzsammler* in die Tasche zu stecken, möchte ich Ihnen als

1. die Pilzsuche   *mushroom hunt* · zu-schicken = schicken
2. schmecken   *taste (good)*

4. irrtümlich = aus Versehen

6. ergebenst   *very sincerely, respectfully*

7. um den . . . handelte   *in question, referred to here*
8. damals   *then, at that time* · der Kasten   *(letter) box*
9. offenbar   *evident*
10. richten   *direct, address* · sich erinnern   *remember*
11. der Umschlag   *envelope*
12. die Thea′terkarte   *theater ticket* · der Zettel   *slip of paper, note*

16. der Gebrauch   *use*
17. verreisen   *go on a trip* · aus-spannen   *relax*

19. herzliche Grüße   *best regards*

23. übrigens   *incidentally*

26. die Aufführung   *performance*
27. sowieso   *anyhow, in any case*

29. heute morgen   *this morning*
30. die Bitte   *request* · die Tenor′blockflöte   *tenor recorder*

32. die Erlernung   *acquisition, learning* · gedenken†   *plan, have in mind*
34. erhältlich   *available*

Dank das Resultat° meiner ersten Pilzsuche zuschicken und
hoffe, daß es Ihnen schmecken wird. Außerdem fand ich
in der anderen Tasche einen Brief, den Sie mir wohl
irrtümlich mitgegeben haben. Ich schicke ihn hiermit
zurück.

Ergebenst Ihr A. M. Kolhaas.

Der Brief, um den es sich hier handelte, war also wohl der,
den mein Vetter damals in den Kasten stecken wollte. Offen-
bar hatte er ihn dann zu Hause vergessen. Er war an Herrn
Bernhard Hase gerichtet, der, wie ich mich erinnerte, ein
Freund meines Vetters gewesen war. Ich öffnete den Umschlag.
Eine Theaterkarte und ein Zettel fielen heraus. Auf dem
Zettel stand:

Lieber Bernhard!
Ich schicke Dir eine Karte zu *Tannhäuser* nächsten Montag,
von der ich keinen Gebrauch machen werde, da ich verreisen möchte, um ein wenig auszuspannen. Vielleicht hast
Du Lust, hinzugehen.

Herzliche Grüße, Dein Eduard.

Zum Mittagessen° gab es Steinpilze. „Die Pilze habe ich
hier auf dem Tisch gefunden. Wo kommen sie eigentlich
her?" fragte meine Frau. „Herr Kolhaas hat sie geschickt."
„Wie nett von ihm. Übrigens habe ich auch eine Theaterkarte
gefunden. Was wird denn gespielt?"

„Die Karte, die du gefunden hast", sagte ich, „ist zu einer
Aufführung von *Tannhäuser,* aber die war vor zwölf Jahren!"
„Na ja", sagte meine Frau „zu *Tannhäuser* hätte ich sowieso
keine Lust gehabt."

Heute morgen kam wieder ein Brief von Eduard mit der
Bitte, ihm eine Tenorblockflöte zu schicken. Er habe nämlich
in dem Mantel (der übrigens länger geworden sei) ein Buch
zur Erlernung des Blockflötenspiels° gefunden und gedenke,
davon Gebrauch zu machen. Aber Blockflöten seien in Australien nicht erhältlich.

„Wieder ein Brief von Eduard", sagte ich zu meiner Frau.

Der hellgraue Frühjahrsmantel 189

1. die Kaffeemühle   *coffee-mill* · auseinan'der-nehmen† *take apart*

ABER ICH WEISS   What basic theme(s) may be found in this poem? Compare Franz Mon's *Ich weiß* (p. 95) with respect to forgetting and to that which cannot be forgotten.

1. der Falter   *butterfly*
2. die Geburt   *birth*
4. der Stern   *star*

10. die Ewigkeit   *eternity*

Sie war gerade dabei, die Kaffeemühle auseinanderzunehmen und fragte: „Was schreibt er?" — „Daß es in Australien keine Blockflöten gibt." — „Dann soll er doch ein anderes Instrument° lernen", sagte sie. „Das finde ich auch", meinte ich.

Sie kennt eben keine Probleme°.

5

Aber ich weiß

War ich ein Falter
vor meiner Geburt
ein Baum oder
ein Stern

Ich habe es vergessen

5

Aber ich weiß
daß ich war
und sein werde

Augenblicke
aus Ewigkeit

10

ROSE AUSLÄNDER

Lebendige Literatur

Part Two
1000 Word Reader

The Vocabulary of Part Two

A. Suffixes From this point on, you should be prepared to recognize a few of the most important suffixes of German. In Part Two, words formed by the addition of these suffixes to stems of words in the first and second 500 (or of words recently glossed in the same work) will generally not be marked with a zero or glossed.

-er — The "agent" suffix (*pl.* **-**), added usually to verb stems. Corresponds to English *-er*.
> **dichten** *write (poetry):* **der Dichter** *writer, poet*
> **zeigen** *show, point:* **der Zeiger** *pointer*

-heit
-keit
-igkeit — Feminine noun suffixes (*pl.* **-en**) added most commonly to adjectives. Correspond to English *-ness, -ity, -ment,* etc. Cognate with *-hood.*
> **zufrieden** *content(ed):* **die Zufriedenheit** *contentment, contentedness*
> **ähnlich** *similar:* **die Ähnlichkeit** *similarity*
> **feucht** *moist:* **die Feuchtigkeit** *moisture*
> **müde** *tired:* **die Müdigkeit** *fatigue*

-ung — Feminine noun suffix (*pl.* **-en**) added most commonly to verb stems. Indicates the process or the result of activity stressed by the verb. Corresponds to English *-tion, -ing, -ment,* etc.
> **erziehen** *educate:* **die Erziehung** *education*
> **zeichnen** *draw:* **die Zeichnung** *drawing*
> **entwickeln** *develop:* **die Entwicklung** *development*
> **erzählen** *tell, narrate:* **die Erzählung** *story, narration*

-bar	Adjective suffix added primarily to verb stems. Corresponds to English *-able, -ible*.

brauchen *use:* **brauchbar** *usable*
essen *eat:* **eßbar** *edible*

-lich	Adjective suffix added to nouns and adjectives, with the meaning *having the quality of, like*. Corresponds to English *-ly, ish, -like*.

rot *red:* **rötlich** *reddish*
der Meister *master:* **meisterlich** *masterly*
der Gegenstand *object:* **gegenständlich** *objective*

-los	Suffix forming privative, or "negative," adjectives from nouns, sometimes with an added **-s** or slight stem changes. Corresponds to English *-less*.

die Heimat *home(land):* **heimatlos** *homeless*
der Ausdruck *expression:* **ausdruckslos** *expressionless*
die Hilfe *help:* **hilflos** *helpless*

-ieren	This is a common verbal suffix, associated particularly with foreign words borrowed into German. Though it often has no corresponding English suffix, its English counterpart may end in *-ate*.

interessieren (das Interesse) *interest*
eliminieren *eliminate*
faszinieren *fascinate*

Since these words are foreign borrowings and generally obvious, they will not be marked with a superscript zero in Part Two.

B. Two Prefixes Inseparable prefixes have more complicated fields of meaning than the separable prefixes. Only two are consistent enough to warrant discussion here.

zer-	This prefix almost always means *to pieces, apart*, though the specific equivalent must often be adapted to the particular word or situation.

schlagen *hit, strike:* **zerschlagen** *batter*
reißen *tear,* etc.: **zerreißen** *tear apart, tear up*

ent- This prefix frequently indicates separation or removal (though it has several other functions as well); it combines with nouns as well as verbs, usually requires a dative object, and often corresponds to *away*.

> **nehmen** *take:* **entnehmen** *take away, take from*
> **Haupt** *head:* **enthaupten** *behead* (+ acc.)

C. The High German Sound Shift and Related Changes

The High German Sound Shift, a systematic and orderly change in the phonemic pattern of early German (ca. A.D. 750–1050), together with other closely related changes, resulted in a systematic set of correspondences between certain consonants of English and German. These correspondences are helpful in two ways: they serve as a point of reference for remembering new vocabulary, and they often reveal the English cognates of a new and unfamiliar German word, particularly when the context helps. The following is a highly compressed outline of the sound shift and of related changes that occurred later. (No attempt is made to give these shifts in their historical order.) Remember that it was German that changed. English represents basically the consonantal pattern of the earlier West Germanic period.

The sounds *p, t, k, th,* and *d* were affected by the sound shifts. These sounds remain in English, basically unchanged from the early Germanic, but different in modern German. The other consonants (e.g., *b, g, r, m*) were unaffected and are thus roughly the same in English and in German.

th > **d**   The sound *th*, whether in initial, medial, or final position, became German **d**. Thus, where German has **d**, an English cognate will show *th*.

> **Ding:** *thing*
> **baden:** *bathe*
> **Bad:** *bath*

d > **t**   The sound *d* became German **t** in all positions.

> **Tat:** *deed*

älter: *elder, older*

Note that vowel relationships, though not arbitrary, are complicated. One must keep an open — and agile — mind as far as vowels are concerned. Also, English has sloughed off or "weakened" many of its endings. Thus the process of guessing the English cognate of German **Tod** is to think first of the consonant shifts $d > t$ and $th > d$: $d — — th$. Context, frequency and common sense will help you decide between *doth* and *death*.

With p, t, k (the specific area of the "High German Sound Shift") the change is more complicated, as it varies with position in the word.

Initial	*Medial/Final*
$p >$ **pf:** *pound,* **Pfund**	$p >$ **f** or **ff:** *ape,* **Affe**
	sleep, **Schlaf**
$t >$ **z:** *ten,* **zehn**	$t >$ **s, ss, ß:** *water,* **Wasser**
	it, **es**
(k remains **k**): *kiss,***Kuß**	$k >$ **ch:** *make,* **machen**
	book, **Buch**

For convenience, the orthographical forms are used above, though to be more accurate only sounds should be indicated (thus for **z:** $/ts/$). If you take the trouble to visualize these as *sound* changes, you will be able to appreciate the extraordinary symmetry of the shift. This symmetry is broken only by initial k; and there are German dialects where even this sound was shifted in a fashion completely analogous to the rest, yielding **kch!**

Here are keys to aid in remembering the shift — words which show both changes in a single word or phrase:

> *p: pepper* — **Pfeffer**
> *t: too hot* — **zu heiß**
> *k: cook* — **Koch** (in some dialects **Kchoch**)

Following are a few words from the first 500 that become fairly obvious, even without context, in light of the sound shift:

beide	Brot	Schlaf
besser	Erde	weiß
Bett	Fuß	zu
breit	Schiff	

In the same way, you should also recognize certain words which, by their frequency of occurrence, would otherwise be listed in the second 500, for example **das Bad, baden; beißen, biß, gebissen; das Blut; der Haß, hassen; kochen; die Schulter.** (You might see whether you can identify these words even out of context. They will of course occur in the selections *in* context — and they are listed in the end vocabulary.

As one might expect, there are several special cases, for example those in which phonetic environment affects the operation of the sound shift. If you would like to go a little further, either from general interest or as a matter of practical help, here are a few of these cases.

1. The "double consonants" *pp, tt, kk* behave as if in initial position, becoming **pf, tz, ck** respectively. (These doublets cannot always be recognized as such in English, but German words with **pf, tz, ck** belong here.) Examples: *apple* — **Apfel;** *sit* — **sitzen;** *stick* — **stecken.**

2. After *m, n, l,* or *r,* the consonants **p, t, k** also behave as if in initial position. Examples: *mint* — **münzen;** *salt* — **Salz;** *heart* — **Herz;** *cramp* — **Krampf;** *thank* — **danken;** *work* — **Werk.**
   However, the combinations *lpf* and *rpf* later became **lf** and **rf.** Examples: *help* — **helfen;** *harp* — **Harfe.**

3. The combinations *sp* and *st* remain **sp** and **st.** The combination *sk* became **sch.** Note that *sl, sm, sn,* and *sw* change to **schl,** etc. (The sounds *sp* and *st* undergo the same change in pronunciation as *sl,* etc. but not in orthography.) Examples: *school* — **Schule;** *sleep* — **schlafen;** *small* — **schmal;** *snow* — **Schnee;** *swart(hy)* — **schwarz.**

4. The sound *t* does not shift in the combinations **tr, cht, ft.**
   Examples: *tread* — **treten;** *night* — **Nacht;** *craft* — **Kraft.**
5. The sound *d* sometimes does not shift in the combinations
   nd, ld, rd. Examples: *end* — **Ende;** *bind* — **binden;** *hand* —
   Hand; *build* — **bilden;** *shield* — **Schild;** *herd* — **Herde.**
6. There are also the inevitable irregulars (in which, for example, English *d* has changed to *th*): *weather* — **Wetter;**
   mother — **Mutter;** *father* — **Vater.**

Notes:

1. Remember that not all cases of German **f** and **s** are the
   result of the above shifts. Present **f** and **s** may also come
   unchanged from Germanic. That is, **f** may come from either
   Germanic *f* or, by the shift, from *p* (*stiff* — **steif** vs. *deep* —
   tief); similarly, **s** may come from *s* or *t* (*kiss* — **Kuß;** *nut* —
   Nuß).
2. Seeming exceptions may be due to later borrowing, e.g.
   temple — **Tempel.**

Some Changes Affecting English

Changes during the development of the English language resulted in the following correspondences:
1. German **b** and English *v* or *f:* **geben** — *give;* **halb** — *half.*
2. German **f** and English *v:* **Ofen** — *oven.*
3. German **g** and English *y, i, w:* **gestern** — *yesterday;* **Regen**
   — *rain;* **morgen** — *tomorrow.*
4. German **ch** and English *gh* (pronunciation?): **hoch** — *high;*
   Nacht — *night.*
5. German **ck** and English *dg, tch:* **Brücke** — *bridge;* **strecken**
   — *stretch.*
6. German **k** and English *ch:* **Kirche** — *church.*

D. The Second 500 Words

ab-schließen, o, abgeschlossen (shut
  and) lock, close (up); conclude
die **Absicht, –en**   intent(ion)
achten (die Achtung)   respect, regard

ähnlich   similar   **(die Ähnlichkeit)**
allerdings'   to be sure, it is true
allerlei   all kinds of
das **Alter**   age
ändern (die Änderung)   change

an-kommen, kam an, angekommen (ist) arrive

an-nehmen, nahm an, angenommen accept, take on; assume

an-ziehen, zog an, angezogen put on; sich a. get dressed; der Anzug, ⸚e suit

an-zünden light

der Ärger annoyance; ärgern annoy; ärgerlich annoyed, angry

der Arzt, ⸚e doctor

die Aufgabe, –n task, lesson

auf-hören stop

auf-machen open

aufmerksam attentive; aufmerksam machen draw attention; die Aufmerksamkeit attention

auf-passen watch (for); pay attention

auf-regen excite (die Aufregung)

der Ausdruck, ⸚e expression; ausdrücken express

außen outside; äußer- outer

außerordentlich extraordinary

auswendig by memory

die Bank, ⸚e bench

bauen build

bedürfen, bedurfte, bedurft need

der Befehl, –e; befehlen, a, o command

sich befinden, a, u be; feel

begegnen (ist) meet

begleiten accompany

begreifen, begriff, begriffen comprehend, grasp

behalten, ie, a keep

behaupten assert (die Behauptung)

das Bein, –e leg

beina'he almost

bekannt familiar, known; der Bekannte (as adj.) acquaintance

bequem comfortable

berichten report

berühmt famous

beschäftigen occupy, busy

beschließen, o, beschlossen decide (on), conclude

beschreiben, ie, ie describe (die Beschreibung)

der Besitz possesssion; besitzen, besaß, besessen possess, own

besonder(s) special(ly), especially

bestehen, bestand, bestanden consist (w. aus, in); insist (w. auf); exist

der Besuch; besuchen visit

betrachten regard, observe, contemplate (die Betrachtung)

betreten, a, e enter

(sich) beugen bend, bow

(sich) bewegen move (die Bewegung)

der Beweis, –e proof; beweisen, ie, ie prove

biegen, o, o (hat) bend; (ist) turn

bieten, o, o offer

bilden form, constitute; educate

bisher' previously, up to now

blaß pale

bleich pale

bloß only, bare(ly), mere(ly)

blühen bloom

brav good

die Brücke, –n bridge

bunt gay, of many (different) colors

der Bursch, –en, –en fellow, boy

das Dach, ⸚er roof

damals then, at that time

die Dame, –n lady

dämmern grow dark; dämmerig, dämmernd dim, dusky; die Dämmerung dusk, twilight

dar-stellen represent (die Darstellung)

die Decke, –n cover; ceiling; decken cover, set

dennoch yet, nevertheless

deshalb for that reason

deuten interpret; point (out)

deutlich clear, distinct
dicht close; thick, dense
dichten write (poetry); der Dichter, – poet
der Dienstag Tuesday
der Donnerstag Thursday
(sich) drehen turn
dringen, a, u (ist) penetrate, press, push; (hat) urge; drängen push, crowd
der Druck, ⸚e pressure; (pl. –e) print; drücken press, squeeze; drucken print
dünn thin
durchaus completely, quite, by all means, at all costs
durcheinan'der in confusion, all together
das Dutzend, –e dozen

ebenso just as
echt genuine
ehe before
die Ehe, –n marriage
die Ehre, –n; ehren honor
der Eifer zeal, eagerness, fervor; eifrig eager, zealous
die Eile; eilen (ist, hat) hurry
ein-fallen, ie, a (ist) occur (to)
ein-laden, u, a invite (die Einladung)
einsam lonely (die Einsamkeit)
ein-schlafen, ie, a (ist) fall asleep
einst once
das Eisen iron
die Eisenbahn, –en railway
der Empfang, ⸚e reception; empfangen, i, a receive
empfehlen, a, o recommend (die Empfehlung)
empfinden, a, u feel, sense (die Empfindung)
entdecken discover (die Entdeckung)
entfernen remove; entfernt remote, away; die Entfernung, –en distance

enthalten, ie, a contain
entlang along
entscheiden, ie, ie decide (die Entscheidung)
sich entschließen, o, entschlossen decide
entschuldigen excuse (die Entschuldigung)
das Entsetzen horror, fright; entsetzlich horrible, terrible
entstehen, entstand, entstanden (ist) arise
entweder ... oder either ... or
entwickeln develop (die Entwicklung)
erblicken catch sight of, see
der Erfolg, –e success
ergreifen, ergriff, ergriffen seize, grip, take
erhalten, ie, a receive; maintain
erheben, o, o lift; sich e. get up, rise
erinnern remind; sich e. remember; die Erinnerung, –en memory
erkennen, erkannte, erkannt recognize
erklären explain, declare (die Erklärung)
erlauben allow
ernst serious
erreichen reach
erscheinen, ie, ie (ist) appear; die Erscheinung, –en appearance; phenomenon
erstaunen astonish
erwachen (ist) awake
erwähnen (die Erwähnung) mention
erwarten expect (die Erwartung)
erwidern reply
erziehen, erzog, erzogen educate (die Erziehung)
etwa about; perhaps, say, maybe, for instance
ewig eternal (die Ewigkeit)

fähig able, capable (die Fähigkeit)

der **Fall, ⸚e** case
faul lazy, dull
die **Feder, –n** feather; pen
die **Feier, –n** celebration, ceremony; **feiern** celebrate
der **Fels, –en, –en** rock, cliff
die **Ferien** (*pl.*) holiday(s), vacation
das **Fest, –e** celebration, festival,
banquet
fest-stellen set, determine
finster dark; die **Finsternis** darkness
die **Flasche, –n** bottle
fleißig hardworking
fliehen, o, o (ist) flee
das **Flugzeug, –e** airplane
der **Fluß, Flüsse** river
die **Folge, –n** consequence
fordern demand
fort-fahren, u, a (ist) continue;
drive away, etc.
freilich to be sure, of course
der **Freitag** Friday
fressen, fraß, gefressen eat (as of
animals)
frieren, o, o (ist, hat) freeze
das **Frühjahr, –e;** der **Frühling, –e**
spring
das **Frühstück, –e** breakfast
der **Fußboden, –** and ⸚ floor
das **Futter; füttern** feed (animal)

der **Gang, ⸚e** walk; gait; corridor;
passage
das **Gebäude, –** building
gebieten, o, o command, rule
geboren born
der **Gebrauch, ⸚e; gebrauchen** use
der **Gedanke, –ns, –n** thought
die **Geduld** patience; **geduldig** patient
das **Gefühl, –e** feeling, emotion
die **Gegend, –en** region
der **Gegenstand, ⸚e** object; subject
die **Gegenwart** presence; present
geheim; das **Geheimnis, –se** secret

die **Gelegenheit, –en** opportunity,
occasion
gelingen, a, u (ist) succeed
gelten, a, o pass for, be a matter
of; apply, be valid; be (well)
thought of
genießen, o, genossen enjoy
geraten, ie, a get, fall into
das **Geräusch, –e** noise
das **Gericht, –e** court
das **Geschenk, –e** present
das **Gesetz, –e** law
das **Gespräch, –e** conversation
die **Gewalt, –en** power, force; ge-
waltig powerful, mighty
gewinnen, a, o win
gießen, o, gegossen pour
der **Gipfel, –** summit
der **Glanz** radiance, luster, splendor; **glänzen** shine
das **Glied, –er** limb
glühen glow, shine, **burn**
graben, u, a dig
grau grey
die **Grenze, –n** boundary, limit
das **Gut, ⸚er** estate, property; (*pl.*)
goods

der **Handel** trade, business
(transaction); **handeln** trade, bargain, deal; act
der **Haufe(n), –(n)s, –(n)** crowd;
pile; **(sich) häufen** pile (up),
accumulate; **häufig** frequent
die **Haut, ⸚e** skin
heftig violent
heilig holy; St.
die **Heimat, –en** home(land)
heimlich secret
die **Heirat, –en** marriage; **heiraten**
marry
heiß hot; ardent
heiter cheerful (die **Heiterkeit**)
der **Held, –en, –en** hero
der **Herbst, –e** autumn
herrlich splendid
horchen listen

hübsch pretty; nice

immerzu' constantly, repeatedly
indes'(sen) however, (mean)while
der **Inhalt** content(s)
innen inside; **inner–** inside; inner
irren lose one's way, wander; **sich
i.** be wrong

die **Jagd, –en; jagen** hunt, chase,
race
jedoch' however
die **Jugend** youth
der **Junge, –n, –n** boy

die **Karte, –n** card; map; ticket
kehren (re)turn (*gen.* **ist** *w.* compounds)
der **Kerl, –e** fellow
das **Kleid, –er** dress, (*pl.*) clothes;
kleiden dress; **die Kleidung**
clothing
klettern (ist) climb; scramble
die **Klingel, –n** bell; **klingeln** ring
klingen, a, u sound
klug smart, clever
der **König, –e** king
der **Kreis, –e** circle
kriechen, o, o (ist, hat) crawl,
creep
kriegen get
die **Küche, –n** kitchen
der **Kuchen, –** cake, cookies
die **Kuh, ⸚e** cow
die **Kunst, ⸚e** art; **der Künstler, –**
artist

der **Laden, ⸚** and **–** store
die **Lage, –n** location, situation,
position
lange; längst long since, for a long
time
der **Laut, –e** sound
lauter pure(ly), sheer, nothing but
lehnen lean
lehren teach **(der Lehrer)**
der **Leib, –er** body

die **Leidenschaft, –en** passion;
leidenschaftlich passionate
leider unfortunately
leid tun (tat, getan) be sorry; hurt
leisten accomplish; **sich l.** afford
leuchten glow, gleam, shine
lieber prefer(ably); **am liebsten**
like best (*comp. and superl. of*
gern)
die **Linie, –n** line
das **Loch, ⸚er** hole
der **Lohn, ⸚e** pay, reward; **lohnen**
(re)pay; **sich l.** be worthwhile
los rid of; off; wrong; going on;
(sich) lösen detach, loosen, remove; dissolve, relax; solve

malen paint
manchmal sometimes, occasionally
der **Mangel, ⸚; mangeln** lack
der **Markt, ⸚e** market(place)
das **Maß, –e** measure
die **Mauer, –n** wall
das **Maul, ⸚er** mouth (as of animals)
mehrere several
der **Meister, –** master
die **Menge, –n** crowd, multitude
messen, maß, gemessen measure
minder less; **mindest** least
mit-teilen tell, communicate, report **(die Mitteilung)**
das **Mittel, –** means; remedy
der **Mittwoch** Wednesday
der **Montag** Monday
der **Mord, –e** murder; **der Mörder, –** murderer
die **Mühe, –n** trouble, effort

der **Nachbar, –s** and **–n, –n** neighbor
**nach-denken, dachte nach, nachge-
dacht** ponder; **nachdenklich**
thoughtful
nachher' afterward
die **Nachricht, –en** report, news
nackt naked

sich **nähern** approach
nämlich you see; namely; same
naß wet
der **Nebel, –** fog, mist
(sich) **neigen** incline, bend; **die Neigung, –en** inclination, affection
nett nice
nicken nod
die **Not, ⁻e** distress; emergency; need
nötig necessary
der **Nutzen, –** use; **nützen** be of use; use; **nützlich** useful

obgleich' although
das **Obst** fruit
öffentlich public
das **Opfer, –** sacrifice; victim; **opfern** sacrifice
die **Ordnung, –en** order

passen fit, suit
pfeifen, pfiff, gepfiffen whistle
pflegen be accustomed to; take care of
die **Pflicht, –en** duty
die **Post** mail
prüfen (die Prüfung) test

die **Quelle, –n** source; spring; **quellen, o, o** spring, gush, pour

das **Rad, ⁻er** wheel; bicycle
der **Rand, ⁻er** edge, side
rasch quick
der **Rauch; rauchen** smoke
rauschen rustle, murmur
rechnen reckon, figure
das **Recht, –e** right; justice; (*pl.*) law
die **Regel, –n** rule
regieren govern; **die Regierung, –en** government
das **Reich, –e** empire; realm; state
reif mature, ripe

die **Reihe, –n** row, series
reizen charm; irritate; **reizend** charming
rennen, rannte, gerannt (ist) run
retten save, rescue **(die Rettung)**
richten judge **(der Richter)**; direct **(die Richtung)**
der **Rücken, –** back
(sich) **rühren** touch, move, stir

sammeln gather, collect **(der Sammler, die Sammlung)**
der **Samstag** Saturday
sanft gentle, soft
schade too bad
schaden hurt
schaffen, schuf, geschaffen do; create, make; **schaffen** do; take; make (it)
der **Schatten, –** shadow, shade
der **Schatz, ⁻e** treasure; sweetheart
scheiden, ie, ie separate
schenken give
das **Schicksal, –e** fate
schieben, o, o push, shove, stick
schießen, o, geschossen shoot
schlank slender
schleichen, i, i (ist) creep, sneak
schließlich finally, after all
schlimm bad
der **Schlüssel, –** key
schmal narrow
schmecken taste (good)
der **Schmerz, –en; schmerzen** hurt, pain
schmutzig dirty
schrecklich terrible
der **Schutz** protection; **schützen** protect
schwierig difficult **(die Schwierigkeit)**
senden, sandte, gesandt (*or reg.*) send
senken lower, sink
seufzen; der Seufzer, – sigh
sobald' as soon as

sofort' immediately
sogar' even
der **Sonnabend** Saturday
der **Sonntag** Sunday
die **Sorge**, –n; **sorgen** worry; care
spazieren (ist); der **Spaziergang**, ⸚e walk
die **Spitze**, –n point, head
die **Spur**, –en trace, track, sign; **spüren** detect, sense, feel
statt-finden, a, u take place
die **Stellung**, –en position, job
der **Stern**, –e star
stimmen be correct
die **Stirn(e)**, –(e)n forehead
der **Stock**, ⸚e stick, cane; stor(e)y
stolz proud; der **Stolz** pride
stören disturb, interrupt (die **Störung**)
stoßen, ie, o push, strike, hit
die **Strafe**, –n punishment, penalty; **strafen** punish
strahlen beam, glow; **strahlend** radiant
streben strive
strecken stretch
streichen, i, i, stroke; brush; paint; spread; cancel; (**ist**) move; rove; sweep
der **Streit**, –e; **streiten, stritt, gestritten** quarrel
streng severe, strict
der **Strom**, ⸚e stream, current
die **Stube**, –n room, parlor
studieren study
die **Stufe**, –n step; stage
stumm silent, mute
stürzen (**ist, hat**) rush; fall; plunge; throw
stützen support, prop

das **Tal**, ⸚er valley
die **Tante**, –n aunt
der **Tanz**, ⸚e; **tanzen** dance
die **Tat**, –en deed
die **Tatsache**, –n fact

der **Teufel**, – devil
der **Ton**, ⸚e sound, tone; **tönen** sound
das **Tor**, –e gate
die **Träne**, –n tear
trennen separate (die **Trennung**)
die **Treppe**, –n stair
trocken; **trocknen** dry
tropfen; der **Tropfen**, – drop, drip
der **Trost**; **trösten** comfort
trotz in spite of; **trotzdem'** although; in spite of that
das **Tuch**, ⸚er cloth; shawl
tüchtig capable, sturdy
der **Turm**, ⸚e tower

übel bad
üben (die **Übung**) practice, exercise
überlegen think (over), reflect (on), consider, ponder
überraschen (die **Überraschung**) surprise
übersetzen translate (die **Übersetzung**)
überzeugen convince
übrig remaining, left over, other
übrigens incidentally; besides; in other respects
umgeben, a, e surround; die **Umgebung**, –en surroundings, vicinity
der **Umstand**, ⸚e circumstance
ungefähr approximate
ungeheuer enormous, monstrous
das **Unglück** unhappiness, misfortune, accident; **unglücklich** unhappy
unheimlich mysterious, uncanny, sinister
der **Unsinn** nonsense
unterbrechen, a, o interrupt
(sich) **unterhalten, ie, a** converse; entertain (die **Unterhaltung**)
der **Unterricht** instruction; **unterrichten** instruct

unterscheiden, ie, ie differentiate; sich u. be different; der Unterschied, -e difference

untersuchen investigate (die Untersuchung)

die Ursache, -n cause

der Ursprung, ⁓e origin

das Urteil, -e judgment; sentence; urteilen judge, pass sentence

verbergen, a, o hide, conceal

verbieten, o, o forbid

verbinden, a, u connect; die Verbindung, -en connection, combination, association

verbringen, verbrachte, verbracht spend (time)

verderben, a, o ruin, destroy

die Vergangenheit past

vergebens in vain

der Vergleich, -e comparison; vergleichen, i, i compare

das Vergnügen, - pleasure

das Verhältnis, -se relationship

verletzen injure, violate

vernehmen, a, vernommen hear

verraten, ie, a betray

verschieden different

vertrauen trust

verwandeln transform (die Verwandlung)

verwandt related; der Verwandte (as adj.) relative

verwirren confuse (die Verwirrung)

verwundern surprise (die Verwunderung)

das Vieh cattle; beast

vollen'den complete, perfect (die Vollendung)

vollkom'men perfect, complete

vollständig complete

voraus' ahead, in advance

vor-bereiten prepare

vorhan'den on hand, present

vorher' before(hand)

vor-kommen, kam vor, vorgekommen (ist) occur; appear

vorn(e) in front, ahead

der Vorschlag, ⁓e proposal; vorschlagen, u, a propose

die Vorsicht caution; vorsichtig cautious

vor-stellen (re)present, introduce; sich v. imagine, picture (die Vorstellung)

der Vorteil, -e advantage, profit

vor-ziehen, zog vor, vorgezogen prefer

wach awake; wachen be awake, wake

wagen dare

die Wahl, -en choice, election; wählen choose, elect

wahrschein'lich probable, likely, evident

-wärts -ward(s) (e.g. rück-, seit-, vor-)

der Wechsel, -; wechseln change

weder ... noch neither ... nor

weg away; gone

das Weh misery, pain; weh alas; weh tun (tat, getan) hurt

weich soft

weichen, i, i (ist) yield

weisen, ie, ie point, show

der Wert, -e value, worth

das Wesen, - being, creature; nature; system

wider against

wiederholen repeat (die Wiederholung)

wiegen, o, o weigh

die Wiese, -n meadow

willen: um ... willen for the sake of

wirken (have an) effect; work

der Wirt, -e host, landlord, hotelkeeper

die Wolke, -n cloud

das Wunder, - wonder, miracle;

(sich) **wundern** wonder; (be) surprised
die **Würde, –n** dignity; **würdig**
dignified; worth

die **Zahl, –en** number; **zählen**
count
zahlen pay
zart tender, delicate; **zärtlich**
tender, affectionate
der **Zauber, –** magic, enchantment
das **Zeichen, –** sign
zeichnen draw; **die Zeichnung, –en**
drawing
die **Zeile, –n** line
die **Zeitung, –en** newspaper
zerstören destroy **(die Zerstörung)**
das **Ziel, –e** goal, destination
ziemlich rather, fairly
zittern tremble

der **Zorn** anger; **zornig** angry
zucken tremble, twitch; shrug;
flash
der **Zufall, ⁓e** chance, coincidence;
zufällig accidental, by chance
zufrie'den content, satisfied **(die
Zufriedenheit)**
zugleich' at the same time
zu-hören listen (to)
die **Zukunft** future
zu-machen close
zunächst' first (of all)
zu-sehen, a, e watch, observe
der **Zustand, ⁓e** condition
zuwei'len occasionally, sometimes,
at times
der **Zweck, –e** purpose
der **Zweifel, –; zweifeln** doubt
der **Zweig, –e** branch, bough
zwingen, a, u compel

WALTER BAUER   Variety and contrast characterize the life of Walter Bauer. He was one of the better-known figures in postwar German literature, a member of the Deutsche Akademie für Sprache und Dichtung, recipient of the first Albert Schweitzer Prize (for a biography of Fridtjof Nansen entitled *Die langen Reisen*, 1956), and author of an important work on the life of Van Gogh. But he was also a professor of German in University College of the University of Toronto. For years before World War II (in which he served from 1940 to 1945) he had taught school in Germany, yet his principal degree is a Canadian B.A. which he received in 1957. He had left Germany in 1952 for Canada — to work at packing jobs, day labor, and dishwashing. Indeed, one of his best known books is entitled *Night Vigil of a Dishwasher (Nachtwachen des Tellerwäschers);* another is a collection of stories, *Fremd in Toronto.* He died in 1976.

In terms of general literary development, Bauer moved from a proletarian orientation to more generalized interest in ordinary human beings and their problems. Quiet sympathy and sensitive insight speak from Bauer's stories. Their plots are neither violent nor flamboyant. They are outwardly simple, straightforward in the basic realism of their narration, yet markedly poetic in word and phrase. From the simple ways of ordinary men and women he draws pathos, humor, dignity, and above all the response of understanding. One of his finest works appears on the following pages. Here, in the sudden revelation of a grown man's lost love and renewed grief, in the description of a child's awakening, Bauer shows his uncommon skill.

---

5. bedächtig   *deliberate*
8. jedenfalls   *in any event*
10. die Haut   *skin, web*
11. um-spinnen†   *spin all around*
14. hängen an   *be devoted to*   12. überdies'   *besides*
16. ernähren   *nourish*   18. knarren   *creak*
19. schlurfen   *shuffle*   20. zu-fallen†   *close*
21. der Wecker   *alarm clock* · der Zuruf   *call*
23. auf-stehen†   *get up* · es ist soweit   *it is time*

Die Tränen eines Mannes

by Walter Bauer

Wenn noch das ganze Haus schlief, ging er fort. Im Sommer
geschah das eine Stunde früher als im Winter, aber immer
waren seine langsamen Schritte die ersten auf der Treppe. Das
Haus sank in den ruhigen Atem der Nacht zurück, da kam
er manchmal erst wieder, bedächtiger als er gegangen war, ein   5
Arbeitstag° lag ja zwischen Gehen und Heimkommen. In all
den Jahren, in denen ich zu Hause gewesen bin, ist es nicht
anders gewesen, ich jedenfalls kann nicht davon reden, daß
ich meinem Vater je einen Morgenkuß gegeben habe, als ich
klein war — er arbeitete schon lange, wenn die Haut des   10
Traumes zerbrach, die mich in der langen Nacht umsponnen
hatte — und überdies: mein Vater hat uns auch nie einen Kuß
gegeben, nie war er zärtlich oder er zeigte es nicht, und so
hielten wir uns zurück. Er war unser Vater; gewiß; er hing an
uns, aber er zeigte es uns nicht. Er ging fort und kam wieder,   15
das war alles, und das ernährte uns, das war der Grund unserer
Jugend. Manchmal, wenn der Schlaf gegen Morgen aus irgend-
einem Grunde dünn geworden war, hörte ich das Knarren
und an mir vorüber leis schlurfende Schritte; dann das Laufen
des Wassers und nach einiger Zeit das Zufallen der Tür. Er   20
war gegangen. Er brauchte keinen Wecker, keinen Zuruf, es
war, als lege ihm jemand im Schlafe die Hand auf die Schulter
und sage: Steh auf, es ist soweit. Und er stand auf. Abends,

2. das Meine   *my part* · der Stiefelknecht   *bootjack*

5. wusch (waschen)

11. beneiden   *envy*

14. erhöhen   *elevate*
15. der Fuhrknecht   *drayman*

17. gehorchen   *obey*
18. die Tugend   *virtue*
19. der Gaul   *horse* · daher'-stampfen   *stamp along*

21. die Schoßkelle   *driver's box* · aufrecht   *upright*

23. der Satz   *sentence*

27. ab-schirren   *unharness* · die Kiste   *box*

29. der Gefangene   *prisoner*
30. die Gewohnheit   *habit*

33. unübersehbar   *unmistakable*

35. von weither   *from far away*

wenn er kam, kannte ich seinen langsamen Schritt genau, und ich tat das Meine: ich holte den Stiefelknecht aus der Ecke, ich stellte ihn vor den Stuhl. Von diesem Augenblick an war das sein Stuhl. Am Tage konnten andere darauf sitzen, von jetzt an niemand mehr außer ihm. Er wusch sich, aß, sah in die Zeitung, schlief darüber schon beinahe ein, dann stand er auf, sagte gute Nacht und ging wortlos, wie er die Arbeit angefangen und getan, zur Ruhe. An manchem Abend sprach er nicht zwanzig Worte. Meine Sorgen haben andere erfahren, nicht er; niemals wußte er von meinen Tränen.

Und er war doch mein Vater, um den mich alle beneiden konnten. Manchmal traf ich ihn in der Stadt, zufällig, wenn wir spielten oder wenn ich vom Zeitungstragen° kam; dann wurde ich über alle erhöht. Mein Vater hatte ja Pferde. Sie gehörten ihm nicht, er war nur Fuhrknecht in einem Baugeschäft°, aber niemals hätte ich denken können, sie gehörten einem anderen als ihm. Er war ihr Herr, ihm gehorchten sie, er kannte ihre Tugenden und ihre Krankheiten. Wenn die schweren Gäule auf der Straße daherstampften, rannte ich dem Wagen entgegen, schwang° mich hinauf und fuhr in der Schoßkelle oder aufrecht stehend mit meinem Vater durch die Stadt. Er sagte dann manchmal nur: da bist du ja. — Aber er lächelte; das enthielt mehr Sätze, als er sagen konnte; ich las alle heraus. Wenn es spät war und er in den Stall° fuhr, blieb ich bei ihm, sprang dann ab und machte das alte Tor auf, er fuhr in den stillen, dämmernden Hof, wir schirrten die Pferde ab, er fütterte sie, ich saß auf einer Kiste, die sein Sitz° war, und sah ihm zu. Dann ging ich neben ihm heim. Er hatte die Hände auf dem Rücken wie ein Gefangener; aber das war so seine Gewohnheit. Ich machte meine Schritte groß wie er und war im Abendlicht° Blut von seinem Blut und war sein Sohn. Ich weiß, er hat wie alle seine Kinder auch mich geliebt, es hat dafür geringe, aber unübersehbare Zeichen gegeben.

Eines Tages nahm er mich mit über Land. Er mußte manchmal von weither besondere Sachen holen; ich weiß nicht mehr, was es an jenem Tage war. Dann mußte er schon morgens gegen vier Uhr fortgehen, und es wurde Nacht über seinem Kommen. Ich wurde damals dreizehn Jahre alt, der Sommer war gekommen, die Ferien hatten angefangen. Am

1. das Brot   *loaf of bread, sandwich*

7. der Genosse   *companion*

12. das Gewoge   *waves, swirl*
13. wecken   *wake*

20. frösteln   *shiver* · kühl   *cool*
21. beständig   *unwavering, steady*
22. das Gewebe   *tissue, web*
23. hallen   *resound*
24. übergießen†   *suffuse*
25. der Vorhang   *curtain*
26. bauschen   *billow*
27. an-starren   *stare at* · taumeln   *stagger* · die Morgenröte   *dawn*
28. verzehren   *consume* · der Brand (brennen)
29. wiehern   *neigh*
30. der Aufbruch   *departure*
32. das Laubzelt   *canopy of leaves*

36. knallen   *crack* · die Peitsche   *whip*
37. der Hügel   *hill* · wogte auf und nieder   *swelled and sank (like waves)*

Abend sagte mein Vater zur Mutter, sie solle ihm ein Brot
mehr mitgeben, er müsse über Land. In das, was sie miteinander redeten, sagte ich: „Nimm mich doch mit, Vater." Das
war noch nie geschehen, keiner hatte daran gedacht. Er sah
mich an; auch seine dunklen Augen waren langsam und fest   5
wie sein Schritt. Und als er zu Bett ging, früh wie immer, war
es beschlossen, ich würde sein Fahrtgenosse sein. Ich dachte,
ich könnte nicht einschlafen, ich sah den langen, unbekannten
Reisetag° vor mir; aber die Nacht zog mich dann doch in
ihren Grund. Ich meinte, ich hätte kaum die Augen zu-   10
gemacht, da legte jemand seine Hand auf mich und rief in
das Gewoge der Träume: „Halb vier. Wenn du mitwillst,
mußt du aufstehen." Mein Vater weckte mich, ich sprang aus
dem Schlaf.

Noch nie hatte ich so früh in der Küche gesessen, dem   15
Vater gegenüber, noch nie in der Stunde zwischen Nacht und
Morgenlicht° von meiner Mutter das Brot in die Hand
bekommen, den dünnen, bitteren Kaffee getrunken.

Wir gingen. Wir waren die ersten Wachenden, das Haus
schlief mit tiefem, ruhigem Atemzug°. Ich fröstelte. Kühl und   20
jung, von keinem gerufen und beständig kam das Licht aus
Osten, die letzten Gewebe der Nacht sanken fort. Wir waren
allein auf der Straße, einsam hallten unsere Schritte. Alles war
neu, fremd, die von Licht übergossenen leeren Straßen, die
Fenster, hinter denen die Menschen schliefen, die Vorhänge,   25
die sich im Morgenwinde° bauschten, ein Betrunkener, der
uns anstarrte und forttaumelte. Die Morgenröte kam als ein
lautloser, alles verzehrender Brand. Noch nie war ich so früh
in den Stall eingetreten, das Wiehern der Pferde klang wie Ruf
des Aufbruchs in den strahlenden Tag.   30

Wir fuhren durch die stille Stadt in das Land hinein. Der
Wind saß in den Bäumen und griff in die vollen Laubzelte
und weckte die Vögel mit rauschender Stimme. Alles begann
den Tag. Ich saß neben meinem Vater in der Schoßkelle; dann
war ich eingeschlafen und fand mich an ihn gelehnt, und er   35
sah mich an, lächelte, knallte mit der Peitsche, das Land mit
seinen frischen Hügeln wogte auf und nieder, und der Tag
schritt Stunde um Stunde in das Sommerlicht°. Manchmal
stiegen wir ab, um uns etwas Bewegung zu machen, ich nahm

1. die Krähe *crow*

3. wischen *wipe*

7. laden† *load*
8. der Rückweg *way back* · rasten *rest*
9. das Gasthaus *inn*

13. die Landstraße *highway*

16. die Mütze *cap*
17. der Umweg *detour, roundabout way*

19. hin-kommen† *come, settle*

24. der Schuß (schießen) · ab-geben† *give, make*
25. sauber *neat*
26. Zur guten Einkehr: zu *at the sign of;* die Einkehr *stopover*
    (*cf. "Bon Repos," "Boar's Head Inn"*) · das Schild *sign*
27. die Schrift *letters*

die Peitsche in die Hand und erschreckte die Krähen auf den Feldern. Dann nahmen wir das Brot heraus, mein Vater gab mir aus seiner blauen Kaffeeflasche° zu trinken, ich wischte mit der Hand darüber und trank, ja, auch ich war ein Fuhr- knecht und ein Herr der Pferde gleich ihm, sein Besitz war der 5 meine, ich hatte den gleichen Weg und das gleiche Leben.

Wir kamen ans Ziel, mein Vater lud auf, was er heimbringen sollte, und wir kehrten um. Auf dem Rückweg rasteten wir vor einem Gasthaus, mein Vater trank ein Glas Bier° und ließ mir eine Flasche mit süßer, roter Limonade° bringen. So schön 10 war alles an diesem Tag.

Dann bogen wir nach einiger Zeit von der großen Land- straße ab und fuhren auf einem stilleren, schmalen Weg weiter. Mein Vater hatte auch an diesem Tage nicht viel gesprochen. Wenn Bauern vorüberkamen, hob er die Hand 15 mit der Peitsche an die Mütze. Jetzt sagte er nur: „Wir machen noch einen kleinen Umweg, es ist ja noch Zeit." Und später, als wir durch schönen Wald fuhren, sagte er: „Hier hätte ich nun mal hinkommen können. Aber es ist nichts daraus geworden." — Ich verstand nicht, was er meinte — jetzt verstand ich es 20 noch nicht, nachher schon und dann immer deutlicher und besser, nachher nämlich, als wir vor einem einsamen Gasthaus hielten und mein Vater dreimal mit der Peitsche einen knal- lenden Schuß abgab als ein Zeichen: Heraus wir sind da!

Es war ein schönes, großes, sauberes Haus, es hieß „Zur 25 guten Einkehr", und das Schild war blau wie der Himmel, und die Schrift glänzte weiß auf himmelfarbenem° Grund. „Soll ich hingehen?" fragte ich, als niemand herauskam. — „Nein", sagte mein Vater „da kommt schon einer", und er lächelte. Ja, da kam auch einer, ein Mann mit grauem Haar 30 trat heraus, sah herüber und kam zu uns. Wir sprangen ab.

„Ach, du bist es, Karl", sagte der Mann. Es war der Wirt von der „guten Einkehr". — „Du kommst zu spät", sagte er. Sie gaben sich die Hand, und ich stand vor ihnen, die Peitsche in der Hand. „Ist das dein Kleinster?" fragte er. — „Ja. Aber 35 was ist denn mit dir los?" sagte mein Vater. — „Du weißt es nicht? Na ja, ich habe es ja auch nicht allen geschrieben, ich wußte nicht, wo mir der Kopf stand", — und dem Mann liefen mit einem Male die Tränen aus den Augen. Er nahm ein

1. rotgeblümt *red-figured* · das Taschentuch *handkerchief*

5. das Laub *foliage*

7. reiben† *rub*
8. das Geschirr *harness* · flammen (die Flamme)
9. verschwenderisch *profuse*
10. eigentümlich *peculiar, strange*
11. heiser *hoarse*

16. keine acht Tage *not even a week*
17. streicheln über *stroke*

19. an-fangen† = tun

21. laß nur *don't bother*

29. die Wirtschaft *innkeeping, household*

33. nebenher′ *alongside*

35. nach-sterben† *to follow in death*

großes, rotgeblümtes Taschentuch hervor und wischte, aber die Tränen hatten kein Ende. „Du weißt es noch nicht?" sagte er, „Anna ist doch tot. Vor sechs Wochen".

Dann waren sie beide still, und ich stand zwischen ihnen und sah die Männer an. Es war so still in der Welt, das Laub rauschte im Sommerwind°, die Wolken zogen auf großer Fahrt durch den Himmelsraum°, die Pferde rieben sich an ihrem Geschirr und schlugen nach den Fliegen, die Sonne flammte ihren Glanz verschwenderisch auf die Erde, aber es war still und eigentümlich kühl.

„So", sagte mein Vater, seine Stimme war heiser, „ja, und das hab ich nicht mal gewußt, daß Anna — das hättest du mir doch schreiben können."

„Ich wußte auch nicht deine Adresse°", sagte der Mann, „ich hab's vergessen, es ist ja so schnell gegangen, keine acht Tage." Vielleicht war es nur Zufall, daß mein Vater mit seiner Hand an meinen Kopf kam und über das Haar streichelte. — „Du hast sie doch auch gut gekannt, Karl", sagte der Mann. „Ich weiß nicht, was ich anfangen soll. Wollt ihr nicht hereinkommen und was trinken?"

„Nein, nein, laß nur, heute nicht," antwortete mein Vater. „Ich komme bald mal wieder her, aber heute wird es sonst zu spät."

Sie schwiegen, und ich stand bei ihnen und begriff nicht alles, aber manches doch. Da war jemand gestorben, den auch mein Vater gut gekannt hatte, und es tat ihm sehr leid.

„Mach es dir nur nicht zu schwer", sagte er, „hörst du," — und er legte ihm die Hand auf die Schulter. „Also, ich komme bald mal. Ist denn einer da, der dir in der Wirtschaft hilft?"

„Ja, meine Schwester ist gekommen."

Sie gaben sich die Hand, mein Vater drehte sich langsam um, ich sprang in die Schoßkelle, wir fuhren davon. Mein Vater ging nebenher und wandte sich nicht um. Ich tat es, aber niemand stand draußen, die Tür war geschlossen, es war, als sterbe das Haus der toten Frau nach.

In den langen Stunden der Heimfahrt° in die Dämmerung und in den Abend hinein sagte mein Vater kein Wort mehr. Ein Schatten war über den Tag gekommen, wir hatten ihn am Morgen noch nicht gekannt. Die Sonne hatte ihren Schein

1. ward = wurde
2. an-brennen† = anzünden

5. auf mich zu *toward me* · bange *afraid, uneasy*

8. die Pracht *splendor*

10. das Gewölbe *vault* · jäh = plötzlich · der Sturz (stürzen) ·
    verflammen *burn up*

13. ein-hüllen *wrap up in*

18. das Bund *bundle, bale* · das Stroh *straw*
19. die Futterkiste *feed bin* · funkeln *sparkle*
20. das Korn *grain* · matt *dull*

22. die Sättigung *satiation*
23. fließen† *flow*
24. die Ader *vein*

26. so, wie *as*

28. die Woge *wave* · die Schwalbe *swallow*
29. der Balken *beam* · der Blitz *bolt (of lightning)*

31. bedrängen *oppress, harass*
32. die Brut *brood*
33. das Heu *hay*
34. die Ritze *crack*

36. sich Sorgen machen *worry*
37. sich regen = sich bewegen

verloren, kühl ward die Nacht. Mein Vater brannte die Laterne an, ich saß neben ihm, schlief ein, wachte auf und sah den Sternenhimmel° wachsen. Wenn ich im Fahren lange hinaufsah, war es mir, als käme der ganze Himmel auf mich zu, und mir war bange. Es war so einsam. Die Bäume rauschten ⁵ so anders als am Tag, der Fluß, über den wir fuhren, hatte eine dunkle böse Stimme. Warum hatte der Tag seinen Glanz verloren? Warum ängstigte° mich die Pracht des Himmels? Warum erschrak ich, als ein Stern sich von dem mächtigen Gewölbe löste und sich in jähem Sturz verflammte? „Frierst ¹⁰ du?" fragte mein Vater. — „Nein", sagte ich, aber ich fror, und er wußte es und nahm vom Wagen eine Decke und hüllte mich ein; ja, er war mein Vater.

In der Nacht, unter den still und grenzenlos brennenden Feuern des Himmels, kehrten wir in die Stadt zurück, und sie ¹⁵ war ohne Laut wie am Morgen. Die Pferde freuten sich auf den Stall. Wir schirrten sie ab, mein Vater fütterte sie, und ich saß auf einem Bund Stroh und sah ihm zu, er beugte sich über die Futterkiste, das Licht der kleinen Lampe° funkelte in den Körnern, als wären sie mattes Gold. Die Pferde begannen ²⁰ zu ruhen, der Stall war erfüllt° von den Geräuschen ihrer Zufriedenheit und der Sättigung. Ein langer Arbeitstag war es für sie gewesen, und jetzt floß die Müdigkeit wie ein dunkler Strom langsam auch durch ihre Adern.

„Wir müssen noch ein Weilchen warten", sagte mein Vater. ²⁵ Er setzte sich auf die Kiste und beugte sich etwas vor, so, wie ein Mann am Ende des Tagewerkes dasitzt. Die Nacht kam in mächtigen Wogen in den Stall. Die Schwalben oben in dem Nest auf einem Balken, die tags° wie blaue Blitze durch das offene Fenster zuckten, schliefen. Ich hörte einen Laut wie ein ³⁰ ganz feines Seufzen; träumten die Schwalben auch, bedrängte auch sie etwas im Schlaf? Die Mäuse, deren junge Brut ich manchmal in den Ecken fand, all die Wesen in Heu und Stroh, in den Ritzen der Steine, im ganzen Haus, sie schliefen.

Ich sah meinen Vater an. Wir mußten nun gehen, es war ³⁵ schon spät, die Mutter machte sich vielleicht Sorgen um uns. Aber er saß, als schliefe er, als sei er gestorben; er regte sich nicht. Seine Hände hingen zwischen den Knieen° herab, als hätten sie kein Leben mehr. An ihm lebten allein seine Augen.

3. strömen (der Strom)
4. feucht   *moist*
5. die Nebelflut   *hazy sea*

16. der Kummer   *sorrow*

Tränen flossen heraus. Mein Vater weinte, aber anders als andere Menschen, ich hörte nichts. Sein Mund war geschlossen, seine Augen nur strömten über, und ich sah im Licht den feuchten, schmalen Weg der Tränen. Und nun plötzlich riß es wie ein Blitz in die Nebelflut der Müdigkeit: ich sah ihn weinen und begriff alles und wußte alles und wußte, daß ich kein Kind mehr war, daß in der Welt nicht alles so war, wie es Kindern gesagt wurde, ich war wach geworden, der ganze Tag verschwand, als sei er nie gewesen, und übrig blieb nur dieser Augenblick, mein Vater, wie er auf der alten Kiste saß, die Augen überfließend vom Schmerz um jemanden, der gestorben war, einen, den er geliebt hatte, den er mehr liebte als der Mann vor dem Gasthaus, mit dem er sein Leben hatte verbringen wollen, und es war nichts geworden. Die Kindheit° zersprang mir, und ich fing an zu wissen, daß auch ein Vater nicht nur Vater ist und daß er Kummer hat; daß er leiden kann.

Ich stand auf, und da wußte mein Vater wohl erst wieder, daß ich da war. Er nahm sein Taschentuch hervor und wischte über das nasse Gesicht. Er sagte: „Du brauchst davon nichts zu erzählen, hörst du?" Er sah noch einmal nach den Pferden und fuhr mit der Hand über ihre glänzenden Rücken. Dann gingen wir.

MARIE LUISE KASCHNITZ is one of the most respected women writers in recent German literature. Born in 1901, she established herself as a book-dealer, moved to Rome, there married a well known archeologist — the great sites of Mediterranean antiquity are an abiding influence in her work — and returned to Germany in 1941. Only with the collapse of her country in 1945 did she begin to write extensively; her *Rückkehr nach Frankfurt* (1947), her essays *Menschen und Dinge 1945,* and her lyrics of the period chronicle that collapse, record its agony, and establish a slender new base of reconciliation. The death of her husband in 1958 constituted, in a private way, a similar experience of devastation, again recorded in poems of pain and transitoriness, followed by words of hope. Her sensitivity, her penetrating search for the exemplary, the mysterious, and the transcendent in ordinary lives is particularly evident in the volume *Ferngespräche,* of which this is the title story. Kaschnitz was the recipient of many honors, among them the order *Pour le Mérite* (1967) and an honorary doctorate from the University of Frankfurt (1968), where — following Ingeborg Bachmann — she held the Lectureship in Poetics. She died in Rome in 1974.

The disembodied voices of telephone characters pose a special challenge both to author and reader: *Ferngespräche* sharply reduces author commentary and thus pushes the reader into the roles of psychologist, judge, and even of co-author. The story of courtship interrupted and defeated is also the account of a highly non-political *Klassenkampf.* Its winner, predictably, is the lower-class Angelika, for whose pretty face, vitality, and cunning Paul's father proves no match. But the survivor-motif — one of Kaschnitz's favorites — is given an ironic twist. One love is replaced by another, but does that really mean the death of the other? Clearly not; yet we are forced to re-examine "love" itself, as well as family, tradition, values, upward mobility, generational differences. In what ways does Kaschnitz make her own views known?

---

das Ferngespräch *long distance conversation* 6. aus-malen *picture, imagine* 7. ein bißchen *a bit* 13. darauf' hin *for that* 14. verloben *engage* 16. der Englische Garten *(park in Munich)* 18. der Fliederbusch *lilac* · die Butterblume *buttercup*

Ferngespräche

by Marie Luise Kaschnitz

Ich bins, Paul, Angeli, sagte die junge Angelika Baumann (am
Telefon) zu ihrem Freunde Paul — ich stör dich doch nicht?
Du hast vielleicht gearbeitet, nein? — da bin ich froh. Ich hab
dich nur fragen wollen, ob du etwas gehört hast, ich meine
von deinem Vater... Ja, natürlich bin ich ungeduldig, ich   5
denk doch an nichts anderes, ich mal mir das aus, unseren
Besuch bei ihm, und ein bißchen Angst hab ich auch. — — —
Es wird ihm schon recht sein, sagst du? Ach ja, ich wünschte,
es wäre ihm recht. Ich möcht ihn wohl liebhaben, alle deine
Verwandten möcht ich lieb haben, besonders deine Schwester,   10
ich hab ja keine und hab mir immer eine gewünscht... Ende
der Woche? Ja, natürlich paßt mir das, ich leb ja nur darauf
hin, auf den Besuch bei deinem Vater, und wenn der vorbei
ist und wir weggehen, dann sind wir richtig verlobt... Nein,
lach nicht. Paul, du darfst nicht lachen, du weißt ja nicht...   15
ich bin heute durch den Englischen Garten gegangen... ein
schöner Tag? Ja, sicher ein schöner Tag. Ich hab aber nichts
gesehen, keine Fliederbüsche und keine Butterblumen, auf
jeder Bank bist du gesessen und jeder, der mir von weitem
entgegengekommen ist, warst du. Und ich hab gedacht, das   20
vorher, bevor ich dich gekannt habe, das war gar kein Leben,
und wenn du weggingest und nicht mehr wiederkämest, das...

8. ein-hängen   *hang up*

10. ins Gewissen reden   *appeal to one's conscience*
11. sich handeln um   *be a matter of* · das Standesvorurteil
    class prejudice
12. meinetwegen   *for all I care* · die Filmschauspielerin   *movie
    actress*
14. der Hafen   *port* · die Gasse   *street, alley* · stammen   *come*

17. niedlich   *cute*

19. der Speck   *(here) fat* · die Hüfte   *hip* · ohnehin'   *anyway*

21. aus-gehen†   *turn out* · der Teil   *(here) side, party*

23. gesellschaftlich   *social* · der Kaufmann   *businessman*
24. den Doktor haben†   *have a doctorate*
26. provenza'lisch   *Provençal, southern French* · der Eintopf
    stew, casserole · lächerlich   *ridiculous*
27. heißt es   *they'll say*

29. leidend   *ill*

31. gepflegt   *nicely groomed* · spöttisch   *mocking, witty*
32. gleichgültig   *of no interest, indifferent*

34. sich ein-mischen   *get involved*
35. an-rufen†   *call up*
36. Gastein'   *(spa town)*

38. hocken   *perch, be stuck*

Dumm, ja, ja, das bin ich, ganz dumm. Ich sag ja auch nichts
mehr, ich hab nur wissen wollen, ob du schon Nachricht hast.
Aber jetzt wart ich bis zum Ende der Woche, da ist mein Na-
menstag°, — sie sollen dich mir zum Namenstag schenken, —
liebes Fräulein Angeli, da haben Sie unseren Paul. Machen Sie   5
ihn glücklich . . . Du bist es schon? Du bist schon glücklich? . . .
Nein, nein, jetzt sag nichts mehr, etwas Besseres kannst du
nicht sagen, das war das Beste, jetzt häng ich ein . . .

Hör mal, sagte der alte Mann (am Telefon) zu seiner Tochter
Elly, du mußt deinem Bruder ins Gewissen reden. Es handelt   10
sich ja nicht um Standesvorurteile. Wenn sie jemand wäre,
meinetwegen auch eine Filmschauspielerin oder eine Tän-
zerin, aber eben jemand Besonderes, jemand Bekanntes, dann
könnte sie auch aus der Hafengasse stammen. Aber sie ist gar
nichts, einfach kleine Leute, ein hübsches Gesichtchen, solange   15
sie jung ist, später eine Madam . . . Nein, gesehen hab ich sie
nicht, nur eine Photographie°, niedlich und so etwas Rüh-
rendes in den Augen. Aber wie schnell geht das vorbei. Dann
hat sie Speck an den Hüften, und die Finger sind ohnehin kurz
und dick. Der Paul kann so etwas nicht machen, ich weiß, wie   20
das ausgeht, nämlich schlecht, für alle Teile schlecht. In ein
paar Jahren genügt° sie ihm nicht mehr, ich meine gesellschaftlich. Er ist ein ganz guter Kaufmann und hat den Doktor, in ein paar Jahren ist er dann so weit, daß er sich mit einer
Frau, die keine fremde Sprache spricht und Picasso für einen   25
provenzalischen Eintopf hält, lächerlich macht. Die kann man
nicht einladen, heißt es dann, eine unmögliche Person, und er
muß sich immer etwas Neues ausdenken, meine Frau ist leidend, meine Frau kann von den Kindern nicht weg. Und
eines Tages hat er bei Tisch eine neben sich, eine schöne,   30
gepflegte, spöttische, die ihm zeigt, daß er ihr nicht gleichgültig ist, und schon denkt er, Herrgott, wenn ich noch frei
wäre, frei . . . Also sei so gut und sage das dem Paul, ich will
mich da noch nicht einmischen, aber, eine Heirat, das kommt
nicht in Frage. Du kannst auch deine Tante Julie anrufen, ich   35
glaube, sie ist aus Gastein zurück. Wir müssen alle zusammenhalten, eine Familie, das ist eine Macht, auch wenn nicht alle
in derselben Stadt hocken, wozu gibt es das Telefon. Sag mir

2. die Masern *(pl.) measles*

4. das Herrenessen *men's supper* · übermorgen *day after tomorrow*

8. ein-schalten *(lit.) plug in, switch on; intervene*
9. vor-haben† *have in mind*

13. geht aufs Ganze *is after the whole thing*
14. pausenlos *without interruption*

17. zulie′be *as a favor to*

22. der Begriff *idea, concept* · vorig *previous*

24. halt *just*

28. augenblicklich *at the moment*
29. prima *fine, first-rate*
30. die Anzeige *announcement* · die Bütten *(pl.) handmade paper* · Brenners Kurhof *(spa, resort)*
31. wird tüchtig hineingebuttert *is going to run into a lot of money*
32. sich bezahlt machen *pay*
33. jedenfalls *in any case*
34. unterdrücken *suppress* · die Anwandlung *impulse*

noch schnell, wie es den Kindern geht ... Laß sie nicht zu
früh aufstehen, nach den Masern gibt es leicht Komplikatio-
nen. Ruf mich wieder an, aber nicht morgen abend, da hab ich
ein Herrenessen, und übermorgen ... du mußt es eben versuchen, einmal bin ich schon da.   5

Du weißt natürlich, warum ich anrufe, Tante Ju, sagte Elly
(am Telefon) zu ihrer Tante Julie ... der Papa will, du sollst
dich da einschalten, ältere Generation und so weiter, und weil
es ja wirklich eine Dummheit ist, was der Paul da vorhat, ich
habe immer gesagt, der *wird* einmal beheiratet, der heiratet   10
nicht. Ob ich sie kenne, ja natürlich, einmal gesehen. Wenn
du mich fragst, der sanfte Typ° mit dem eisernen° Willen, die
geht aufs Ganze und nicht auf den hübschen Jungen allein ...
Was du machen sollst? Ihn anrufen natürlich, pausenlos anrufen, oder ein anderes Mädchen dazwischen schieben, du hast   15
doch so viele Bekannte. Schick ihm eine, die er in München
herumführen soll, dir zuliebe, und abends ins Theater, nur
daß er einmal sieht, daß es auch noch andere Frauen gibt. ...
Was sagst du? Wenn er sie liebt? Ich bitte dich, Tante Ju, sei
doch nicht kindisch°, wer sagt denn, daß er sie nicht noch   20
besuchen darf, meinetwegen auch mit ihr schlafen. Du hast
da Begriffe, wirklich noch aus dem vorigen Jahrhundert°, entschuldige schon. Wenn du nicht weißt, was du ihm sagen sollst,
so sag halt, der Papa wird sich aufregen, Blutdruck° zweihun-
dert hat er schon, und Kinder sollen ihre Eltern ehren. Aus   25
deinem Munde macht sich das ganz gut. Übrigens regt er sich
wirklich auf, der Papa, er hat seine ganz bestimmten Ab-
sichten, vielleicht geht es ihm auch geschäftlich augenblicklich
gar nicht so prima. Vielleicht braucht er so etwas wie eine Hei-
ratsanzeige auf Bütten und eine Hochzeit in Brenners Kurhof,   30
da wird noch einmal tüchtig hineingebuttert, aber es macht
sich bezahlt ... Sorgen? Na ja, ich weiß nicht, vielleicht ja, vielleicht nein, ich würde sagen eher nein. Jedenfalls du, unter-
drück deine sentimentalen° Anwandlungen, die Familie muß
zusammenhalten. Mein Mann will auch einmal mit dem Paul   35
sprechen, so von Mann zu Mann, wenn er Zeit hat, aber du
weißt ja, er hat keine Zeit.

2. der Neffe   *nephew*
3. die Hummercreme   *lobster bisque* · die Tasse   *cup* ·
   die Bohne   *bean*
4. die Speise   *food, dish* · hinterher′   *afterward*
5. der Gefallen   *favor*
6. der Kavalier′   *gentleman*

9. im Begriff sein†   *be about to, get ready to*
10. zur Hand gehen†   *give help*
11. sich aus-kennen†   *know one's way around* · das Museum° ·
    die Ausstellung   *exhibition*
12. verabredet sein   *have an engagement*
13. gelten†   *pass, go unchallenged*
14. ab-sagen   *cancel*
15. die Braut   *fiancée*
16. offengestanden   *to be frank*
17. lügen†   *lie* · ernst   *serious*

19. hoffentlich   *I hope (etc.)*

23. Du bist . . . herun′ter   *your nerves are completely shot*

25. die Kampfnatur′   *fighter type*

30. beobachten   *observe*
31. sich Gedanken machen   *worry*
32. übel-nehmen†   *think ill of*
33. anpassungsfähig   *adaptable*
34. der Grad   *degree*

Nein, nichts Großes, sagte Tante Julie (am Telefon) zu ihrem
Neffen Paul, nur sechs Personen, zum Abendessen°, Hummercreme in Tassen und Lammschulter° mit jungen Bohnen und
irgendeine süße Speise hinterher. Du kannst in der Nacht noch
zurückfliegen. Tu deiner alten Tante den Gefallen. Mir fehlt   5
ein Kavalier für ein schönes Mädchen, rötlich-blonde° Haare,
ganz dein Typ. Südamerikanerin° übrigens, ich meine, dort
geboren und aufgewachsen, aber von deutschen Eltern, und
gerade im Begriff, sich die alte Heimat anzusehen. Du kannst
ihr da doch ein bißchen zur Hand gehen. Du kennst dich so   10
gut aus. Museen, Ausstellungen, Theater und so . . . Ja, das
hast du schon geschrieben, daß du verabredet bist für dieses
Wochenende, aber weißt du, ich laß das nicht gelten. Nein,
mein Lieber, das mußt du absagen, den Gefallen mußt du mir
schon tun . . . Wie sagst du, — mit deiner Braut, das ist ja das   15
erste Wort, was ich höre. Nein, offengestanden, ich kann nicht
lügen, ich habe es schon gehört, aber nicht ernst genommen,
du bist doch noch viel zu jung zum Heiraten und deinem
Vater wird das gar nicht angenehm sein. Hoffentlich hast du
dich noch nicht wirklich gebunden, ich meine mit Heiratsver-   20
sprechen und Ringen und so weiter. In unseren Kreisen wäre
das nicht so wichtig, aber . . . Na hör mal, Paulchen, schrei
mich nicht an. Du bist wohl völlig mit den Nerven herunter,
du, das kann ich verstehen. Das ist ja auch nichts für dich,
du bist keine Kampfnatur und natürlich wird es da allerlei   25
Schwierigkeiten geben. Du mußt dir das noch einmal sehr
genau überlegen. Vor allem die Eltern kennenlernen, ich
meine gut kennenlernen, vor allem die Mutter, wie die Mutter
heute ist, wird die Tochter in fünfundzwanzig Jahren . . . , ich
weiß das, ich habe es beobachtet, ich bin eben so ein Mensch,   30
der sich über alles Gedanken macht. Du darfst mir das nicht
übelnehmen, ich habe nichts gegen kleine Leute, und da hast
du recht, Frauen *sind* anpassungsfähig, aber eben nur bis zu
einem gewissen Grad . . . Nein, ich höre jetzt auf, du wirst ein
guter Junge sein und zu meinem kleinen Abendessen kommen,   35
komm schon ein bißchen früher, dann reden wir weiter. Wie
ich höre, geht es dem Papa gar nicht besonders gut. Übrigens
kannst du natürlich deine Braut auch mitbringen, ich muß es
nur wissen, damit ich noch einen Herrn für sie habe. Kleines

1. französisch *French*

4. das Heiligenbild *saint's image, icon*

9. verschieben† *postpone*

11. der Chef *boss*
12. einiges *a few things* · erledigen *take care of*
13. der Urlaub *leave, vacation* · an-rechnen *count*

18. ansteckend *contagious*

20. der Rote *(here) red car*
21. Elbe *(river)* · Blankenese *(suburb of Hamburg)*
22. neulich *recently*
23. bedrücken *depress*

26. gedenken† *intend*

29. sitzen lassen† *walk out on* · albern *silly*
30. aus-reden *talk out of*
31. verschossen *infatuated* · vor kurzem *recently*
32. ahnen *have an idea, imagine, suspect*

37. quälen *torment*

Abendkleid, und sie spricht doch gut Französisch? Ich habe
nämlich den belgischen° Konsul°, reizender Mensch und
großer Sammler, du, das wird dich interessieren°, Heiligen-
bilder hinter Glas —

Hör zu, Paulchen, sagte Elly (am Telefon) zu ihrem Bruder,　5
die Geschichte mit deinem Mädchen . . . natürlich, das weiß
jeder und auch, daß du am nächsten Sonntag mit ihr an der
Hand beim Papa erscheinen willst. Aber ich meine, du könntest diesen Besuch noch ein bißchen verschieben. Der Papa hat
sich nämlich etwas ausgedacht, er will dir eine Reise schenken.　10
Er hat schon mit deinem Chef gesprochen. Du sollst da zugleich geschäftlich einiges erledigen, damit es dir nicht als Urlaub angerechnet wird . . . Also wirklich, du kannst dem Papa
diese Freude nicht verderben, wenn du zurückkommst, ist immer noch Zeit genug. Wohin . . . Das weiß ich nicht genau, ich　15
glaube Kanada. Mit dem Flugzeug ist das ja auch nur ein
Katzensprung°. Auf jeden Fall könntest du hier vorbeikommen, die Kinder sind nicht mehr ansteckend und wir würden
uns freuen, du könntest dich auch ein bißchen ausruhen°,
weißt du was, ich fahre dich mit meinem neuen Roten an die　20
Elbe, nach Blankenese oder so, da gehen wir spazieren. Tante
Ju sagt nämlich, du habest, als du neulich bei ihr warst,
schrecklich schlecht ausgesehen, so als ob dich etwas bedrückt.
Vielleicht ist es die Sache mit dem Mädchen, Angelika heißt
sie wohl, hübscher Name, und wie weiter . . . Baumann, und　25
wohnt in München, wo? . . . Nein, nein, ich gedenke nicht sie
zu besuchen, ich kann ja auch hier gar nicht weg. Ich möchte
dir bloß einen Rat geben, was sagst du . . . wie man jemanden
sitzen läßt? Also sei doch nicht albern. Erinnere dich daran,
wie du mir damals den Sänger° ausgeredet hast, in den ich　30
so verschossen war. Ich hab den übrigens vor kurzem einmal
wiedergesehen, also du ahnst es nicht, wie er jetzt aussieht, ich
konnte bloß lachen, und natürlich bin ich dir ewig dankbar°
dafür . . . Das kann man nicht vergleichen, sagst du, na ja,
vielleicht kann man es wirklich nicht vergleichen, aber ich　35
habe schon genug, wenn ich nur deine Stimme höre. So etwas
Gequältes, keine Spur von ‚Ihr könnt mich alle gern haben
und ich mache doch, was ich will.‘ So eine Stimme hast du

2. durch-brennen† *run away* · der Schiffsjunge *cabin boy*

4. das Zwischendeck *lower deck, steerage*
5. verstecken *hide*
6. ein-sehen† *understand*

8. der Zuschuß *subsidy, extra allowance*
9. das Erbe *inheritance* · je nachdem' *according to* · wütend *furious*
11. auf-lesen† *pick up*
12. das Kurzwarengeschäft *dry goods store*
13. der Schweinebraten *roast pork*
14. das Rotkraut *red cabbage* · der Hefeteig *yeast dough*
15. die Hochzeit *wedding*
16. der Umsatz *turnover* · das Gummiband *elastic*

19. ich habe nichts *nothing's wrong*

21. dazwi'schen-kommen† *get in the way*

24. besprechen† *discuss*

30. sich ab-finden† mit *get used to*

37. starren *stare*

gehabt, als du mit vierzehn Jahren von zu Hause durchbrennen wolltest, Schiffsjunge, Dockarbeiter°, erinnere dich. Es war natürlich furchtbar zu Hause, aber doch auch ganz angenehm, und du bist einmal nicht fürs Zwischendeck, jetzt so wenig wie damals. Damals hab ich dir deine Schuhe verstecken müssen, weil du es nicht eingesehen hast, aber ich bin sicher, jetzt siehst du es ein ... was ich mit dem Zwischendeck meine, nun, das kannst du dir schon denken, keine Zuschüsse mehr, unter Umständen auch kein Erbe, je nachdem, wie wütend der Papa wird ... Nein, natürlich hast du sie nicht von der Straße aufgelesen, das sagt ja auch keiner ... wie bitte, kleines Kurzwarengeschäft? Na siehst du, da müßt ihr dann am Sonntag immer zum Mittagessen° hin, da gibt es Schweinebraten und Rotkraut und Apfelkuchen° aus dickem Hefeteig. Und bei der Hochzeit muß der Papa die Kurzwarenmama° zu Tisch führen und sie nach dem Umsatz von Gummiband fragen. Kannst du dir das vorstellen, — ich, offengestanden, nicht.

Nein, wirklich, Angeli, sagte Paul (am Telefon) zu seiner Freundin, ich habe nichts, es tut mir nur leid, daß wir übermorgen nicht zusammen nach Düsseldorf fahren können, es ist da verschiedenes dazwischen gekommen. Nein, nicht bei mir, meinem Vater paßt es diesen Sonntag nicht, ich meine, daß wir *zusammen* kommen, ich muß schon hin. Er hat etwas mit mir zu besprechen, ich soll für das Geschäft eine Reise machen. Nein, nicht lang — Herrgott, deswegen brauchst du doch nicht gleich zu weinen, und überhaupt wird das später auch nicht anders, daran mußt du dich gewöhnen, ewig zu Hause sitzen kann ich nicht ... Zuerst? Was verstehst du unter zuerst? ... Als noch niemand etwas wußte, ... ja, nun wissen sie es eben und müssen sich damit abfinden, Familien haben immer andere Pläne° und sie haben eben auch andere Pläne gehabt. Zuerst sind wir jeden Abend spazierengegangen? Gott, mach mich doch nicht nervös°, gleich wirst du fragen, ob ich dich noch liebhabe. Natürlich hab ich dich lieb, ich bin überhaupt nur bei dir glücklich. Ich hab das gemerkt, als ich bei Tante Julie zum Abendessen war, da hab ich die ganze Zeit Löcher in die Luft gestarrt und keine Antworten gegeben, und Tante Ju,

2. an-drehen *foist on* · zu-trinken† *toast*

6. das Zuhau'se *place where one is at home*

10. die Platte *record*

14. sich ein-bilden *imagine*
15. mißtrauisch *suspicious*

32. aus-kommen† *get along*

38. unbedingt *absolute*

die mir eigentlich bei der Gelegenheit eine andere Braut an-
drehen wollte, hat mir zugetrunken und das hat heißen sollen,
ich sehe schon, es hat keinen Sinn ... Nein, mit der jungen
Dame bin ich nicht verabredet, Herrgott, glaub mir das doch
und sprich nicht immer von „meiner Welt". Ich hab ein Zuhause wie alle Leute, aber eine Welt will ich mir mit dir auf-
bauen, vielleicht hier, vielleicht ganz woanders°, ... nein, nein,
ich weiß noch nicht wo. Jetzt muß ich aufhören, sag noch
etwas Nettes ... Nein, nur das nicht, daß du Angst hast, wovor
denn eigentlich Angst. Leg eine Platte auf, unsere Platte, Porgy
and Bess, It isn't necessarily so, ... nein, vorbeikommen kann
ich nicht mehr, ich fahre schon heute abend, weil die Straßen
da leerer sind ... Eine komische° Stimme? Was du dir alles
einbildest ... nun ja, es *gibt* Schwierigkeiten, aber es ist doch
nicht nötig, daß du so mißtrauisch bist ... doch, das bist du,
du hast kein Vertrauen zu mir, wahrscheinlich hörst du zuviel
auf deine Eltern ... keinen Kontakt°, sagst du, mit wem soll
ich denn Kontakt haben, mit deinen Eltern oder mit dir? Aber
bitte, mach nur so weiter ... Was sagst du, Angeli? ... Ach sag
doch etwas ... sei mir nicht böse .. hör doch, es wird alles
wieder gut ...

Fräulein Baumann, sagte Pauls Schwester Elly (am Telefon) zu
Pauls Freundin Angelika, Sie werden sich wundern, daß ich
Sie anrufe, obwohl ich Sie so gut wie gar nicht kenne. Aber ich
bin Pauls Schwester, und Paul hat mir von Ihnen erzählt ...
nein, ich bin nicht in München, ich bin zu Hause in Hamburg
... nein, nein, regen Sie sich doch nicht auf, dem Paul ist
nichts geschehen ... Hören Sie doch einmal einen Augenblick
ruhig zu, Fräulein Baumann. Ich weiß ja nicht, was der Paul
Ihnen von seiner Familie erzählt hat, und ob er überhaupt etwas erzählt hat, er ist wahrscheinlich jetzt in einem Zustand,
wo er denkt, daß er ohne seine Familie ganz gut auskommen
kann. Aber es wird Sie vielleicht interessieren°, auch einmal
auf diesem Wege etwas über ihn zu erfahren, nämlich das
kann er nicht, ich meine, ohne seine Familie auskommen kann
er nicht ... Das muß er doch auch nicht, sagen Sie? Natürlich
nicht, jedenfalls, wenn Sie so sind, wie ich Sie mir vorstelle,
nämlich als ein Mädchen, das nicht unbedingt unter die Haube

1. unter die Haube kommen† *get married*

4. heutzutage *nowadays* · nüchtern *clear-headed*
5. ein Stück Wegs *a certain distance*

14. die Auslage *expense*

17. der Bleistift *pencil*

22. selbstverständlich *of course* · ersetzen *repay*

24. gehässig *hateful*

27. der Rechtsanwalt *lawyer*
28. die Entschädigung *compensation*
29. usw. = und so weiter
30. hinaus'-schieben† *postpone*
31. gratulieren *congratulate*
32. verfrüht *premature*

35. ab-bringen† *dissuade*
36. offenbar *obviously*

kommen will ... na sehen Sie, das hab ich mir doch gleich
gedacht. Wenn ich Ihnen jetzt etwas erzählen wollte von ewiger Liebe, würden Sie mich auslachen, ich weiß ja, wie junge
Leute heutzutage sind, kühl°, nüchtern, sie gehen ein Stück
Wegs zusammen, und dann trennen sie sich wieder. Das ist   5
ja das Schöne, es gibt keine Sentimentalität° mehr, jeder hat
sein eigenes Leben ... wie sagen Sie, — das stimmt nicht? Nun,
vielleicht stimmt es für Sie nicht? Aber für meinen Bruder, Sie
haben das gewiß schon gemerkt. ... Nein, *wir* sind nicht
schuld, auch mein Vater nicht. Mein Vater möchte übrigens   10
gern einmal mit Ihnen sprechen. Es könnte ja sein, daß Sie
sich irgendwie verändern möchten, in eine andere Stadt ziehen,
mal weg von zu Hause, das wäre doch begreiflich°. ... Sie würden Auslagen haben, die mein Vater ... nein, schreien Sie
nicht, ich weiß gar nicht, warum Sie so aufgeregt sind. Dazu ist   15
doch wirklich kein Grund. Ich gebe Ihnen auf jeden Fall die
Adresse meines Vaters, haben Sie einen Bleistift, sonst warte
ich ... Also Düsseldorf-Büderich, Kastanienallee 42. Er ist
auch bereit, zu Ihnen zu kommen, aber vielleicht ist es besser,
wenn Sie hinfahren, es wird Sie gewiß auch interessieren, wo   20
der Paul aufgewachsen ist, und die Reise 1. Klasse° bekommen
Sie selbstverständlich ersetzt ... Sie werden fahren, sagen Sie?
Nun, das freut mich wirklich. Aber warum haben Sie plötzlich
eine so gehässige Stimme, nein, hängen Sie noch nicht ein.
Fräulein Baumann, hören Sie doch ...   25

Das ist ja sehr freundlich, sagte Pauls Vater (am Telefon) zu
Dr. Kaminsky, seinem Rechtsanwalt, daß Sie mir das alles
herausgesucht° haben, Entschädigung im Falle eines Eheverver-
sprechens usw. ... doch, natürlich das wollte ich, aber ich
glaube, wir können das alles noch hinausschieben, es kann   30
auch sein, daß aus der ganzen Sache nichts wird ... Gratulieren?
Wieso gratulieren, das ist doch noch ein bißchen verfrüht, —
ach, Sie meinen, der Paul, dem Paul wollen Sie gratulieren,
nein, nein, der wird das Mädchen nicht heiraten, auf keinen
Fall. Er hat sich übrigens ganz leicht davon abbringen lassen,   35
so eine große Liebe war das offenbar nicht. Er ist ja auch viel
zu jung, Kaminsky, er weiß noch nicht, was er will. Und was
hat denn ein Mädchen an so einem weichen, unentschlossenen

2. im Grunde *basically*

5. kratzbürstig *bristly, irritable*
6. unsereiner *someone like us*
7. um-gehen† *deal*

10. gelehrig *teachable*
11. der Schluß *end*

14. die Fahrkarte *ticket*

18. zu tun haben† *have things to do*

22. der Trainer *coach* · bestellen *order, book*
23. steif *stiff*
24. leben Sie wohl *good-bye, farewell*

31. gerissen *smart*

33. ohrfeigen *give a slap* · auf . . . kommen† *guess*
34. der Infarkt *infarct, embolism*

Burschen? Frauen, das kann ich Ihnen sagen, suchen im Grunde etwas ganz anderes als ein bißchen Liebe, nämlich Schutz... Was sagen Sie, ob ich sie kenne? Natürlich kenne ich sie, sie hat mich doch besucht. Ein hübsches Ding, war zuerst ein bißchen kratzbürstig, ein bißchen wild. Aber un- 5 sereiner, lieber Kaminsky, kann ja schließlich mit Frauen um- gehen. Sie ist dann noch über Sonntag geblieben, und ich bin mit ihr an den Rhein gefahren und habe ihr meine Samm- lungen gezeigt... Dumm? Nein gar nicht, jedenfalls ganz ge- lehrig, und so was Liebes hat sie gehabt, wenigstens zum 10 Schluß. Schlecht angezogen natürlich, wenn nicht gerade Sonntag gewesen wäre, hätte ich ihr gern etwas Hübsches gekauft... Ob sie das angenommen hätte, nein, wahrschein- lich nicht, nicht einmal das Geld für die Fahrkarte hat sie sich zurückgeben lassen. — Also, Sie hören von mir, das ist alles 15 nicht so einfach, man muß warten, bis der Paul aus Kanada zurückkommt. Vielleicht fahre ich auch inzwischen noch ein- mal nach München, ich habe ohnehin dort zu tun... Ob ich was? Nein, also hören Sie, da muß ich lachen. Aber gefallen hab ich ihr, so etwas merkt man doch. — Und jetzt bitte ent- 20 schuldigen Sie mich, ich habe mir in der Mittagspause° den Trainer bestellt.... Ja, Tennis, doch, das wird mir guttun, man darf doch nicht warten, bis man steif wird — da ist er schon, leben Sie wohl, lieber Kaminsky, leben Sie wohl.

Ju, sagte Pauls Schwester Elly (am Telefon) zu ihrer Tante 25 Julie, ich hoffe, du hast noch nicht geschlafen... doch ge- schlafen? Na, du hast ja das Telefon am Bett. Es tut mir wirk- lich leid, daß ich so spät noch anrufe, aber ich *muß* wissen, was du dazu sagst, daß der Papa in den letzten zehn Tagen zweimal nach München gefahren ist... Wie? Ja, natürlich zu 30 dem Mädchen. Mein Gott, ist das eine Gerissene, und ich selbst habe sie noch nach Düsseldorf geschickt. Ich könnte mich ohrfeigen, weißt du. Aber wer kommt denn auf so etwas, der Papa ist jetzt einundsechzig und hat schon einen Infarkt ge- habt, und immer hat er gesagt, daß er die Mama nicht verges- 35 sen kann. Doch, das glaube ich, daß er sie heiraten will. Ich kann es natürlich nicht wissen, aber so etwas fühlt man doch. Er hat an uns überhaupt kein Interesse mehr. Du erinnerst

6. das Paket' *package*

9. das Besteck *place setting*

11. peinlich *embarrassing*

13. ausgerechnet *of all things*

17. patzig *rude*

20. wahr-haben† *concede*

24. vergnügt *pleased*

26. fällt mir nicht ein *I wouldn't think of it*

29. allenfalls noch *maybe at the outside*

31. der Esel *jackass*

38. fertig-bringen† *manage, carry off*

dich an die Sache vom Erwin, er wollte mit dem Minister
sprechen, der Erwin hat ihn deswegen angerufen, es war ja
sehr wichtig für uns. Der Papa hat sich auch erinnert, er hat
aber nur gesagt, ja, ja, ich weiß schon, dazu habe ich jetzt keine
Zeit. Und dann weißt du, Sibyllchen hat diese Woche Geburts-   5
tag gehabt ... doch natürlich hat sie dein Paket bekommen,
tausend Dank; *du* hast daran gedacht, aber der Papa hat den
Geburtstag total vergessen. Er hat doch sonst jedes Jahr ein
silbernes° Besteck geschickt, Sibyllchen ist schon zehn geworden, sie hat das Dutzend beinahe voll ... Erinnern, ja natür-   10
lich kann ich ihn daran erinnern, aber das ist doch peinlich,
und überhaupt zeigt das nur, was wir zu erwarten haben, wenn
er sich wirklich wieder verheiratet° und ausgerechnet mit einer
zwanzigjährigen, die selbst noch Kinder bekommen kann ...
Nein, hinfahren kann ich nicht, die Kinder gehen noch nicht   15
wieder in die Schule, und außerdem ist sie mir neulich, als ich
ganz freundlich mit ihr am Telefon gesprochen habe, patzig
geworden. So, als wenn das unsere Schuld wäre, daß der Paul
sich zurückgezogen hat, und daß die jungen Mädchen heutzutage kühl sind, wollte sie auch nicht wahrhaben. Aber das   20
sieht man ja jetzt, was an der großen Liebe daran war und daß
sie bloß in die Familie hineinwollte, und wenn es der Junge
nicht sein kann, ist auch der Alte recht ... Der Paul, doch, er
hat geschrieben, ganz vergnügt, er scheint froh zu sein, daß er
fort ist, aber natürlich, was inzwischen hier gespielt wird, ahnt   25
er nicht ... Ein Telegramm? Fällt mir nicht ein, damit machen
wir uns nur lächerlich, und wenn der Papa sich einmal etwas
in den Kopf setzt, bringt ihn keiner davon ab, wenigstens keins
von uns Kindern, allenfalls noch du. Versprich mir, Tante Ju,
daß du ihn anrufst, heute noch. Was sagst du, was du ihm   30
sagen wirst, — er sei ein alter Esel? Ja, das ist gut.

Wie lange schon, sagte Angelika Baumann (am Telefon) zu
ihrer Freundin Renate, morgen sind es drei Monate. Und
wieso in Düsseldorf? Weil ich hier verheiratet bin. — Doch,
du hörst richtig, ich habe einen alten Mann geheiratet, einen   35
mit viel Geld, so wie wir es uns manchmal ausgemalt haben,
aber am Ende haben wir gelacht und gemeint, daß wir das
doch nicht fertigbringen. Aber — nun habe ich es eben fertig-

1. der Witwer   *widower*

10. sperren   *block*
11. verwöhnen   *spoil* · neuerdings   *recently*
12. das Schwimmbecken   *swimming pool*
13. Tessin'   *(Swiss canton)*

16. kriegen   *get*
17. erben   *inherit*

20. sich um-ziehen†   *change*
21. der Minis'ter   *cabinet minister*

27. sich ein-bilden   *imagine*

gebracht... Ja, natürlich. Einen Witwer... Mit Kindern? Auch mit Kindern. Eine verheiratete Tochter und ein Sohn, auch schon längst erwachsen° und macht Geschäfte, wie der Herr Papa.... In den werd ich mich verlieben, meinst du? Nein, das werde ich nicht. Wie er aussieht, wer? Der Sohn? Ich weiß wirklich nicht, warum du immer nach dem Sohn fragst, der doch gar nicht hier ist und auch nicht herkommen wird. Auch die Tochter kommt nicht mehr, und eine Tante war da noch, aber mein Mann will von seiner Familie nichts mehr wissen, er hat ihnen auch die Zuschüsse gesperrt. Mich? Ja, mich verwöhnt er. Schönes Haus, natürlich, neuerdings auch mit Schwimmbecken im Garten, und jetzt will er mir noch verschiedenes kaufen, einen Bungalow im Tessin und einen Sportwagen°, nur für mich.... Was sagst du? Zufrieden? Natürlich, ich bin zufrieden, schon weil die Familie sich är- gert, daß ich ein Kind kriege und daß das Kind einmal alles erben wird. So bin ich doch gar nicht? Doch, so bin ich, so war ich nicht immer, so wird man unter Umständen, unter ganz gewissen Umständen, das kannst du nicht verstehen. Jetzt muß ich aufhören und mich umziehen, es kommen Leute zum Abend- essen, auch ein Minister ist dabei. Wenn du etwas brauchst, schreib mir... Uns sehen, sagst du? Ach nein, das lieber nicht. ...Soviel du dich erinnerst? Ja, du erinnerst dich gut. Ich habe einmal einen jungen Freund gehabt, ich hab ihn nicht heiraten können, seine Familie war dagegen und er war schwach. Ich habe ihn nicht vergessen, aber deswegen — ge- rade deswegen — —, nein, was du dir einbildest. Meine Stimme ist wie immer. Warum sollte ich denn weinen, ich weine doch nicht — —

ROLF HAUFS was born in 1935 in Düsseldorf but has made his home in Berlin since 1960, when he began his career as a free-lance writer. Since 1972 he has also worked as an editor for Radio Free Berlin. Three volumes of his poetry appeared in the 1960's, followed by a collection of stories, *Das Dorf S. und andere Geschichten*. In the 70's and 80's he published several successful children's books. All these works are marked by a pronounced tendency to let things speak for themselves, without benefit of commentary; but as Haufs points out, to show things the way they are is not to approve. A writer who simply liked his or her surroundings wouldn't write.

The first work here belongs to an increasingly popular genre, the *Prosagedicht*. Its charm, like that of its literary relative, the sketch, lies in part in its resistance to the search for "meanings." Is it therefore impossible to say what Haufs is driving at?

1. das Gleis   *track* · S. (= *W. Berlin enclave* Steinstücken) · die Hälfte   *half*
2. der Zaun   *fence*
4. das Fußballtor   *soccer goal*
5. der Zopf   *pigtail* · der Balken   *post*
14. hin   *done for, dead*

ERWACHEN offers a striking image of the disappearance or erasure of concrete experiences. Through a series of gentle transitions these are replaced by numbness, forgetting, and ultimately the approach of the dead. Yet the poem's title is "Erwachen"! In what sense is there an awakening? To what fact or event might the last three lines refer?

4. die Geste   *gesture*
5. berühren   *touch*
6. der Übergang   *transition* · der Blitz   *lightning*
7. die Betäubung   *numbness*

Die Bahngleise zerschneiden S. in zwei Hälften.
Auf beiden Seiten Häuser. Zäune.
Auf der einen Seite eine Wiese.
Auf der linken Seite der Wiese ist ein Fußballtor aufgestellt.
Ein kleines Mädchen mit Zöpfen tanzt zwischen den 5
    Torbalken.
Zwei Jungen kicken einander den Ball zu. Der Ball fliegt mir
    entgegen.
Sie werfen sich auf den Boden und schießen auf mich.
Du mußt dich fallen lassen, rufen sie. 10
Ich lasse mich fallen.
Ich höre ihre Schritte näher kommen. Sie beugen sich über
    mein Gesicht.
Der ist hin, sagt der eine.
Komm, sagt der andere. 15

Erwachen

Es ist Nacht die Sterne kommen ins Zimmer
Die Stadt wird ruhig. Zurückgenommen werden
Die Worte
Die Gesten
Die Berührungen 5

Sanft sind die Übergänge begleitet von stillen Blitzen
Immer früher Betäubung
Immer mehr Vergessen
Immer näher die Toten

HANS MAGNUS ENZENSBERGER (born in 1929 in Kaufbeuren, Allgäu) is one of the best known figures in German literary life of the last forty years. He is the recipient of numerous literary and cultural awards — one in 1956 from Gruppe 47, of which he was a member; the Literature Prize of the German Critics in 1962; the Büchner Prize of the German Academy of Language and Literature in 1963; and in 1967 the Cultural Award of the city of Nürnberg, where Enzensberger grew up. He made his literary debut with a volume of poems *Verteidigung der Wölfe* (1957). Since then he has published plays, essays, children's verse, translations, and additional volumes of poetry. His more recent writings have been marked by growing political commitment and radicalism.

Like many satirists, Enzensberger employs a wide range of techniques, chief among them the wryly humorous dismissal of society's graver shortcomings. But in the dismissal in "Middle Class Blues" — "Das geht vorüber" and "Das hat keine Eile" — there is anger and even dismay.

---

3. satt *full*
6. das Sozial′ produkt′ *gross national product*
10. der Abschluß *balance, accounting*
14. nach-lassen† *subside*

21. verheimlichen *conceal*
22. versäumen *neglect, miss*

25. auf-ziehen† *wind*
26. geordnet *in order*
27. der Teller *plate* · ab-spülen *rinse*

Middle Class Blues

Wir können nicht klagen.
Wir haben zu tun.
Wir sind satt.
Wir essen.

Das Gras wächst,   5
das Sozialprodukt,
der Fingernagel°,
die Vergangenheit.

Die Straßen sind leer.
Die Abschlüsse sind perfekt.   10
Die Sirenen° schweigen.
Das geht vorüber.

Die Toten haben ihr Testament° gemacht.
Der Regen hat nachgelassen.
Der Krieg ist noch nicht erklärt.   15
Das hat keine Eile.

Wir essen das Gras.
Wir essen das Sozialprodukt.
Wir essen die Fingernägel.
Wir essen die Vergangenheit.   20

Wir haben nichts zu verheimlichen.
Wir haben nichts zu versäumen.
Wir haben nichts zu sagen.
Wir haben.

Die Uhr ist aufgezogen.   25
Die Verhältnisse sind geordnet.
Die Teller sind abgespült.
Der letzte Autobus fährt vorbei.

NICHT ZUTREFFENDES STREICHEN The conformist and his neuroses are likewise objects of the poet's scorn, this time more directly expressed. The series of "oder" is misleading: all items are applicable.

    Nicht Zutreffendes streichen† *cross out inapplicable items*
1. flach   *flat, shallow*
2. blechern   *tinny*

8. wehrlos   *weak, vulnerable*

12. etwas schon Dagewesenes   *(here) something said before*

14. satt-haben†   *have enough of*

Er ist leer.

Wir können nicht klagen.

Worauf warten wir noch?

Nicht Zutreffendes streichen

Was deine Stimme so flach macht
so dünn und so blechern
das ist die Angst
etwas Falsches° zu sagen

oder immer dasselbe   5
oder das zu sagen was alle sagen
oder etwas Unwichtiges
oder Wehrloses
oder etwas das mißverstanden° werden könnte
oder den falschen Leuten gefiele   10
oder etwas Dummes
oder etwas schon Dagewesenes
etwas Altes

Hast du es denn nicht satt
aus lauter Angst   15
aus lauter Angst vor der Angst
etwas Falsches zu sagen

immer das Falsche zu sagen?

DAS DUNKLE ZIMMER   The third stage of Enzensberger's movement from *wir* to *du* to *ich* is the poet's personal rejection of the Consumer Society. Why is the refusal here directed at a single individual? *Is* everything now better?

In what ways is Enzensberger's "Begreif doch endlich, daß ich nicht will" related to Brecht's *Neinsager* (p. 53)?

2. das Feuerzeug   *lighter*
3. die Rolle   *(here) role, part to play*
4. bestellen   *order*

10. die Kerze   *candle*
11. die Ratschläge   *(pl.) advice*

13. ich verzichte auf . . .   *I can get along without . . .*

Das dunkle Zimmer

Ich brauche kein Vitamin B,
ich brauche kein Feuerzeug von Cartier,
ich will keine Rolle, ich will kein Geld,
ich habe keinen Champagner° bestellt.

Begreif doch endlich, daß ich nicht will.   5
Sei still.
Laß mich in Ruh.
Mach das Licht aus.
Mach die Tür hinter dir zu.

Ich will kein Dinner bei Kerzenlicht,   10
ich brauche deine Ratschläge nicht.
Nimm deine Rosen° unter den Arm,
ich verzichte auf deinen Charme.

Begreif doch endlich, daß ich nicht will.
Sei still.   15
Laß mich in Ruh.
Mach das Licht aus.
Mach die Tür hinter dir zu.

Ah! Das dunkle Zimmer
ist dunkel wie Blut°.   20
Endlich!
So ist es besser.
So ist es gut.

INGEBORG BACHMANN Recognized as one of the foremost lyric poets in modern German literature, Ingeborg Bachmann (1926–1973) enjoyed early success with her volume of poems, *Die gestundete Zeit* (1953). A second collection, *Anrufung des großen Bären*, appeared in 1956 and confirmed both her general popularity and her high standing among critics, who saw in her work the first great florescence of Austrian poetry since Hugo von Hofmannsthal at the turn of the century. Underlying this acclaim is the strong consensus that one quality above all is central to her poetry and is uncommon among contemporary poets: true lyricism.

Born in Klagenfurt and educated at Graz, Innsbruck, and Vienna, Bachmann lived successively in Rome, Munich, Berlin, Switzerland, and again in Rome, where she met an accidental death at age 47. She has traveled extensively in America, giving lectures and poetry readings. Her many honors include the first Lectureship in Poetics at the University of Frankfurt.

Im Himmel und auf Erden is a simple, gripping story of discovery, of the brief passage from blindness to sight and innocence to knowledge. It begins with a slap and ends with a suicide. The man's "O Gott" suffices to close off thought and communication and to keep his world of abuse and exploitation intact. The woman's protest, on the other hand, is abrupt, direct, and tragically in keeping with the betrayal of love. An essential part of Bachmann's message is to point to woman's resignation and helplessness in the face of crimes committed against her. But beyond this social burden is the *Abgrund des Wissens*, which demands a deeper response. What does the title mean?

---

2. der Spiegel *mirror* 3. vergehen† *pass (away)* 6. der Sturm *storm* · entfesseln *unleash* 7. beruhigen *calm* 8. murmeln *mutter* 9. benützen *use* · prinzipiell' *on principle* 10. aus-reichen *suffice* · die Erregung *agitation* 11. verschreckt *terrified* 14. was gibt es *what is the matter* · zu-stoßen† *happen* 15. beleidigen *offend* · die Erbitterung *embitterment* 16. sich überwinden† *overcome (one's hesitation* · erröten *blush* 18. erlösen *relieve* 19. **erschöpfen** *exhaust* 20. höhnen *mock* · der Faden *thread* 21. verrückt *crazy* · der Schuft *scoundrel* · können + an *be able to get at* 22. betrügen† *cheat*

Im Himmel und auf Erden

by Ingeborg Bachmann

Über die Stirne Amelies lief ein roter Schatten. Sie trat vom Spiegel zurück und schloß die Augen. Da war die Spur für einen Augenblick vergangen, die Justins Hand über ihr Gesicht gezogen hatte. Er hatte sie nur einmal geschlagen und sich dann hastig° zurückgezogen, um sich nicht zu früh zu verraten. In ihm war ein Sturm entfesselt, den tausend Schläge gegen Amelie nicht hätten beruhigen können.

„O Gott", murmelt er und wusch sich die Hände. Er benützte Gott prinzipiell nur, wenn er glaubte, daß nichts mehr ausreiche, um seine Erregung auszudrücken. Amelie war zu verschreckt, um näher zu treten; aber sie wußte, daß es ihm gut tat, gefragt zu werden, und so fragte sie vom anderen Ende des Zimmers her ein leises „Was . . . ?" Sie wagte jedoch nicht zu fragen: was gibt es, was ist dir zugestoßen, wer hat dich beleidigt? — denn sicher war sie der Grund seiner Erbitterung. Nach einer Weile überwand sie sich und errötet. „ Kann ich es gutmachen°?"

„Nein", schrie Justin erlöst, „ dieses verlorene Geld kannst du nicht mehr . . .", er brach erschöpft ab, dann nahm er höhnend den Faden wieder auf: „Gutmachen! Gutmachen! Du bist wohl verrückt. Diesen Schuften kann man doch nicht an!"

„Hat man dich betrogen?" flüsterte sie.

4. erleichtern *relieve*
5. glätten *smooth*

7. ein-bringen† *make up for*

9. stolpern *stumble* · die Seide *silk* · der Stich *stitch*
10. zwischendurch' *between times*

12. liefen dahin' *were directed*
13. beschwören† *plead, implore*
14. sich auf-richten *get up*
15. deutete ... dahin *interpreted ... to mean*
16. die Schläfrigkeit *sleepiness* · rieseln *trickle* · das Gelenk *joint*
18. starren *stare*

21. hin-schlagen† *fall down* · wehren *resist*
22. stammeln *stammer*

24. Schererei' *trouble*
25. steif *stiff* · besänftigen *soothe*

28. das Mißtrauen *distrust* · bestreiten† *deny*

33. tapfer *brave*
34. fest-stellen *prove, establish*
35. dringend *pressing*
36. der Vorwurf *reproach*
37. übertönen *drown out*

39. vernünftig *sensible*

„Nein", erwiderte er, „ich habe sie betrogen, wie sie es verdienen. Ich habe ihnen das Geld abgenommen°, das sie nicht
verdienen. Verstehst du das? Sie verdienen es nicht."

„Ja", antwortete sie und sah erleichtert, wie seine Stirn sich
glättete.

Bald darauf ging er. Amelie zog ihre Arbeit hervor und versuchte, die vielen Stunden einzubringen, die er sie gezwungen
hatte, Partnerin° seiner Selbstgespräche° zu sein. Ihre Finger
stolperten über die Seide, in die sie viele bunte Stiche zu setzen
hatte. Zwischendurch sah sie hastig° nach der Uhr, und in ihre
Wünsche, er möge früh nach Hause kommen, stieg ein anderer,
es möge spät werden: Alle Wünsche aber liefen dahin, das Beste
für Justin zu beschwören. Gegen Mitternacht° versuchte sie
sich aufzurichten; aber ihr Rücken war hart geworden, und sie
deutete dies dahin, daß sie in ihrer Arbeit fortfahren solle.
Eine seltsame Schläfrigkeit rieselte in ihre Gelenke, und als sie
Justins Schritte vernahm und sich erheben wollte, war sie dazu
unfähig. Sie starrte ihm entgegen.

„Warum gehst du nicht schlafen?" fragte er mit einem Lächeln, das sie alles vergessen ließ. Sie sprang in wilder Freude
auf und schlug hart hin. Sie wehrte seinen Händen, die ihr zu
Hilfe kamen. „Es ist nichts", stammelte sie.

Sein Gesicht stand dunkel vor ihr. „Du bist doch nicht
krank? Du wirst mir doch keine Scherereien machen!"

„Ich bin nur ganz steif vom langen Sitzen", besänftigte sie
ihn.

„Amelie", sagte er, und seine Stimme erhob sich vor er-
wachendem Mißtrauen, „willst du bestreiten, daß du nur sitzen
geblieben bist, weil du wissen wolltest, wann ich nach Hause
komme?"

Sie schwieg und griff nach dem Stück Seide, das ihr entfallen
war.

„Du hast wieder getrunken?" sagte sie tapfer.

„Hast du auf mich gewartet, um das festzustellen?" fragte er
dringender. „Ich habe mein letztes Geld verloren und du sitzt
hier und wartest, um mir Vorwürfe zu machen." Er wurde
immer lauter, um ihr Schweigen zu übertönen. „Amelie", sagte
er dann so zärtlich wie zu einem kleinen Kind, „wir wollen
vernünftig miteinander reden. Das geht nicht so weiter, daß

1. zur Last fallen† *be a burden to*
2. ein-sehen† *see, understand*
3. nicken *nod* · bewundern *admire*
5. der Jahrmarkt des Lebens *carnival existence* · sich ab-mühen *work oneself to the bone*
6. der Sessel *armchair*
7. ausgeraubt, ausgestohlen *robbed, stolen blind* · fest-stellen *(here) state, assert*
9. der Kasten *chest, wardrobe* · das Kuvert' *envelope*
10. die Wäsche *linens, clothes*
11. nähen *sew*
12. zu sich stecken *take and put away*

14. verlöschen *turn out* · Atem holen *take a breath*
15. erschüttern *shock*
16. sich räuspern *clear one's throat*
17. betonen *emphasize* · die Silbe *syllable*
18. die Entschlossenheit *determination*

21. kühl *cool*

23. inne-halten† *stop*

26. gehorchen *obey*

28. die Fabrik' *factory* · der Panzerschrank *strong-box*
29. das Kontor' *office* · die Mappe *briefcase*

31. verbessern *correct*

33. unlängst *recently*
34. zu bedenken geben† *remind*
35. zerstreut *absent-minded*
36. der Gefallen *favor*
37. nichts aus-machen *make no difference*
38. mahnen *admonish*

du zu Hause sitzt, mir zur Last fällst und mir Vorwürfe machst. Siehst du das ein?"

Sie nickte ihm zu und sah ihn bewundernd an.

„Ich glaube, ich habe mich jetzt lange genug auf diesem barbarischen° Jahrmarkt des Lebens abgemüht." Er warf sich in einen Sessel, zog die Taschen seines Rockes hervor und drehte sie um. „Ausgeraubt, ausgestohlen", stellte er fest und lachte, daß Amelies Blut stillstand. Dann bewegte sie sich stumm gegen den Kasten und suchte ein schmales Kuvert unter ihrer Wäsche hervor. Sie drückte es ihm rasch in die Hand. „Das ist alles. Ich habe genäht, wenn du nicht zu Hause warst."

Er steckte es zu sich. „Wie lange schon?" fragte er.

Sie gab keine Antwort und legte sich ins Bett. Nachdem sie das Licht verlöscht hatten, holte er tief Atem. „Es hat mich tief erschüttert, daß du schon so lange Zeit etwas vor mir geheimhältst°" — er räusperte sich — „tief erschüttert", wiederholte er und betonte jede Silbe. Sie drehte das Licht wieder auf und sah ihm mit wilder Entschlossenheit ins Gesicht. Sie stand auf und setzte sich wieder an ihre Arbeit.

„Es ist vollkommen sinnlos, daß du jetzt weiterarbeitest. Du darfst nicht hoffen, mich dadurch zu rühren", sagte er kühl, ohne sich ihr zuzuwenden. Sie nähte noch eine Weile, dann mußte sie innehalten, weil zu viele Tränen über ihr Gesicht liefen und sie nicht wußte, wie sie sie verbergen sollte.

„Komm zu mir", sagte er ruhig.

Sie gehorchte.

Er drückte ihr einen Schlüssel in die Hand. „Du wirst jetzt in meine alte Fabrik° gehen und aus dem Panzerschrank im Kontor meine schwarze Mappe holen, die ich vergessen hatte, als ich wegging."

„Die braune Mappe", verbesserte sie ihn.

„Eine schwarze Mappe", wiederholte er, „ich habe sie erst unlängst gekauft."

„Es wird jetzt niemand dort sein", gab sie zu bedenken.

„Ja, natürlich", erwiderte er zerstreut, „du tätest mir aber einen großen Gefallen, wenn du doch jetzt gingest. Es macht nichts aus, weil man davon weiß."

„Versuch zu schlafen", mahnte sie und lief dann leise aus dem Zimmer . . .

Im Himmel und auf Erden 257

2. die Bereitschaft *readiness (to help)* · versöhnen *reconcile*

4. das Zeug *material, things* · räumen *clear*

10. verschlafen *drowsy*
11. befremdet *surprised, annoyed* · mischen *mix*
12. der Beamte *official* · der Gleichmut *equanimity*
13. geradezu' *directly*

15. maßlos *immeasurable* · einfältig *simple, innocent*
16. auf-fordern *order*
17. nachsichtig *indulgent*
19. wechseln *change places* · der Abgrund *abyss*
20. mit einemmal *at one and the same time* · das Gefüge *structure*
21. die Beziehung *relationship* · verschlingen† *swallow up*

23. der Schacht *shaft* · das Viereck *rectangle*

Als sie zurückkehrte, sah sie verwundert, daß er noch wach lag. Sie entdeckte, daß ihre Bereitschaft ihn versöhnt hatte, und wagte mit hellen Augen und einer leisen Melodie° auf den Lippen, ihr Nähzeug wegzuräumen. Sie ging still zu Bett, flüsterte ihm „Gute Nacht!" zu und hörte glücklich die Erwiderung ihres Grußes.

Der Morgen war schön und sonnig. Es klingelte. Amelie stellte die Blumen ans Fenster und ging dann zur Türe. Freundlich beantwortete sie die Fragen der drei Polizisten° und bat sie, weiterzukommen. Justin kam verschlafen dazu, tat befremdet und mischte sich nicht in das Gespräch. Die Beamten erstaunte Amelies Gleichmut, und einer fragte nun geradezu, ob sie die Mappe aus dem Kontor gestohlen habe. „Nein", erwiderte sie, „ich habe sie heute nacht geholt."

Justin ärgerte sich maßlos über Amelies einfältige Augen. Der Beamte forderte sie auf, mitzukommen, aber sie wollte das nicht begreifen. Sie lächelte ihn nachsichtig an und wandte sich, noch immer lächelnd, Justin zu. Da stürzte die Einfalt° aus ihren Augen und wechselte mit einem Abgrund des Wissens, der mit einemmal ihn und sie und das Gefüge ihrer Beziehungen verschlang. Sie lief, ohne etwas fragen zu müssen oder erfahren zu wollen, ans Fenster und sprang in den dunklen Hof, der wie ein Schacht ein kleines Viereck gegen den Himmel freihielt° ...

„O Gott, o Gott", murmelte Justin, weil er Gott prinzipiell nur benützte, wenn er glaubte, daß nichts mehr ausreiche, um seine Erregung auszudrücken.

DIE GESTUNDETE ZEIT In the title poem of her first collection, Bachmann uses nature both as actor and stage to issue her warning: time, borrowed and subject to recall, is running out. Nature itself, subject to the passage of time — the coming of autumn? — presages the austere days ahead. In dramatic intensification the "marching orders" are repeated in stanza 3, thus creating a frame around the beloved.

Does the *dir* of stanza 2 open the way for a metaphoric or symbolic death? Is there a connection between "willig dem Abschied nach jeder Umarmung" and the "gestundete Zeit" itself? Can one justify the claim that the subject of this poem is a dying romance, a summer episode? Or is a broader interpretation in order?

    stunden   *delay (payment), postpone*
2. auf Widerruf *(continuing the financial or contractual metaphor) subject to (re)call*
3. sichtbar *visible*
4. schnüren *lace, tie*
5. der Marschhof *marshland farm*
6. die Eingeweide *(pl.) entrails*
8. ärmlich *poor, wretched*
9. spuren *track, peer*
13. wehen *blow*
14. ins Wort fallen† *interrupt*
16. sterblich *mortal*
17. willig *willing, ready* · der Abschied *parting*
23. löschen *extinguish*

Die gestundete Zeit

Es kommen härtere Tage.
Die auf Widerruf gestundete Zeit
wird sichtbar am Horizont°.
Bald mußt du den Schuh schnüren
und die Hunde zurückjagen in die Marschhöfe.   5
Denn die Eingeweide der Fische
sind kalt geworden im Wind.
Ärmlich brennt das Licht der Lupinen°.
Dein Blick spurt im Nebel:
die auf Widerruf gestundete Zeit   10
wird sichtbar am Horizont.

Drüben versinkt° dir die Geliebte im Sand,
er steigt um ihr wehendes Haar,
er fällt ihr ins Wort,
er befiehlt ihr zu schweigen,
er findet sie sterblich   15
und willig dem Abschied
nach jeder Umarmung°.

Sieh dich nicht um.
Schnür deinen Schuh.
Jag die Hunde zurück.   20
Wirf die Fische ins Meer.
Lösch die Lupinen!

Es kommen härtere Tage.

INGEBORG BACHMANN

JÜRGEN BECKER was born in Cologne in 1932 and is the author of three highly acclaimed experimental prose works — *Felder* (1964), *Ränder* (1968), and *Umgebungen* (1970). A prominent representative of Germany's avant garde, he has spoken out forcefully against maintaining the literary status quo. One of his suggestions is to dispense with stories and to present instead "text experiences." *Felder,* with its 101 language fields (*Sprachfelder*), and *Ränder,* comprising 11 *Textgruppen,* are a basic part of his response to traditional narrative categories. Becker's "fields" and "groups" often seem indistinguishable from prose poems, sharing with this elusive genre a tendency to reject formal boundaries and, using devices common to conventional poetry, to center chiefly on the experiences of a personal narrative voice — in Becker's case a multi-voiced "I." Later works, especially Becker's lyric poetry, reveal a move back towards realism and to more conventional forms.

Also a successful author of radio plays, Becker has been active in the Suhrkamp Theatre Publishers and for Radio Germany. Among his numerous awards are the Gruppe 47 Prize (1967) and the Critics' Award (Kritikerpreis, 1980).

Here, Becker's version of the good(?) old days is marked by a sharp eye for the old timer's faulty memory and for the humorous but also aggressive side of present-day grousing. Clichés are accumulated to the point of absurdity, but the result is ambiguous. The appeal of a simpler past, of the village mentality (which makes all towns look larger) is undeniable. What, then, keeps this narrow (-minded) view of the past from being taken at face value? What else makes the writer so indignant? Is there a political message?

---

3. die Gerechtigkeit *justice* 4. fühlen *(here) "learn the hard way"* 6. "Die Wacht am Rhein" *(old patriotic song)* 7. "Gott mit uns" *(watchword of German troops, WW I)* 8. Hans Muff *(St. Nicholas' helper; Nicholas leaves gifts in children's shoes on Dec. 6)* · kam an den Marterpfahl *went to the stake* 11. wurde gewandert *people went hiking* 12. das Wirtshaus *tavern* · der Klingelpütz *(colloq. for Cologne prison)* 13. die Anlagen *(pl.) investments, property* 14. sowas = so etwas *such a thing* 16. der Gleichgesinnte *person of similar opinions* 18. bleiben, wo der Pfeffer wächst *(colloq.) get lost* 19. der Mohr *black(amoor)* 20. passieren *happen*

Früher ...

by Jürgen Becker

Früher war das alles ganz anders. Die Städte alle waren viel
größer und die Dörfer waren noch Dörfer. Früher gab es
noch Gerechtigkeit, und wer nicht hören wollte, mußte eben
fühlen. Da waren unsere Lehrer noch die Lehrer unserer Eltern. Sonntags° zogen wir noch Sonntagsanzüge an. Die Kirche   5
stand noch im Dorf. Die Wacht stand noch am Rhein. Früher
wußten wir, daß Gott mit uns ist. Früher kam auch noch Hans
Muff. Wen wir fingen, der kam an den Marterpfahl. Die Sommer waren richtige Sommer. Die Ferien sahen immer endlos°
aus. Die Milch° war noch gesund. Früher wußten wir, woran   10
wir uns zu halten hatten. Da wurde noch gewandert. Wer im
Wirtshaus saß, der saß auch bald im Klingelpütz. Früher ging
man noch zu Fuß. Da schützte man seine Anlagen. Da gabs sowas nicht. Da gab es noch Feinde, bei denen man das Weiße
im Auge erblicken konnte. Wohin man auch ging, man traf   15
immer auf Gleichgesinnte. Wer es nicht besser wußte, der
hielt auch den Mund, und wem es absolut° nicht passen wollte,
der konnte ja bleiben, wo der Pfeffer wächst. Früher gab es
noch Mohren, Indianer° und Chinesen°. Früher ging das alles
viel einfacher. Da wäre doch sowas nie passiert. Da gab es das   20
doch alles nicht. Früher hörte man noch zu, wenn man von
früher erzählte.

PRODUKTION Here the notorious writer's block has been transferred to a tape recorder and to the irrational but utterly typical fear of starting. As in the preceding selection, Becker draws in the reader by reminding him of the truth behind the absurdity: the prospect of reproducing ourselves, on tape or film, often causes all but the most hardened performer to balk.

Why is the *rote Lampe* appropriate to this amusing, commonplace situation?

1. die Taste   *button*
2. ab-winken   *signal one's refusal*
4. fließend   *fluent*
5. das Band   *tape*

13. die Lampe   *(here) light, bulb*

SAMSTAGMORGEN, KURZ VOR DEM FRÜHSTÜCK   Since everyone is familiar with the ever-present possibility of being killed with kindness, the tomcat's action needs no special commentary.

1. rascheln   *rustle*
2. an-sagen   *announce, predict* · der Kater   *tomcat*
4. der Zahn   *tooth*

Produktion°

by Jürgen Becker

Du hast etwas zu sagen, warte, wir drücken auf die Taste. Ich
überlegte eine Weile, dann winkte ich ab: nein, wenn ihr auf
die Taste drückt, werde ich nichts sagen. Und warum nicht;
du bist es doch gewohnt, fließend deine Sachen zu sagen, wenn
das Band läuft. Das war schon richtig, aber ich winkte noch   5
einmal ab: hat keinen Sinn, ich sage ganz was anderes, wenn
das Band läuft. Unsinn, du sagst, was du zu sagen hast. Sobald
ihr auf die Taste drückt, habe ich nichts mehr zu sagen. Du
hast immer was zu sagen. Ich schüttelte den Kopf und schwieg.
Was ist los mit dir; etwas nicht in Ordnung? Alles in Ordnung,   10
bloß, es ist immer dasselbe. Was ist immer dasselbe? Was ich
sage. Was du zu sagen hast, ist niemals dasselbe. Ich wollte
aufstehen und fortgehen, aber eine rote Lampe leuchtete vor
meinen Augen auf. Nun komm, fang an, Band läuft. Ich sank
zurück und seufzte und hörte meine Stimme fließend Sachen   15
sagen.

Samstagmorgen, kurz vor dem Frühstück

> Raschelnd kam die Dunkelheit,
> Schnee war angesagt, der Kater
> rettete noch einen Vogel, trug ihn
> zwischen den Zähnen ins Haus.

JÜRGEN BECKER

WOLF BIERMANN, born in Hamburg in 1936, was the son of a
Jewish communist who, during World War II, was sent to the
concentration camp at Auschwitz and was subsequently killed.
After the war Biermann joined the "Young Pioneers," the youth
movement within the Communist party and in 1953 emigrated to
East Germany. He worked for a time for the Berliner Ensemble
(founded by Brecht) and in 1960 began composing poems and songs.
In three short years, the young "Liedermacher," as he was derisively
called, so antagonized the government that he was drummed out
of the Party. This expulsion was followed by a ban on public
appearances, the withdrawal of his passport, and a refusal to publish
his writings. The long quarrel with East German bureaucracy cul-
minated in Biermann's loss of citizenship in 1976. Since then he
has lived in his native city of Hamburg.

"Ballade vom Mann" is typical of the Brechtian tradition of the
street song: colloquial, mordant, rough, satiric to the point of being
sardonic. With Biermann there is no question of hiding behind
ambiguities. If they are there, they are real. How then are we to
judge the Party which behaves like the man of the ballad and yet
doesn't suffer such permanent loss?

---

4. der Scheißhaufen *manure pile*
5. sich ekeln *be disgusted*
13. das Beil *hatchet*
18. sauber *clean, good*

21. die Wut kriegen *become furious*
22. der Entschluß (entschließen)

Ballade vom Mann *

Es war einmal ein Mann
der trat mit seinem Fuß
mit seinem nackten Fuß
in einen Scheißhaufen.

Er ekelte sich sehr   5
vor seinem einen Fuß
er wollt mit diesem Fuß
kein Stück mehr weiter gehn.

Und Wasser war nicht da
zu waschen seinen Fuß   10
für seinen einen Fuß
war auch kein Wasser da.

Da nahm der Mann sein Beil
und hackte° ab den Fuß
den Fuß hackte er ab   15
in Eil mit seinem Beil.

Die Eile war zu groß
er hat den saubern Fuß
er hat den falschen Fuß
in Eile abgehackt.   20

Da kriegte er die Wut
und faßte den Entschluß
auch noch den andern Fuß
zu hacken mit dem Beil.

* der sich eigenhändig° beide Füße abhackte

Poems by Wolf Biermann   267

3. die Kreide *chalk*
4. der Steiß *rump, rear*

5. Partei′ = kommunistische Partei

10. obig *above, aforementioned*

Die Füße lagen da
die Füße wurden kalt
davor saß kreideweiß
der Mann auf seinem Steiß.

    Es hackte die Partei   5
    sich ab so manchen Fuß
    so manchen guten Fuß
    abhackte die Partei.

    Jedoch im Unterschied
    zu jenem obigen Mann   10
    wächst der Partei manchmal
    der Fuß auch wieder an.

SPIELZEUG Grandmother, train, toy cat — the things that make a child's world are gauged according to a pleasure principle that hardly changes except in its consequences. What *does* change, according to Biermann? Is the argument being made here that we learn the wrong things? Where does the motive for scratching originate?

      das Spielzeug   *toy*
3.   die Oma   *grandma*
4.   Spaß machen   *be fun*
5.   die Puppe   *doll*
7.   die Suppe   *soup*
11.   um-schmeißen†   *knock over* · der Bär   *bear*

13.   die Muschikatze   *toy kitty*

15.   kratzen   *scratch*

17.   der Panzer   *tank*

26.   kaputt'-machen   *ruin, destroy*

Spielzeug

Mit der Eisenbahn
lernen wir
zur Oma fahrn.
Das macht Spaß
Mit der Puppe   5
essen wir
gerne unsere Suppe
Das macht Spaß
Mit dem Ball
schmeißen wir   10
Peters Bären um
der ist dumm°
Mit den Muschikatzen
lernt der Paul
die Anne kratzen   15
Das macht Spaß
Mit dem Panzer lernen wir:
Wie man
Eisenbahn,
Puppe, Suppe,   20
Ball und Bär,
Muschikatzen
und noch mehr
Anne, Pappa,
Haus und Maus   25
einfach kaputt macht.

BRIGITTE represents the more lyrical tendency of Wolf Biermann's work. What elements carry over from such political poems as the "Ballade"? What elements are new? How does the form of the last four lines support the change in mood? The poem is highly structured; try to characterize it from this point of view and establish the relation of structure to meaning. Take into account the repetitional patterns in word and sound.

5. das Kino   *movie*
7. die Kneipe   *bar*
10. Spezi (*short for* Spezial', *here:* Spezialbräu)   *"special"*

14. der Ausgang   *exit*

16. öfters = oft

18. stieren   *stare*
20. waren so frei   *did as they pleased, did their business, didn't mind if they did*

25. besoffen   *drunk*

Brigitte

Ich ging zu dir
dein Bett war leer.
Ich wollte lesen
und dachte an nichts.
Ich wollte ins Kino   5
und kannte den Film°.
Ich ging in die Kneipe
und war allein.
Ich hatte Hunger
und trank zwei Spezi.   10
Ich wollte allein sein
und war zwischen Menschen.
Ich wollte atmen
und sah nicht den Ausgang.
Ich sah eine Frau   15
die ist öfters hier.
Ich sah einen Mann
der stierte ins Bier.
Ich sah zwei Hunde
die waren so frei.   20
Ich sah auch die Menschen
die lachten dabei.
Ich sah einen Mann
der fiel in den Schnee
er war besoffen   25
es tat ihm nicht weh.
Ich rannte vor Kälte°
über das Eis°
der Straßen zu dir
die all das nicht weiß.   30

TWO EARLIER WRITERS, Brecht and Kafka, demand inclusion in this book. They, like few others, helped to shape modern German literature; and their differing legacies, in content, style, and attitude toward reality, are evident in the work of later writers, including many represented here.

LIED EINER DEUTSCHEN MUTTER Written in 1942, this poem is typical of much of Brecht's balladry and in fact of the type altogether. A story is told in simple, antimetaphorical language but with enough rhetorical force to convey a strong sense of the dramatic: torturer, ashes, bloody stones, and winding sheet are part of the balladeer's stock-in-trade and lend an unmistakable sensationalism to the message, which is both tragic and larger than life.

Here a lament becomes in effect self-accusation: one mother's original blindness to the truth about Nazism suggests the blindness of all mothers and, beyond that, of the German nation itself. Does the theme (almost a ballad refrain) "If I had known" suggest an exculpatory aspect, that is, a mitigating circumstance? Is there any indication in the poem that Brecht is taking sides?

(See p. 38 for information on Bertolt Brecht.)

1. der **Stiefel** *boot*
2. das **Hemd** *shirt*
8. verdorren *wither*
10. das **Heldengeschlecht** *race of heroes*
11. ahnen *suspect*
12. der **Folterknecht** *torturer*
15. aus-ziehen† *march off*
18. wird . . . sein *you won't recognize . . .*
22. gegen . . . stemmen *oppose*

Lied einer deutschen Mutter

Mein Sohn, ich hab dir die Stiefel
Und dies braune Hemd geschenkt:
Hätt ich gewußt, was ich heute weiß
Hätt ich lieber mich aufgehängt.°

Mein Sohn, als ich deine Hand sah   5
Erhoben zum Hitlergruß
Wußte ich nicht, daß dem, der ihn grüßet
Die Hand verdorren muß.

Mein Sohn, ich hörte dich reden
Von einem Heldengeschlecht.   10
Wußte nicht, ahnte nicht, sah nicht:
Du warst ihr Folterknecht.

Mein Sohn, und ich sah dich marschieren°
Hinter dem Hitler her
Und wußte nicht, daß, wer mit ihm auszieht   15
Zurück kehrt er nimmermehr.

Mein Sohn, du sagtest mir, Deutschland
Wird nicht mehr zu kennen sein.
Wußte nicht, es würd werden
Zu Asche° und blutigem° Stein.   20

Sah das braune Hemd dich tragen
Habe mich nicht dagegen gestemmt.
Denn ich wußte nicht, was ich heut weiß:
Es war dein Totenhemd.°

BERTOLT BRECHT

ERINNERUNG AN DIE MARIE A.   Brecht's reputation as a playwright of urgent social and political concerns tends to obscure his (admittedly less frequent) excursions into the domains of nature and love. This early (1920) poem combines these latter themes with remarkable effect. The brief encounter described here is, or would be, forgettable but for the cloud, whose ephemeral nature outlasts the girl's face, love, "even" the kiss. How does one explain the apparent paradox of the brief-blossoming cloud engraving itself in memory, while the seemingly more substantial things (plum trees, girl, love) fade into insignificance? Can the difference between "Die Pflaumenbäume sind wohl abgehauen" (strophe 2) and "Die Pflaumenbäume blühn vielleicht noch immer" (strophe 3) be reconciled? Is there another, perhaps less obvious aspect of nature that may help to resolve this paradox?

1. der Mond = Monat
2. die Pflaume *plum*
4. hold *lovely*
7. ungeheuer oben *enormously high*
8. nimmer = nicht mehr
10. schwimmen† *(here) float*
11. ab-hauen† *cut down*
16. dereinst′ *once*

24. schwinden† *disappear*

Erinnerung an die Marie A.

1

An jenem Tag im blauen Mond September
Still unter einem jungen Pflaumenbaum
Da hielt ich sie, die stille bleiche Liebe
In meinem Arm wie einen holden Traum.
Und über uns im schönen Sommerhimmel   5
War eine Wolke, die ich lange sah
Sie war sehr weiß und ungeheuer oben
Und als ich aufsah, war sie nimmer da.

2

Seit jenem Tag sind viele, viele Monde
Geschwommen still hinunter und vorbei   10
Die Pflaumenbäume sind wohl abgehauen
Und fragst du mich, was mit der Liebe sei?
So sag ich dir: Ich kann mich nicht erinnern.
Und doch, gewiß, ich weiß schon, was du meinst
Doch ihr Gesicht, das weiß ich wirklich nimmer   15
Ich weiß nur mehr: Ich küßte es dereinst.

3

Und auch den Kuß, ich hätt' ihn längst vergessen
Wenn nicht die Wolke da gewesen wär
Die weiß ich noch und werd ich immer wissen
Sie war sehr weiß und kam von oben her.   20
Die Pflaumenbäume blühn vielleicht noch immer
Und jene Frau hat jetzt vielleicht das siebte Kind
Doch jene Wolke blühte nur Minuten
Und als ich aufsah, schwand sie schon im Wind.

BERTOLT BRECHT

1940 The aphoristic "replies" of the father — quite the reverse of the expected, positive parental wisdom — are given topicality and urgency by the title. The real impact lies in the difference between "möchte ich sagen" and "sage ich." But does this suffice to explain the deep pessimism of the poem?

2. wozu' *why, to what purpose*
5. Französisch *French*
6. das Reich *state, realm* · unter-gehen† *perish*
7. reiben† *rub* · der Bauch *stomach, belly* · stöhnen *groan, moan*
12. übrig bleiben† *be left over, survive*

EIN BLATT, BAUMLOS... In seven lines Celan is able to convey a remarkably ample view of the poet and his age. The *baumlos* is surprising at first, for the meaning of *Blatt* seems clear. But the unexpected adjective produces an association that leads into and strengthens the meaning and importance of Celan's question. Is there a correlation between *Blatt — baumlos* and *Gespräch — Gesagtes*? Is the *Verbrechen* of a political nature or something more general?

(See p. 388 for information on Paul Celan.)

5. das Verbrechen *crime*
7. mit ein-schließen† *include; imply*

1940

Mein junger Sohn fragt mich: Soll ich Mathematik° lernen?
Wozu, möchte ich sagen. Daß zwei Stück Brot mehr ist als
  eines
das wirst du auch so merken.
Mein junger Sohn fragt mich: Soll ich Französisch lernen?   5
Wozu, möchte ich sagen. Dieses Reich geht unter. Und
reibe du nur mit der Hand den Bauch und stöhne
und man wird dich schon verstehn.
Mein junger Sohn fragt mich: Soll ich Geschichte lernen?
Wozu, möchte ich sagen. Lerne du deinen Kopf in die Erde 10
  stecken

da wirst du vielleicht übrig bleiben.

Ja, lerne Mathematik, sage ich
lerne Französisch, lerne Geschichte!

BERTOLT BRECHT

EIN BLATT, baumlos°,
für Bertolt Brecht:

Was sind das für Zeiten,
wo ein Gespräch
beinah ein Verbrechen ist,   5
weil es soviel Gesagtes
mit einschließt?

PAUL CELAN

HERR BRECHT Biermann's brief anecdote about an encounter between Brecht's ghost and the archivists might be seen as a counterpoise to worshipful acceptance of Brecht as prophet. Are Biermann and Wolf (in the following prose selection) telling us the same thing about Brecht?

(See p. 266 for information on Wolf Biermann.)

3. der Hugenotten-Friedhof *Huguenot Cemetery (in Berlin)*
4. die Friedrichstraße *(street in Berlin)*

15. der Ramsch *junk*

17. unverschämt–bescheiden *impudent–modest*

Herr Brecht

Drei Jahre nach seinem Tode
ging Herr Brecht
Vom Hugenotten-Friedhof
die Friedrichstraße entlang,
zu seinem Theater.   5

Auf dem Wege traf er
einen dicken Mann
zwei dicke Fraun
einen Jungen.
Was, dachte er,   10
das sind doch die Fleißigen
vom Brechtarchiv°.
Was, dachte er,
seid ihr immer noch nicht fertig
mit dem Ramsch?   15

Und er lächelte
unverschämt–bescheiden und
war zufrieden.

WOLF BIERMANN

BRECHT UND ANDERE   One of the most unusual and original thumbnail sketches of Bertolt Brecht is surely Christa Wolf's account of watching the playwright as he in turn watches a performance, not of his own work but of his version of another's. The "Respekt-losigkeit" betrayed by the communist towards the bourgeois Storm and Stress play is of course related to Brecht's famous "alienation effect" (*Verfremdungseffekt*). Significantly, however, the center of attention is neither Lenz' play nor Brecht's version — nor even the poet's presence in the theater — but precisely Brecht in the role of informed public and in curious reversal, *his* "eavesdropped" performance before an uncomprehending audience, "was er wohl vorausgesehen hat."

(See p. 426 for information on Christa Wolf.)

1.   die Aufführung *production* · erleben *experience*
2.   die Bearbeitung *adaptation* · Lenz (*German playwright of "Storm and Stress" period, 18th century*)
3.   das Gastspiel *guest performance*
4.   aus-rüsten *equip, arm*   5.   bürgerlich *middle class*
6.   der Sturm und Drang *Storm and Stress*
7.   teilen *divide*   8.   die Bühne *stage*   9.   der Rang *row*
10.   die Einzelheit *detail* · verzweifelt *desperate*
11.   der Schlittschuhlauf *ice-skating* · entmannen *emasculate* · der Hofmeister *tutor*
12.   übermütig *high-spirited* · das Füßeschnicken *quick moving of the feet, shuffle, tapdance, jig*
15.   der Vorgang *occurrence, event* · das Rampenlicht *footlight* · provozieren *provoke* · steigern *increase*   16.   wecken *waken*
18.   sich trauen *dare*   19.   das Trauerspiel *tragedy*
21.   zu (*here*) *on the subject of* · die Schrift *writing*
23.   bald . . . bald *sometimes . . . sometimes*
24.   ernten *harvest, garner* · das Mitgefühl *sympathy* · unterdrücken *oppress*   25.   die Verachtung *contempt*
27.   um . . . ging *which was what he was concerned with* · die Widersprüchlichkeit *contradiction, inconsistency* · bestehen† (*here*) *rest*   31.   das Verständnis *understanding* · Schein- (*as prefix*) *illusion of, sham, false*

from Brecht und andere

by Christa Wolf

Eine der ersten Brecht-Aufführungen, die ich erlebte, war die
Bearbeitung des Lenzschen „Hofmeisters", 1950. Von Jena,
wo wir studierten, waren wir zu dem Gastspiel nach Weimar
hinübergefahren, ausgerüstet mit dem Wissen des germanisti-
schen Seminars über den bürgerlichen deutschen Sturm und   5
Drang und über den kommunistischen Stückeschreiber Brecht.
An diesem Abend teilte ich meine Aufmerksamkeit zwischen
der Bühne und Brecht, der wenige Meter von uns entfernt
auf einem Eckplatz des ersten Rangs saß. Heute noch sehe ich
Einzelheiten dieser Aufführung vor mir: den verzweifelten   10
Schlittschuhlauf des noch nicht entmannten Hofmeisters,
Gustchens übermütiges Füßeschnicken nach ihrer Rettung;
aber ich sehe auch heute noch Brecht, wie er sich vor Lachen
schüttelt. Sein Vergnügen an den oft gar nicht vergnüglichen
Vorgängen im Rampenlicht provozierte und steigerte mein   15
Vergnügen — weckte aber auch eine leichte Verwunderung.
Nicht überall, wo Brecht lachen mußte, hätte ich mich zu
lachen getraut. Seine Respektlosigkeit gegenüber dem „bürgerlichen Trauerspiel" machte uns die Köpfe heiß — an jenem
Abend im Theater und später im Seminar. Heute lesen wir   20
zum „Hofmeister" in Brechts Theaterschriften: „ . . . Auf diese
Weise sind die Personen auch nicht entweder ernst oder komisch, sondern bald ernst, bald komisch. Der Hofmeister selbst
erntet unser Mitgefühl, da er so sehr unterdrückt wird, und
unsere Verachtung, da er sich so sehr unterdrücken läßt." Da   25
Da Brecht überzeugt war, daß die Veränderbarkeit der Welt,
um die es ihm ging, „auf ihrer Widersprüchlichkeit besteht",
unternahm er es, zu zeigen, was in den Menschen „sie so
macht, wie sie sind" — aber auch, „was sie anders macht" —
und stieß, was er wohl vorausgesehen hat, auf unser Unver-   30
ständnis oder Scheinverständnis. . . .

FRANZ KAFKA One of the most widely read and discussed authors of this century, Franz Kafka was born in Prague in 1883, the only son of a prosperous Jewish merchant. His early education was in German-language schools, and in 1901 he entered the German University in Prague. He received his degree in jurisprudence in 1906. Two years later he became an official in the workman's compensation division of the Bohemian government. In 1917 it was discovered that he had tuberculosis, and in 1924 Kafka died in a sanitorium near Vienna. He was forty-one. During his lifetime Kafka published little. The three great novels — *Amerika, The Trial, The Castle* — appeared posthumously, despite Kafka's request that everything he had written be destroyed.

Both professionally and personally, Kafka's life was uneventful. His real life, it has been said, was his life as literature, that is, his stories and novels as acts of writing and as the intense expression of estrangement and despair at the nightmarish aspects of modern life. Since most of Kafka's stories end without (re)solution, his readers are forced to become critics, to search for the author's key to the works and, failing to find it, to accept the challenge of interpretation.

Vor dem Gesetz presents a contradiction between straightforward narrative in utterly clear prose and the final impenetrability (in a dual sense) of the Law. The highest ambition of the "man from the country" is to enter into the Law. But he proves to be timid: rather than seeking entrance on his own, he waits for permission. Kafka also called *Vor dem Gesetz* the "Parable of the Doorkeeper," and it has been argued that the doorkeeper is the key to the work. But could one not insist that the enigmatic doorkeeper and the equally mysterious Law possess little meaning without the unhappy figure of the man, whose initiative consists in timid requests to enter? Does the man's eventual awareness of the fleas offer some hint of his real problem? What is the source of the doorkeeper's power? Might one also argue that the man has found a father-image — who never says "never" but simply "not now"?

---

1. hüten *guard*   2. der Eintritt *entry*   4. gewähren *grant*   7. sich bücken *bend down*   9. locken *entice* 12. der Saal *room, hall*   13. der Anblick *sight* 16. zugänglich *accessible*   17. der Pelz *fur* · die Spitznase *pointed nose*   18. tata'risch *Tartar*   20. der Schemel *stool*

Vor dem Gesetz

by Franz Kafka

Vor dem Gesetz steht ein Türhüter. Zu diesem Türhüter kommt ein Mann vom Lande und bittet um Eintritt in das Gesetz. Aber der Türhüter sagt, daß er ihm jetzt den Eintritt nicht gewähren könne. Der Mann überlegt und fragt dann, ob er also später werde eintreten dürfen. „Es ist möglich", sagt 5 der Türhüter, „jetzt aber nicht." Da das Tor zum Gesetz offensteht wie immer und der Türhüter beiseitetritt°, bückt sich der Mann, um durch das Tor in das Innere° zu sehn. Als der Türhüter das merkt, lacht er und sagt: „Wenn es dich so lockt, versuche es doch, trotz meines Verbotes° hineinzugehn. Merke 10 aber: Ich bin mächtig. Und ich bin nur der unterste Türhüter. Von Saal zu Saal stehn aber Türhüter, einer mächtiger als der andere. Schon den Anblick des dritten kann nicht einmal ich mehr ertragen°." Solche Schwierigkeiten hat der Mann vom Lande nicht erwartet; das Gesetz soll doch jedem und immer 15 zugänglich sein, denkt er, aber als er jetzt den Türhüter in seinem Pelzmantel genauer ansieht, seine große Spitznase, den langen, dünnen, schwarzen tatarischen Bart°, entschließt er sich, doch lieber zu warten, bis er die Erlaubnis° zum Eintritt bekommt. Der Türhüter gibt ihm einen Schemel und läßt ihn 20 seitwärts von der Tür sich niedersetzen. Dort sitzt er Tage und Jahre. Er macht viele Versuche, eingelassen zu werden, und

2. öfters *frequently* · das Verhör *hearing, interrogation* · an-stellen *conduct*
3. aus-fragen *interrogate*
4. teilnahmslos *indifferent* · zum Schluß *in conclusion*

7. aus-rüsten *equip* · verwenden† *use (up)*
8. bestechen† *bribe*

10. versäumen *overlook, neglect* · beobachten *observe*

13. verfluchen *curse*
14. rücksichtslos *reckless, without consideration*
15. brummen *grumble* · vor sich hin *to oneself*

17. der Floh *flea* · der Kragen *collar*

19. um-stimmen *change someone's mind* · das Augenlicht *eyesight*
21. täuschen *deceive*
22. unverlöschlich *inextinguishable*

26. zu-winken *beckon to*
27. erstarren *stiffen* · auf-richten *lift up*
28. neigen *bend*
29. zuun'gunsten *in ... disfavor*

31. unersättlich *insatiable*

34. vergehen† *fade*
35. brüllen *roar*

37. bestimmen *destine*

ermüdet° den Türhüter durch seine Bitten. Der Türhüter stellt öfters kleine Verhöre mit ihm an, fragt ihn über seine Heimat aus und nach vielem andern, es sind aber teilnahmslose Fragen, wie sie große Herren stellen, und zum Schlusse sagt er ihm immer wieder, daß er ihn noch nicht einlassen 5 könne. Der Mann, der sich für seine Reise mit vielem ausgerüstet hat, verwendet alles, und sei es noch so wertvoll°, um den Türhüter zu bestechen. Dieser nimmt zwar alles an, aber sagt dabei: „Ich nehme es nur an, damit du nicht glaubst, etwas versäumt zu haben." Während der vielen Jahre beobachtet der 10 Mann den Türhüter fast ununterbrochen°. Er vergißt die andern Türhüter, und dieser erste scheint ihm das einzige Hindernis° für den Eintritt in das Gesetz. Er verflucht den unglücklichen Zufall, in den ersten Jahren rücksichtslos und laut, später, als er alt wird, brummt er nur noch vor sich hin. 15 Er wird kindisch°, und, da er in dem jahrelangen Studium° des Türhüters auch die Flöhe in seinem Pelzkragen erkannt hat, bittet er auch die Flöhe, ihm zu helfen und den Türhüter umzustimmen. Schließlich wird sein Augenlicht schwach, und er weiß nicht, ob es um ihn wirklich dunkler wird, oder ob ihn 20 nur seine Augen täuschen. Wohl aber erkennt er jetzt im Dunkel einen Glanz, der unverlöschlich aus der Türe des Gesetzes bricht. Nun lebt er nicht mehr lange. Vor seinem Tode sammeln sich in seinem Kopfe alle Erfahrungen der ganzen Zeit zu einer Frage, die er bisher an den Türhüter 25 noch nicht gestellt hat. Er winkt ihm zu, da er seinen erstarrenden Körper nicht mehr aufrichten kann. Der Türhüter muß sich tief zu ihm hinunterneigen, denn der Größenunterschied° hat sich sehr zuungunsten des Mannes verändert. „Was willst du denn jetzt noch wissen?" fragt der Türhüter, „du bist unersättlich." „Alle streben doch nach dem Gesetz", sagt der Mann, 30 „wieso kommt es, daß in den vielen Jahren niemand außer mir Einlaß° verlangt hat?" Der Türhüter erkennt, daß der Mann schon an seinem Ende ist, und, um sein vergehendes Gehör° noch zu erreichen, brüllt er ihn an: „Hier konnte niemand sonst Einlaß erhalten, denn dieser Eingang° war nur 35 für dich bestimmt. Ich gehe jetzt und schließe ihn."

EINE ALLTÄGLICHE VERWIRRUNG Note that the first sentence of this brief fantasy repeats the title and puts it into an equation: everyday confusion is, or results from, an everyday occurrence, so general that names and places are reduced to ciphers. (One meaning of cipher is a nonentity, a person or thing without value!) We face an "impossible" disparity of elapsed times. Is this supposed to be "real"? We observe A acting against advice to wait; and, when the meeting finally seems about to take place, having his accident. What conclusions can one reach about the role of time and reality in this account of A's misfortunes? Has A been victimized? If so, by whom or what? Can the conclusion — A whimpers in the darkness as B leaves in a rage — be reconciled with the story's title?

---

   alltäglich *everyday*
1. der Vorfall *occurrence* · das Ertragen *(here) result*

3. ab-schließen† *conclude* · die Vorbesprechung *preliminary consultation*
4. zurück´-legen *cover* · sich rühmen *boast*
6. endgültig *final*
7. voraussichtlich *in all probability* · erfordern *require*
8. obwohl´ = obgleich
9. der Nebenumstand *secondary circumstance* · völlig *complete*

12. das Ausbleiben *absence*

16. sich auf-machen *start out*
17. achten *pay attention*
18. gera´dezu *remarkably enough*

Eine alltägliche Verwirrung

by Franz Kafka

Ein alltäglicher Vorfall: sein Ertragen eine alltägliche Verwirrung. A hat mit B aus H ein wichtiges Geschäft abzuschließen. Er geht zur Vorbesprechung nach H, legt den Hin- und Herweg° in je zehn Minuten zurück und rühmt sich zu Hause dieser besonderen Schnelligkeit. Am nächsten Tag geht   5
er wieder nach H, diesmal zum endgültigen Geschäftsabschluß°. Da dieser voraussichtlich mehrere Stunden erfordern wird, geht A sehr früh morgens° fort. Obwohl aber alle Nebenumstände, wenigstens nach A's Meinung, völlig die gleichen sind wie am Vortag°, braucht er diesmal zum Weg nach 10
H zehn Stunden. Als er dort ermüdet° abends° ankommt, sagt man ihm, daß B, ärgerlich wegen A's Ausbleiben, vor einer halben Stude zu A in sein Dorf gegangen sei und sie sich eigentlich unterwegs° hätten treffen müssen. Man rät A zu warten. A aber, in Angst wegen des Geschäftes, macht sich sofort 15
auf und eilt nach Hause.

Diesmal legt er den Weg, ohne besonders darauf zu achten, geradezu in einem Augenblick zurück. Zu Hause erfährt er, B sei doch schon gleich früh gekommen — gleich nach dem Weggang° A's; ja, er habe A im Haustor getroffen, ihn an das 20
Geschäft erinnert, aber A habe gesagt, er hätte jetzt keine Zeit, er müsse jetzt eilig° fort.

1. das Verhalten *behavior*

6. stolpern *stumble*
7. die Sehnenzerrung *wrenched tendon* · ohnmächtig *fainting*
8. winseln *whimper*
9. knapp *close*
10. wütend *furious* · endgiltig = endgültig

KAFKA AND BRECHT are the only "earlier" writers to appear
in this reader. Their inclusion acknowledges their monumental
influence upon modern writing. Significantly, they held radically
different views of life and literature. What is reality and where is
it located? Is it within us or outside us? Is the world we see in fact
real; is our perception of it reliable? What can language and
literature do? Can they penetrate to any permanent meanings?
Can they analyze and influence life, or just reflect it? Can we
change either ourselves or the world around us? Compare Kafka
and Brecht in these terms. Try also to identify their differing
legacies in other authors represented in this text.

KLEINE FABEL Only in modern literature is one likely to meet
a neurotic mouse. Afraid of open space, it runs into ever diminishing
areas and heads for its trap in the corner — not just a trap, it is
"die Falle, in die *ich* laufe." Is there an analogy between the trap
and the "right" door of *Vor dem Gesetz*? Between the cat and the
doorkeeper?

6. der Winkel *corner* · die Falle *trap*

Trotz diesem unverständlichen° Verhalten A's sei aber B
doch hier geblieben, um auf A zu warten. Er habe zwar schon
oft gefragt, ob A nicht schon wieder zurück sei, befinde sich
aber noch oben in A's Zimmer. Glücklich darüber, B jetzt
noch zu sprechen und ihm alles erklären zu können, läuft A   5
die Treppe hinauf. Schon ist er fast oben, da stolpert er, er-
leidet° eine Sehnenzerrung und fast ohnmächtig vor Schmerz,
unfähig sogar zu schreien, nur winselnd im Dunkel hört er,
wie B — undeutlich ob in großer Ferne oder knapp neben
ihm — wütend die Treppe hinunterstampft° und endgiltig   10
verschwindet.

Kleine Fabel

by Franz Kafka

„Ach", sagte die Maus, „die Welt wird enger mit jedem Tag.
Zuerst war sie so breit, daß ich Angst hatte, ich lief weiter und
war glücklich, daß ich endlich rechts und links in der Ferne
Mauern sah, aber diese langen Mauern eilen so schnell auf-
einander zu, daß ich schon im letzten Zimmer bin, und dort   5
im Winkel steht die Falle, in die ich laufe." — „Du mußt nur
die Laufrichtung° ändern", sagte die Katze und fraß sie.

LUTZ RATHENOW was born in Jena in 1952 and, after service in the East German army, attended the university there. He was for a time a transport worker, then served as apprentice in an East Berlin theatre. Rathenow's stories have appeared in magazines and anthologies, and his "recollections," *Mit dem Schlimmsten wurde schon gerechnet,* were published in 1980. He lives and writes in Jena.

Rathenow's work is marked by a grotesque, macabre kind of humor, which may soften but scarcely conceal the serious political message. The cat-torturer's exercise in perseverance raises in acute form the question as to the final effects of punishment on the punisher. What does the feeling of satisfaction in the face of a forgotten delinquency tell us?

The ruler of *Der Herrscher* belongs to the same twisted world as the tormenter of *Katzengeheul.* This piece is a telling fable concerning the extent to which reason and instinct may be blinded and even perverted. The dog's statue is reminiscent of George Orwell's "Big Brother is watching you" (*Nineteen Eighty-Four*), as the tale itself echoes the Orwellian principle (in *Animal Farm*) that "All animals are equal — but some animals are more equal than others."

---

    das Geheul   *howling (cf. caterwaul)*
1. sich rächen   *take revenge* · überlisten   *outwit*
3. der Schwanz   *tail*
4. jammern   *wail, complain*
8. durch-halten†   *stick (it) out*
9. auf-geben†   *give up* · vermutlich   *presumably*
11. die Genugtuung   *satisfaction* · das hat sie davon'   *that's what she gets for it*
16. nach-lassen†   *slacken, let up*

18. fest-stellen   *determine, ascertain*
19. gähnen   *yawn*

21. summen   *hum*
22. lästig   *annoying*

Katzengeheul

by Lutz Rathenow

Sie hat mich geärgert. Ich habe mich gerächt. Sie ist überlistet
worden. Während sie in die andere Richtung geblickt hat, bin
ich ihr auf den Schwanz getreten. So einfach ging das. Jetzt
jammert sie.

Sie versucht mich zu beißen°. Sie dreht den Kopf herum   5
und versucht ans Bein zu kommen. Sie schafft es nicht.

Immer wieder versucht sie es. Doch sie jammert kaum noch.
Durchhalten.

Sie hat es aufgegeben, mich beißen zu wollen. Vermutlich
vergrößert° jeder Versuch ihren Schmerz. Ich spüre ein Gefühl   10
der Genugtuung. Das hat sie davon. Wovon weiß ich nicht
mehr.

Ich bleibe auf ihrem Schwanz. Sie bewegt sich nicht. Ich
werde es ihr schon zeigen. Wieso ist ihr Schwanz so lang, daß
ich mit beiden Füßen Platz habe.   15

Nicht nachlassen. Ich gewöhne mich an meinen Stand-
punkt°. Sie liegt am Boden und ist still. Ich möchte ein Lied
singen und stelle fest, daß mir keines einfällt.

Eine Stunde. Beim Gähnen nehme ich die Hand vor den
Mund. Sie braucht nicht zu merken, daß ich gähnen muß. Ich   20
summe ein Lied, dessen Melodie° ich auf einmal kann.

Die Uhr ist stehen geblieben. Das empfinde ich als lästig.

2. der Verdacht *suspicion*

4. rechtzeitig *in time* · auf-ziehen† *wind*
5. mühsam *troublesome, difficult* · konsequent' *consistent*

8. Hoppe ... *(children's song)*

11. Fischers ... *(tongue twister)*
12. die Lehre *lesson*

14. taub *(here) numb*
15. vor-beugen *prevent, avoid*
16. in die Hocke gehen† *do a knee bend* · sich auf-richten
    get up

20. das Gestrüpp *brush*
21. streifen *graze*
22. umkrallen *ensnare*
23. zu-drücken *squeeze*
24. schwer fallen† *be difficult* · ersticken *suffocate*
25. bellen *bark, bay*
26. Acht geben† *look out*

28. abhan'den-kommen† *get lost*
29–30. stehen ... drehen *(rhyming words with no connection
    syntactically or to the plot)*

32. wenigstens *at least*
33. egal' *all the same, indifferent*
34. bereits *already*
35. wütend *furious*

38. sich ein-bilden *imagine* · Spaß machen *be fun*

Gerade jetzt. Außerdem überkommt° mich ein seltsamer Verdacht. Ich möchte ihn nicht näher ausdrücken. Eben hat die Katze sich wieder umgedreht und mich angeschaut°. Seltsam. Warum habe ich die Uhr nicht rechtzeitig aufgezogen.

Ach ja. Es wird mühsam. Aber man muß konsequent bleiben. 5

Drei Stunden. Oder vier. Vielleicht ist schon Nacht. Man verliert die Orientierung°. Hoppe, hoppe, Reiter — wenn er fällt, dann schreit er. Jetzt kann ich sogar den Text° des Liedes. Ich muß meine Konzentration° schulen°. Fischers 10 Fritze fischte frische Fische. Ich spüre die Katze unter meinen Füßen. Es wird ihr eine Lehre sein.

Sie hat mich wieder angeschaut, in den Augen weder Schmerz noch Zorn. Die Beine beginnen taub zu werden. Leichte Bewegungsübungen° beugen dem vor. In die Hocke 15 gehen, sich wieder aufrichten. In die Hocke gehen. Wieder Aufrichten. In die Hocke. Aufrichten.

Ich muß aufpassen. Ich habe so ein Gefühl. Aber nichts Genaues.

In einem Wald durch dichter werdendes Gestrüpp gehen. 20 Pflanzen streifen Arme Beine Kopf. Plötzlich nicht mehr weiterkommen. Katzenschwänze, die einen umkrallen. Die Schwänze werden größer und drücken zu. Das Atmen fällt schwer. Der Gedanke an eine im Gelee° erstickende Fliege. Von oben stürzen Katzen herab und bellen. 25

Ich bin eingeschlafen. Das darf ich nicht. Acht geben. Komisch°, daß sie nicht zu fliehen versucht. Mit der Zeit kommt einem das Gefühl für die Zeit abhanden.

Stehen gehen sehen blähen drehen ehen nähen mähen zehen flehen rehen drehen — das hatte ich schon. Das Ganze beginnt 30 ermüdend° zu werden. Ich könnte heruntersteigen. Wenn sie wenigstens versuchen würde zu fliehen. So ist es ihr vielleicht schon egal.

Es muß bereits Nacht sein. Die Beine schmerzen. Ich bin zu müde, um wütend zu werden. 35

Beinahe wäre ich wieder eingeschlafen. Die Laute der Katze weckten° mich. Ich habe schon Halluzinationen°. Ich bilde mir ein, der Katze macht es Spaß. Ich sollte aufhören, sie zu ärgern.

2. der Brei *mush*
3. verstopfen *stop up*

5. fauchen *spit*
6. der Schreck *fright, terror*

13. an-heben† *(begin to) lift*

18. zusam'menhängend *connected, coherent* · der Satz *sentence*

20. unberechenbar *unpredictable* · Es grünt ... *(misquoted verse of popular song)*
22. drauf-kommen† *get it*
23. ab-schalten *turn off*

26. vorhin' *before, a while ago*

28. an-grienen *grin (maliciously)* · rülpsen *belch*
29. sich hin-flezen *sprawl comfortably*
30. der Topf *pot, bowl*
31. knöpfen *button*
34. Katze ... Matratze *(rhyming words again, now with more relevance):* Tatze *paw*, Matratze *mattress*, Latze *bibs*
35. das Gebilde *creation, vision* · verknoten *knot, snarl*
36. Hocke ... *(confused version of* Hoppe ... *song)*
37. verbleiben† *stay, stick tight* · Hundejammer *(cf. Katzen-jammer = hangover)*
38. Schanz ... *(schanzen drudge, dig a trench; but connected with Schwanz and with the speaker's loss of control:* Katse!)

Katzenhaare vor den Augen. Ich liege unter einem Berg von Katzenleibern. Ich stürze in einen Brei aus Katzenschwänzen. Sie bewegen sich. Ich ersticke nicht. Ich verstopfe meinen Mund mit Katzenköpfen. Ich ersticke nicht.

Ich will ein Bein heruntersetzen. Die Katze faucht sofort. 5 Vor Schreck lasse ich das Bein stehen. Was hat das zu bedeuten.

Achthundertdreiundsechzig achthundertvierundsechzig achthundertfünfundsechzig.

Es scheint wieder heller geworden zu sein. Eine Veränderung° bemerkte ich nicht. Mit etwas Mühe kann ich mich 10 noch konzentrieren°.

Ich will herunter. Ich habe ein Bein schon angehoben, als sie den Kopf herumdreht. Sie will mich beißen. Sobald ich heruntertrete, wird sie beißen. Ich verstehe das nicht. 15

Tag Nacht Wegkönnen°. Ich spüre den Atem. Es ist heiß. Nein. Nicht heiß. Eigentlich. Es fällt schwer, in zusammenhängenden° Sätzen zu denken.

Beinahe wäre ich gestürzt. Die Katze faucht. Sie ist unberechenbar. Es grünt° so grün, wenn Spaniens° Himmel blühn. 20 Das stimmt nicht. Wie heißt das richtig. Ich komme noch drauf.

Abschalten. Einfach an nichts mehr denken.

Die Katze bewegt sich nicht. Ich bewege mich nicht.

Wo sind meine Beine. Ich muß mich zusammennehmen°. 25 Vorhin hatte ich den Namen vergessen. Gern würde ich eine Zeit auf den Händen stehen.

Die Katze lacht. Sie grient mich an. Sie rülpst. Sie flezt sich unter mich hin. Ist das überhaupt noch eine Katze.

Ich springe aus dem Topf und betrachte interessiert° meine 30 Beine. Der Topf besteht aus nebeneinandergeknöpften Katzenaugen. Ich überlege, wo ich bin.

Ich auf der Katze. Auf der Katze ich. Ich der Katze auf. Ich auf Katze der. Katze der auf ich. Katze Latze Tatze Matratze.

Ein Gebilde aus ineinander verknoteten Rattenschwänzen°. 35 Hocke, hocke, Reiter. Wieso plötzlich Rattenschwänze. Ich bleibe. Verbleibe. Was für ein Hundejammer.

Schanz Katse Ich
falle

2. eigenartigerweise *in an odd way*

der Herrscher *ruler*

1. die Auszeichnung *distinction*
2. prinzipiell′ *as a matter of principle* · ab-lehnen *reject*
3. die Huldigung *homage* · verhaßt *hateful*

5. umschmeicheln *surround by flattery*
6. keinesfalls *in no case*
7. die Grußformel *form of salutation*
8. die Tafel *table*
9. ein-räumen *grant, concede*
10. zeitig *early*

12. seit längerem *for some time* · die Beratung *consultation*
13. zu-ziehen† *call in, invite*
14. knien *kneel* · gestatten = erlauben
15. der Speisenapf *food bowl*
16. sich handeln um *be a question of*
17. das Standbild *statue*
18. knurren *growl*
19. regelmäßig *regular* · derzeit *at present*
20. gerechtfertigt *justifiable*
21. vor kurzem *recently*
22. dreifach *threefold* · ein-führen *introduce*
23. köpfen *behead* · ein-wenden† *object*

Endlich wieder bewegen können. Der Körper beginnt zu leben. Die Gegenstände im Zimmer sind eigenartigerweise größer geworden. Miauen° macht viel mehr Spaß als sprechen. Wo bleibt meine Milch°. Ich habe das Bedürfnis° eine Maus zu fangen.

5

Der Herrscher

by Lutz Rathenow

Nein, er will keinen Kult° um seine Person°. Auszeichnungen und Ehrungen° lehnt er prinzipiell ab, jede offizielle° Huldigung ist ihm verhaßt. Schließlich arbeiten die anderen genauso, meint er, auch wenn ich Herrscher bin, tue ich nicht mehr für mein Volk als es für mich tut. Umschmeichelt möchte   5
er nicht werden, keinesfalls sollen Plätze oder Straßen seinen Namen tragen; auf eine besondere Grußformel wird kein Wert gelegt. Auch an der Tafel sitzt er inmitten° der anderen. Nur, daß sie seinem Hund einen Ehrenplatz° einräumen, freut ihn. Er hat dessen Fähigkeiten zeitig erkannt, früher das ge-   10
spürt, was die anderen dann erst sahen — nicht ohne Grund wird der Hund seit längerem zu allen wichtigen Beratungen zugezogen. Sie achten das Tier. Es macht Spaß zuzusehen, wie sie vor ihm knien und miauen°. Einigen ist bellen gestattet. Und manchmal darf der ein oder andere den Speisenapf aus-   15
lecken°. Zweifellos handelt es sich um einen besonderen Hund: sein Standbild steht auch schon auf allen öffentlichen Plätzen. Das Volk vertraut dem Knurren, dem sich unregelmäßig bewegenden Schwanz — derzeit wird für einen Palast°, ihm zu Ehren, gesammelt. Nur allzu gerechtfertigt ist, findet   20
der Herrscher, daß man vor kurzem als höchste Auszeichnung den dreifachen Biß° einführte. Und gegen den Vorschlag, alle Feinde des Hundes zu köpfen, gibt es nichts einzuwenden.

ALFRED POLGAR died in Zurich in 1955 at the age of 79, shortly after his return from the United States. Viennese by birth, he had lived in Berlin since 1924. In 1933 he went first to Austria, then to France, and finally in 1940 came to America by way of Spain. Germany of the Hitler period was no place for a subtle and effective satirist, especially one who was also a Jew. In social and cultural criticism, in stories, sketches, and caricatures he had proven not only his ability as a skeptical observer of life but also his essential sympathy even for those he satirized.

In 1951 Polgar published *Begegnung im Zwielicht,* in which this story appeared. *Geschichte ohne Moral* is an admirable parody of the self-righteousness or self-reproach with which people react to the stress of a sudden crisis — one which upsets their conventional morality. The climax offers a hilariously logical contradiction in terms, as fine moral principles collide with enormous relief and unexpected good luck: "Lieber Gott, ich danke Dir, daß er wieder gelogen hat."

1. der Gymnasiast′ *Gymnasium student*
2. der Fußball *soccer*
3. Punkt *on the dot* · der Standplatz *point of departure, bus stop*

8. so ein *such a*

10. fahrplanmäßig *according to schedule*
11. ab-gehen† *start, depart*
12. der Graben *ditch* · sämtlich *all* · der Insasse *occupant*

14. die Ohnmacht *faint*
15. an-klagen *accuse* · nie und nimmer *never never*
16. büßen *atone*

18. verfluchen *curse* · der Götze *idol*

22. bedeutsam *meaningful*

Geschichte ohne Moral

by Alfred Polgar

Sonntag, drei Uhr nachmittags°, sagte der Gymnasiast
Leopold, jetzt müsse er fort, denn der Autobus° zum Fußballmatch fahre Punkt drei Uhr fünfzehn von seinem Standplatz
ab.

„Und deine Schularbeiten° für morgen?" fragte die Mutter.   5
„Die mache ich am Abend."

Tante Alwine meinte, es sei schade ums Geld für die Auto-
fahrt°, so ein junger Mensch könne auch zu Fuß gehen.

Es wurde Abend, und Leopold war noch nicht zu Hause.
Und dann kam die Nachricht, daß der fahrplanmäßig um drei   10
Uhr fünfzehn von seinem Standplatz abgegangene Autobus in
einen Graben gestürzt und sämtliche Insassen schwer verletzt
seien.

Die Mutter, aus der Ohnmacht erwacht, klagte sich immerzu
an, sie hätte Leopold nie und nimmer erlauben dürfen, seine   15
Schularbeiten erst am Abend zu machen. Jetzt büße sie für ihre
elterliche° Schwäche.

Der Vater verfluchte das Fußballspiel° und den Götzen
Sport° überhaupt.

Tante Alwine schrie: „Hätte er nicht zu Fuß gehen können   20
wie tausend andere Jungen?"

Ihr Mann schüttelte bedeutsam den Kopf: „Heute ist der

1. selig   *late, deceased*

4. kürzlich   *recently* · die Lüge   *lie* · kommen auf   *catch in* ·
   ermahnen   *admonish*
5. sündigen   *sin*
7. das Mädchen für alles   *maid-of-all-work*

9. die Nonne   *nun (black garb superstitiously taken as bad omen)*
10. sich lustig machen über   *laugh at, make fun of*
11. hernach′ = nachher
12. die Portiers′leute   *doorkeeper's family* · bereden   *discuss*

14. der Schneider   *tailor* · die Gnädige   *mistress*

16. der Fetzen   *rag*

20. der Kondi′tor   *confectioner*
21. der Vorwurf   *reproach*

26. der Tritt (treten) · die Wut   *rage*

29. vergnügt   *pleased, cheerful*
30. vor-schwindeln   *make up*
32. nebenan′   *next door* · die Land′partie′   *outing*
33. zufrie′denstellend   *satisfactory* · der Verlauf   *course*
34. umarmen   *embrace* · hemmungslos   *unrestrained* ·
    die Rührung   *emotion*
35. die Ohrfeige   *slap*
36. falten   *fold*
37. beten   *pray*
38. lügen (die Lüge)

dritte August, der Sterbetag° unseres seligen Großvaters.
Daran hätte man denken müssen."

Die Großmutter mütterlicherseits° sprach zu sich selbst:
„Kürzlich bin ich ihm auf eine Lüge gekommen. Ich ermahnte
ihn: ,Wer lügt, sündigt°, und wer sündigt, wird bestraft°.' 5
Da hat er mir ins Gesicht gelacht!"

Das Mädchen für alles sagte dem Kohlenmann°: „Na, sehen
Sie? Wie ich Ihnen erzählt habe, daß mir heute früh zwei
Nonnen begegnet sind, da haben Sie sich über mich lustig
gemacht!" 10

Hernach ging das Mädchen für alles hinunter zu den
Portiersleuten, um mit ihnen den traurigen Fall zu bereden.
„Ja," sagte sie, „am Ersten wollten sie aufs Land fahren. Aber
weil die Schneiderin mit den Kleidern der Gnädigen nicht
fertig war, sind sie noch dageblieben. Wegen der dummen 15
Fetzen."

Die Portiersfrau° meinte: „Am Sonntag sollten Kinder und
Eltern zusammenbleiben . . . Aber bei den besseren Leuten
gibt's ja kein Familienleben° mehr."

Emma, das eine der beiden Fräulein vom Konditor im 20
Nebenhaus°, machte sich bittere Vorwürfe wegen ihrer
Prüderie°. Hätte sie dem armen jungen Mann nicht nein
gesagt, dann wäre er heute nachmittag mit ihr gewesen und
nicht beim Fußball.

Bobby, der Dobermann°, dachte: „Gestern hat er mir einen 25
Tritt gegeben. In der ersten Wut wollte ich ihn ins Bein
beißen. Leider, leider hab ich es nicht getan. Sonst wäre es ihm
heute kaum möglich gewesen, zum Fußballmatch zu gehen."

Spätabends° kam, vergnügt, Leopold nach Hause. Das mit
dem Fußballmatch hatte er nur vorgeschwindelt. In Wirklich- 30
keit° war er mit Rosa, dem anderen Fräulein vom Konditor
nebenan, auf einer Landpartie gewesen, die, schien es, einen
zufriedenstellenden Verlauf genommen hatte.

Die Mutter umarmte ihren Sohn in hemmungsloser Rührung.

Der Vater gab ihm ein paar Ohrfeigen. 35

Die Großmutter mütterlicherseits faltete die Hände und
betete stumm: „Lieber Gott, ich danke Dir, daß er wieder
gelogen hat."

WOLFDIETRICH SCHNURRE was born in 1920 in Frankfurt but grew up in Berlin, where he now lives and which he regards as the only proper place to live. Schnurre served in the army in World War II and is the author of several anti-war plays. From 1946 to 1949 he worked as movie and play critic of *Die Deutsche Rundschau* and in 1947 was one of the founders of Gruppe 47. In 1958 Schnurre was awarded the Fontane Prize of the *Jüngere Generation der Stadt Berlin*. In addition to his plays, Schnurre has also written novels — *Richard kehrt zurück,* "a Kurzroman," appeared in 1970, and *Der Unglücksfall* in 1981 — as well as short stories, radio plays, poetry, and film criticism. In fact, Schnurre has been so prolific that in his autobiographical *Der Schattenfotograf* (1978) he admits to the dubious distinction of having produced the greatest number of books of any German author in the years 1945–1972. A ten-volume paperback edition of his works was published in 1978–1980.

In the German *Who's Who,* Schnurre lists as his hobby: poodles. Animals of a remarkable order are the characters in the amusing and grotesque parables which follow. The humor is bizarre and the satire concentrated. In the few lines of *Bekehrung,* he makes wicked fun of the ineffectual converter, progressively entranced by his own eloquence, and of the process of conversion itself: the cat, assailed by moral precepts, cannot conquer its instincts; it merely sobs in remorse as it obeys them. One may, of course, find in this parable certain parallels to recent history.

---

1. der Käfig   *cage* · zerfranst   *tattered*
2. gestreift   *striped*
3. Triefaugen   *runny eyes*
4. derartig   *such* · grindig   *scabby* · der Blick = das Auge
6. das Gitter   *bars* · der Pestatem   *pestiferous, foul breath* · wehen   *waft*
8. aufs Wort   *implicitly*
9. die Pfote   *paw*
11. hauchen   *breathe* · bekümmert   *troubled*
19. überschlagen†   *estimate, review* · der Vorrat   *supply*
21. tatsächlich = wirklich
22. auf Ehre   *on my honor*

Die Prinzessin

by *Wolfdietrich Schnurre*

Ich stehe vorm Käfig. Auf ab trottet° es drin, auf ab: zerfranst, gestreift, die Hyäne°.

Mein Gott, wie die stinkt°! Und Triefaugen hat sie, die Ärmste; wie kann man nur mit derartig grindigen Blicken überhaupt noch was sehn? 5

Jetzt kommt sie ans Gitter; ihr Pestatem weht mir ans Ohr: „Glauben Sie mir?"

„Aufs Wort", sagte ich fest.

Sie legte die Pfote ans Maul: „Ich bin nämlich verzaubert°."

„Was Sie nicht sagen! Richtig verzaubert?" 10

Sie nickt. „So ist es", haucht sie bekümmert; „in Wirklichkeit nämlich —"

„In Wirklichkeit nämlich —?"

„ — bin ich eine Prinzessin."

„Ja, aber um Gottes Willen", rufe ich aus, „kann Ihnen da 15 denn gar keiner helfen?"

„Doch", flüstert sie; „die Sache ist so: jemand müßte mich einladen."

Ich überschlage im Geist meine Vorräte; es ließe sich machen. 20

„Und Sie würden sich tatsächlich verwandeln?"

„Auf Ehre."

„Gut", sage ich, „seien Sie heute zum Kaffee mein Gast!"

1. mahlen *grind, mill*
2. die Bohne *bean (coffee)* · stiften *contribute* · die Büchse *can*
3. **putzen** *polish*
4. pünktlich *punctually*

6. scheu *shy*

8. zottig *matted* · die Wange *cheek*

10. greifen Sie zu! *help yourself!*
11. geziert *prim* · geifern *slobber* · das Brötchen *roll*
12. wohl bekomms *hope you like it*
13. kauen *chew* · hervor′-stoßen† *emit*
14. man . . . bekommen *it's enough to scare a person* · verschlingen†
    gorge down
16. schlürfen *slurp* · schmatzen *smack one's lips*
17. zu-lassen† = erlauben
18. lecken *lick*

20. keuchen *pant* · rülpsen *belch*
21. abermals *again* · auf-stoßen† = rülpsen · der Teller *plate* ·
    der Aasgeruch *carrion smell*
22. das Fell *hide* · die Zecke *tick* · kahl *bald*
24. ermutigen *encourage*
25. schluchzen *sob* · belügen† *lie to* · röcheln *gurgle, rattle* ·
    heiser *hoarse*
26. der Rosenstiel *rose stem* · die Kralle *claw*
28. schon gut *never mind*

die Bekehrung *conversion*

1. die Hecke *hedge*

Ich gehe nachhause° und decke den Tisch. Ich mahle die letzten Bohnen, ich stifte die Cornedbeefbüchse, breche Rosen im Garten, parfümiere° das Zimmer und putze mir die Schuhe.

Pünktlich um vier geht die Klingel. Ich öffne, es ist die Hyäne. 5

„Guten Tag," sagt sie scheu; „Sie sehen, da bin ich."

Ich biete ihr den Arm, und wir gehen zum Tisch. Tränen laufen ihr über die zottige Wange. „Blumen — !" schluchzt sie, „oh Gott!"

„Bitte", sage ich, „Nehmen Sie Platz, greifen Sie zu!" 10 Sie setzt sich geziert und streicht sich geifernd ein Brötchen.

„Wohl bekomms", nicke ich.

„Danke", stößt sie kauend hervor.

Man kann Angst bekommen, was sie verschlingt. Brötchen auf Brötchen verschwindet; auch die Cornedbeefbüchse ist 15 leer. Dazwischen schlürft sie schmatzend den Kaffee und läßt erst zu, daß ich ihr neuen eingieße, wenn sie den Rest herausgeleckt hat.

„Na", frage ich, „schmeckts?"

„Sehr", keucht sie rülpsend. Doch dann wird sie unruhig. 20

Sie stößt abermals auf und sieht auf den Teller; Aasgeruch hängt ihr im Fell, rötliche Zecken kriechen ihr über die kahlen Stellen hinter den Ohren.

„Nun — ?" ermutige ich sie.

Sie schluchzt. „Ich hab Sie belogen", röchelt sie heiser und 25 dreht hilflos° einen Rosenstiel zwischen den Krallen, „ich — ich bin gar keine Prinzessin."

„Schon gut", sage ich; „ich wußte es längst."

Bekehrung

by Wolfdietrich Schnurre

„Wirklich", sage ich und trete hinter der Hecke hervor, „das sollten Sie nicht tun."

1. die Drossel *thrush* · beisei'te *aside*
2. verlegen *embarrassed*
3. die Reue *remorse*

5. sündhaft (die Sünde)

9. fahren lassen† *abandon*
10. Erden *wk. for* Erde

12. ab-schwören† *abjure* · das Handwerk *business, trade*
13. bekennen† *confess*
14. es schüttelt sie *she shudders*

18. sich um-sehen† *look around*
19. platt *flat* · der Kiesweg *gravel path* · verzehren *devour*

Die Katze erschrickt; sie legt die getötete Drossel beiseite und leckt sich verlegen das Maul.

„Es ist wahr", sage ich, „Sie sollten jetzt Reue empfinden."

Die Katze seufzt.

„Töten ist sündhaft", fahre ich fort. „Wir wollen uns doch lieben." 5

. Die Katze schluchzt.

„Bitte lassen Sie", erhebe ich laut meine Stimme, „Ihre schwarzen Gedanken jetzt fahren! Es muß wieder Licht werden auf Erden."   ·

Die Katze weint. 10

„Schwören Sie ihm ab, Ihrem satanischen° Handwerk!" rufe ich aus; „wir wollen uns schuldig bekennen!"

Die Katze schüttelts.

Ich beuge mich zu ihr hinab. „Gott mit Ihnen", sage ich sanft. 15

Und ich nicke ihr zu und gehe meiner Wege. Einmal jedoch, nur einmal muß ich mich umsehen; und ich blicke zurück — :

Die Katze liegt platt auf dem Kiesweg und verzehrt weinend die Drossel. 20

GÜNTER GRASS (born in 1927 in Danzig, now the Polish city of Gdansk) is one of a modest number of post-World War II German writers to have gained an international reputation. His first and still most famous novel, *Die Blechtrommel* (*The Tin Drum,* 1959) offers a relentlessly searching examination of society from 1933 to 1945, especially its political problems and its values. In subsequent novels and stories — *Hundejahre* (1963), *Katz und Maus* (1961), *Aus dem Tagebuch einer Schnecke* (*From the Diary of a Snail,* 1972), *Der Butt* (*The Flounder,* 1977), and more — Grass continues his critical commentary on contemporary society. He has also written speeches and open letters, several plays, and four collections of poetry. These last demonstrate what the poet calls the liberation of objects by means of an acute realism. Yet this freeing of things by illuminating them sharply often results in something approaching surrealism, that is to say something so "real" that it becomes almost unreal.

In Günter Grass' world something grotesque usually occurs; there is a Kafka-like intrusion into our daily routine. In "Freitag," the encounter between Friday's fish (note the final word, *predigen*) and Tuesday's news takes place at the uneventful, banal level of everyday life. Yet the matter-of-factness conceals hints of an apocalyptic vision: "sonnig und frostig," recurs in the variation of sunlight in the kitchen; but what is the mood of the poet? There are suggestions as well of an oratorical, almost Biblical style: "sieben Heringe ... voller Milch waren vier." What is the effect of the repeated references (nine!) to herring? Why are there no articles with this noun? And why does the poet say "an *einem* Dienstag"? (Compare Genesis 1:7-8.)

1. grün   *(here) fresh*
2. wickeln   *wrap*
6. der Hausmeister   *janitor* · streuen   *scatter*
7. das Treppenhaus   *stairwell*
11. kratzen   *scratch*   13. die Schuppe   *(fish) scale*
14. ab-lenken   *distract*   18. feucht   *damp*
19. bergen†   *conceal, contain* · der Rogen   *roe*
20. die Milch   *(here) milt*
23. verweigern   *refuse*   24. wälzen   *roll* · das Mehl   *flour*

Freitag

Grüne Heringe°,
in Zeitung gewickelt,
trug ich nach Hause.

Sonnig° und frostig°
war das Wetter.   5
Hausmeister streuten Sand.

Im Treppenhaus erst
begannen Heringe
die Zeitung zu durchnässen°.

So mußte ich Zeitungspapier   10
von Heringen kratzen,
bevor ich Heringe ausnehmen konnte.

Schuppen sprangen
und lenkten mich ab,
weil Sonnenlicht in die Küche fiel.   15

Während ich Heringe ausnahm,
las ich in jener Tageszeitung°,
die feucht und nicht neu war.

Sieben Heringe bargen Rogen,
voller Milch waren vier;   20
die Zeitung jedoch war an einem Dienstag erschienen.

Schlimm sah es in der Welt aus:
Kredite° wurden verweigert.
Ich aber wälzte grüne Heringe in trockenem Mehl.

2. düster *gloomy*
3. hinweg'-sprechen† *speak out over*

6. der Untergang *ruin, decline and fall; shipwreck* ·
predigen *preach*

TOUR DE FRANCE Why is the yellow butterfly so utterly disheartening?
1. die Spitzengruppe *lead group, lead team*
2. die Zitro'ne *lemon* · der Falter *butterfly* (Zitronenfalter *common European brimstone butterfly, sulfur-yellow in color*)
3. überholen *overtake, pass*
4. der Radfahrer *cyclist*. · das Rennen *race*

mißlungen *unsuccessful* · der Überfall *raid*

3. der Knopf *(bell) button*

5. die Kasse *cash register*

Als aber Heringe in der Pfanne° erschraken,
wollte auch ich düster und freudlos°
über die Pfanne hinwegsprechen.

Wer aber
mag grünen Heringen   5
vom Untergang predigen?

Tour de France

Als die Spitzengruppe
von einem Zitronenfalter
überholt wurde,
gaben viele Radfahrer das Rennen auf.

Mißlungener Überfall

Am Mittwoch.
Jeder wußte wieviele Treppen hinauf,
den Druck auf den Knopf,
die zweite Tür links.
Sie stürmten° die Kasse.   5
Es war aber Sonntag
und das Geld in der Kirche.

MISSLUNGENER ÜBERFALL / DER VATER / BEFÜRCHTUNG The *Mißlungen* of "Mißlungener Überfall" may be said to belong to the underlying theme of "Der Vater" and "Befürchtung" as well. There is a fundamental inability to understand and to come to terms with the reality around us and the everyday things of which it is composed. The lapidary idiocy of Wednesday's raid on Sunday is a part of that alienation. In what sense are the father and, in "Befürchtung," the rainbow expressions of this human condition?

1. die Heizung   *heating system* · pochen   *make a knocking sound*
4. der Bauklotz   *building block*
6. weil die Uhr   (*implies* schlägt, *as above*)
7. gerinnen†   *coagulate* · säuern   *turn sour*
8. unverrückbar   *unwavering, fixed*
10. der Kurzschluß   *short circuit* · riechen†   *smell*

14. der Spiegel   *mirror*

die Befürchtung   *worry, concern*

1. der Regenbogen   *rainbow*

4. das Geländer   *banister*

6. verblassen   *fade*

Der Vater

Wenn es in der Heizung pocht,
schauen ihn die Kinder an,
weil es in der Heizung pocht.

Wenn die Uhr schlägt und Bauklötze
stürzen, schaun die Kinder,   5
weil die Uhr, den Vater an.

Wenn die Milch° gerinnt und säuert,
strafen unverrückbar Blicke,
weil sein Blick die Milch gesäuert.

Wenn es scharf nach Kurzschluß riecht,   10
schaun im Dunkeln alle Kinder
ihn an, weil's nach Kurzschluß riecht.

Erst wenn seine Kinder schlafen,
blickt der Vater in den Spiegel,
weil er noch nicht schlafen kann.   15

Befürchtung

Als wir über den großen Regenbogen
nach Hause wollten,
waren wir sehr müde.

Wir hielten uns an seinem Geländer
und fürchteten,   5
daß er verblassen könnte.

VOM HÖRENSAGEN   To those who argue that poetry is primarily the language of suggestion, of indirect statement, "Vom Hörensagen" must represent a strikingly effective example. The meaning of the poem lies largely in the very last word, for everything else is not "organically" there but additive, indifferent, interchangeable. If this is what a weekend really is, what can one say about the *ich* in this poem?

2.   die Feuerwehr   *fire department*
7.   der Tütenverbrauch   *paper bag consumption*

9.   der Schuster   *shoemaker, shoe repairman*

Als ich über den großen Regenbogen
nach Hause wollte,
war ich sehr müde.

Ich hielt mich an dir und an seinem Geländer
und fürchtete,   5
daß ihr beide, du und der Regenbogen
blaß werden könntet.

Vom Hörensagen°

Mit meinem Ohr habe ich heute
viermal die Feuerwehr gehört.
Ich saß am Tisch mit meinem Ohr
und sagte:
Schon wieder die Feuerwehr.   5

Ich hätte auch sagen können:
Der große Tütenverbrauch.
Oder:
Die Schuhe müssen zum Schuster.
Oder: 10
Morgen ist Samstag.
Ich sagte aber:
Schon wieder die Feuerwehr;

doch wer mich richtig verstand,
weiß,   15
daß ich den Tütenverbrauch,
den Weg der Schuhe zum Schuster,
den Samstag meinte,
das Wochenende°.

CHRISTOPH MECKEL was born in 1935 in Berlin but grew up in Freiburg, in the Black Forest. In the mid-fifties he began the study of commercial art and printmaking, first at the Art Academy in Freiburg, then in Berlin. His first published poems coincide with his Berlin art studies, and from that point Meckel began to establish himself as a *Doppeltalent,* soon achieving an enviable reputation in both writing and printmaking. His many prizes, no fewer than 13 through 1982, reflect this dual gift: some honor the poet and writer, others the graphic artist. Meckel himself stresses the interrelatedness of the two — not a *Nebeneinander* but an *Ineinander.* In some of his major prose works the two skills are combined; part of the meaning is carried by Meckel's own drawings. Rooted in the Expressionist tradition, Meckel is preoccupied with the essence of living things and objects and with their transmutations.

Surreal and fantastic elements characterize Meckel's fictional world. *Der Löwe* embodies, gently stated, the sense of an obligation unfulfilled, a commitment not quite made, a value somehow lost. The opposition between daily routine — "meine gewohnte Tätigkeit" — and some vague and mysterious but higher realm informs the story even in its seemingly naive beginning. It becomes more acute in the reappearance of the lion, in its curious, pathetic, even sinister bondage. The river that separates the narrator and the creature he somehow might have befriended (and "saved"?) images the melancholy gulf of unawareness and lack of communication that too often vitiates our lives.

What affinity does the story bear to fable (Aesop), parable and fanciful vision (the Bible; the Book of Revelation), symbolic art (Dürer, Breughel, Bosch)?

---

    der Löwe   *lion*
3. Tappen und Tasten   *groping and fumbling*
5. schnuppern   *sniff*   6. schnaufen   *snort, puff*
7. gleichmäßig   *evenly*
8. der Geruch   *odor* · der Moder   *decay* · das Laub   *foliage*
9. der Duft   *smell*   10. betäuben   *dull one's senses*
11. das Fell   *skin, coat* · verbreiten   *spread* · die Kühle
     coolness   14. die Ebene   *plain*
23. winkte ihn heran   *called him to me*

Der Löwe

by Christoph Meckel

Nachts kam ein Löwe in mein Haus und legte sich neben mich.
Ich wußte nicht gleich, daß es ein Löwe war. Ich hörte ein
Tappen und Tasten durch mein Haus, dessen Türen offen-
standen, ich sah eine Gestalt, die breit und dunkel in mein
Zimmer kam, an mir schnupperte und sich neben mich legte. 5
Im Halblicht° erkannte ich später einen Löwen. Er schnaufte
laut und gleichmäßig und schien bald eingeschlafen zu sein.
Aus seiner Mähne° strömte° Geruch von Moder und Laub,
nasser frischer Erde und ein wilder Tierduft, der mich be-
täubte. Ich spürte, daß der Löwe naß war, es tropfte aus 10
seinem Fell. Er verbreitete Kühle um sich. Er mochte, um zu
mir zu kommen, über den nahen großen Fluß geschwommen
sein.

   Es war Herbst, kühle° Winde liefen über die Ebene und liefen frisch durch mein vom Sommer noch warmes Haus. Sie 15
kamen von den Hochebenen° oder vom Meer und man hörte
sie laut in den Nächten. In dieser Nacht schlief ich gut. Auch
der Löwe schien ruhig und gut zu schlafen, gegen Morgen
strömte sein Körper Wärme° aus. In der Morgendämmerung°
wurde ich wach; der Löwe hatte sich schon erhoben und stand 20
vor meinem Haus, wo er, als ich Stunden später mein Zimmer
verließ, immer noch stand und auf den großen Fluß blickte.

   Ich winkte ihn heran und fütterte ihn mit Fleisch, das ich

2. beharrlich   *steadfastly*
3. gelegentlich   *occasionally*

5. an-sprechen†   *address*
6. ein-sprechen† auf   *talk (insistently) to* · beobachten   *observe*

10. im Gegenlicht   *with the light against me* · der Hügel   *hill*

14. die Türschwelle   *threshold*

16. nach-gehen†   *pursue, follow* · die Tätigkeit   *business, ac-tivity* · öfter   *here:* = oft

19. die Abwesenheit   *absence* · innerhalb   *inside*

27. sich bedanken bei   *thank*

32. schlagen†   *here: cut* · nirgends   *nowhere*

34. hängen† (hangen†)   *hang, hover* · das Zwielicht   *half light, twilight*
35. streifen   *brush* · wecken   *wake*
37. der Abschied   *departure*

im Haus hatte. Ich hoffte, der Löwe würde jetzt ein paar Worte an mich richten, aber er schwieg beharrlich, er blickte mich zwar gelegentlich aus schwarzen Augen an, schien mir aber nichts mitzuteilen zu haben. Schließlich wartete ich nicht mehr darauf, daß er mich ansprechen würde. Ich sprach oft in meiner Sprache auf ihn ein und glaubte zu beobachten, daß er mich verstand. 5

In den folgenden Nächten schlief der Löwe wieder neben mir. Die Tage verbrachte er in der Nähe des Hauses. Ich sah ihn im Gegenlicht schwarz auf einem Hügel stehn und in Richtung des Meeres äugen°, ich sah ihn am Fluß stehn und mit gesenktem Kopf in das strömende Wasser schaun. Ge- legentlich trottete° er durch mein Haus oder lag in der Sonne an den Wänden meines Hauses oder auf der Türschwelle, er bewegte sich langsam und leise. Ich ging meiner gewohnten Tätigkeit nach und begegnete ihm öfter am Tag. 15

Einmal, als ich das Haus für längere Zeit verließ, sagte ich dem Löwen: Du mußt dich entscheiden, ob du während meiner Abwesenheit, die viele Tage dauern kann, innerhalb oder außerhalb° des Hauses bleiben willst, denn ich will es ab- 20 schließen. Anstatt einer Antwort legte sich der Löwe auf die Türschwelle und ich wußte, daß ich mein Haus nicht ab- schließen mußte. Ich ging fort und wußte es sicher. Als ich während der Regenfälle° des späten September wiederkam, lag der Löwe mit offenen Augen hinter der Tür. Als er mich 25 bemerkte, trat er vor das Haus. Im Haus war alles, wie ich es verlassen hatte. Ich bedankte mich bei dem Löwen und legte ihm das Fleisch vor, das ich ihm mitgebracht hatte.

Oft saß der Löwe bei mir, wenn ich am Fluß stand und an- gelte°. Er beschnupperte° die geangelten Fische und sah mir 30 aufmerksam zu. Er begleitete mich in den Wald, wenn ich Holz schlagen ging (es gab hier nirgends Löwen), und schlief in allen Nächten neben mir. Dann verließ mich der Löwe. Der erste Schnee hing in der Luft. Eines Morgens im Zwielicht streifte er mich, während er sich erhob, um mich zu wecken, 35 und blickte mich an. Ich nahm das als Zeichen seines Ab- schieds, begleitete ihn zur Tür meines Hauses, sah ihn im Regen zum Fluß gehn, sah ihn über den Fluß schwimmen und

1. der Vorhang   *curtain* · jenseitig   *on the opposite side*

3. die Begebenheit   *incident, event, matter*
4. sich entsinnen†   *remember, recall*
5. es sei denn   *unless it be, except* · betreffen†   *concern*
6. nebensächlich   *inconsequential*
7. grünlich rauchend   *in a green haze*
8. die Strömung   *current* · gläsern   *glassy*
9. voller = voll von

12. ersetzen   *replace*
13. die Hälfte   (*cf.* halb) · das Dachgebälk   *roof framing* · der Balken   *beam*
14. der Bretterboden   *floorboard* · Steinfliese   *flagstone*
15. das Floß   *raft*

18. vermummt   *masked*
19. der Esel   *donkey* · jenseits (*cf.* jenseitig   *above*)
20. die Schnur   *line, string* · die Eule   *owl*
21. voraus'-schweben   *hover ahead* · Kreise ziehen   *describe circles*
23. gegenseitig   *mutually, (n)either one of us*
24. beträchtlich   *considerable*
25. in einem Zusammenhang stehen   *have some connection* (stünde = stände)
27. verrichten   *do*
28. das Ufer   *bank*

30. schnappen   *snap up, catch in one's mouth*
31. kehrt-machen   *turn about*

33. aus den Augen   *from sight*
34. sich ereignen = geschehen

36. das Behagen   *pleasure, comfort*

38. der Luftzug   *draft* · die Hitze (heiß)

im Regenvorhang der jenseitigen Ebene kleiner werden und verschwinden.

Dies war die einzige Begebenheit in jenem Jahr in meinem Haus am Fluß. Anderer Begebenheiten entsinne ich mich nicht, es sei denn solcher, die meine Tätigkeit betrafen, ne- 5 bensächliche Dinge. Der Winter kam und ging. Die Kälte° hing grünlich rauchend über dem Fluß, der seiner großen Strömung wegen eisfrei° war. Der Himmel stand gläsern klar und hing voller Schnee. Ich besuchte einige Leute in der nahen und fernen Nachbarschaft°, andere Leute besuchten mich in 10 meinem Hause. Den Löwen sah ich nicht während dieser Zeit.

Im Frühjahr reparierte ich das Dach meines Hauses, ersetzte die Hälfte des Dachgebälks durch neue Balken, erneuerte° die Bretterböden und Steinfliesen und ging meiner Tätigkeit nach, wie ich es gewohnt war. Die Flöße zogen den großen Fluß 15 hinunter zum Meer. Ich hoffte noch immer, daß der Löwe noch einmal mein Haus besuchen käme, aber ich wartete nicht darauf. Zu Beginn° des Sommers sah ich einen vermummten Eselreiter jenseits des Flusses die Ebene entlangkommen. An einer langen Schnur schwebte ihm eine gewaltige rote Eule 20 voraus, die hoch im Wind ihre Kreise zog. Der Reiter ritt flußaufwärts°. Wir riefen uns über den Fluß Grüße und Fragen und Antworten zu, die wir gegenseitig nicht verstanden der beträchtlichen Entfernung wegen. Mir kam der Gedanke, der Reiter stünde in einem Zusammenhang mit dem Löwen. 25 Als er weg war, vergaß ich ihn schnell. Mehrere Wochen geschah nichts, ich verrichtete meine Arbeit. Eines Abends im Sommer stand ein Esel am anderen Flußufer und hielt einen schwarzen Fisch im Maul. Er mochte den Fisch beim Trinken geschnappt haben, ohne Zweifel. Als der Esel mich sah, machte 30 er mit schnellen Sprüngen° kehrt und lief in die Ebene. Den Fisch trug er mit sich im Maul davon. Die Dämmerung kam und ich verlor den Esel aus den Augen.

Wieder ereignete sich lange nichts. Der Sommer leuchtete über der Ebene. Ich ging meiner Tätigkeit nach, wie ich es 35 gewohnt war, und hatte mein Behagen an Wärme und Licht. Nachts standen die Fenster und Türen meines Hauses weit offen, damit sich ein Luftzug bilden und die Hitze, die sich

2. vertreiben† *dispel*

9. der Schnabel *beak*
10. schwer *with difficulty* · die Tatze *paw*

13. das Maultier *mule*

15. die Augenschlitze *(pl.) slits of one's eyes*

19. versäumen *neglect*

SWIMMINGPOOL   This account of a suburban pool party might be said to offer more portrait than poetry: these are today's "beautiful people," German probably, but in behavior as international as the title. The reference to Heliogabalus (Emperor of Rome 218–222) and the use of the name "Julia" (the name of Heliogabalus' grandmother, who sponsored him as both priest and emperor) makes the social criticism explicit: Heliogabalus was famous for his eccentric behavior and his (homosexual) orgies. He and his mother Soemias were the victims of mutiny by the guards.

The "magic" of their world is, as these new gods sense, both unreal and temporary. Meckel appropriately chooses a day towards summer's end when self-awareness and appreciation of the common bond of success are as clear as the September light.

während des Tages in den Zimmern gesammelt hatte, vertreiben konnte. Ich dachte gelegentlich an den Löwen und dachte mit Freude an ihn. Aber ich sah ihn nicht wieder.

Im Spätsommer sah ich, als der Mittag heiß über der Ebene zitterte, den vermummten Reiter flußabwärts° kommen nahe meinem Haus. An eine Schnur gebunden folgte ihm der Löwe, der einmal in meinem Haus war. Auf dem Rücken des Löwen saß die ungeheure rote Eule, die sehr viel größer als der Löwe war. Sie hielt den schwarzen Fisch im Schnabel. Der Löwe schien schwer an der Eule zu tragen. Er setzte die Tatzen langsam und ging mit hängendem Kopf. Die kleine Karawane° kam ganz nahe an meinem Haus vorbei. Löwe, Eule und Maultier sahen mich an, ich stand in der Tür meines Hauses. Der Vermummte drehte den Kopf und sah mich aus weißen Augenschlitzen lange an. Am längsten blickte der Löwe nach mir. Ich hoffte, die Gruppe° würde an meinem Haus haltmachen°, etwa um nach frischem Wasser zu fragen, aber sie ging vorbei und verschwand langsam flußabwärts in der Ebene. Ich sah dem Zug lange nach. An jenem Tag versäumte ich meine Tätigkeit.

Ich habe keinen der Gruppe wiedergesehen. Nachbarn, die Kilometer° entfernt in den Hügeln am Fluß ihre Häuser haben, erinnerten sich auch, den Zug an jenem Tag gesehen zu haben. In dieser Begebenheit geschah nichts weiter. Gelegentlich erinnere ich mich an sie, und an den Tagen, da ich an den Löwen denke, versäume ich meine gewohnte Tätigkeit oft.

Swimmingpool

Einer kennt immer einen, der irgendwo draußen ein Haus
mit Swimmingpool besitzt. Da fahren sie hin
in verschiedenen Wagen, an einem Tag gegen Ende des
                                                    Sommers

1. die Schwalbe   *swallow*

3. unüberhör'bar   *one can't fail to hear*

6. der Apparat'   *camera*

9. der Verehrer   *admirer*

12. Helioga'bal   *(-us, corrupt Syrian emperor of Rome)*· der Genosse   *comrade* · betörend   *seductive, infatuating*
13. lässig   *indolent* · zwei Zehntel   *two tenths (measure of small or insignificant quantity)*
14. der Bademantel   *bathrobe* · englischer Rasen   *English-style lawn*
15. das Jahrhun'dert   *century*
17. einverstanden   *agreeable, in accord*
18. einmalig   *unique*
19. der Fortschritt   *progress*
20. unschlagbar   *unbeatable* · fluten   *flow* · das Rauchgold   *golden cloud of smoke*
21. die Insel   *island*
22. glatt   *smooth*

26. satt-haben†   *be tired of, have enough of*

wenn der Mittag Schwalben über die Autobahn wirft
                              und die ersten Blätter
unüberhörbar einzeln auf den Swimmingpool schlagen.
Dort schwimmen sie nachmittags, trinken
                              und lassen sich fotografieren°   5
weil einer immer den Apparat dabei hat
und weiß, was Bilder mal wert sind, wenn dieser Tag vorbei ist
und weil Frauen da sind, die sich im Bikini
                    fotografieren lassen, im Kreise ihrer Verehrer.

Auf den Bildern später sehn sie sich, wie sie nie waren   10
                              sie erkennen sich wieder
Heliogabals Genossen, betörendes Fleisch
lässige Raucher, Zweizehntelgötter
                        in Bademänteln auf englischem Rasen
Jahrhundertgesichter, Gläser in Händen, jung clever   15
                              dynamisch°
einverstanden mit sich, und als hätten sie immer gewußt
              was mit ihnen los war an diesem einmaligen Tag.
in der einzig möglichen Schule von Erfolg und Fortschritt
unschlagbar im Licht des September, im flutenden Rauchgold   20
                    wie von Inseln herüber, glücklicher nie
als hier am Swimmingpool, der glatt und grün
              im Hintergrund° zu erkennen ist, ein gebautes Meer

(und Ernestos Hand auf Julias Schulter
und Julia die einzige, die auf den Bildern nicht lächelt   25
als wüßte sie was noch kommt und hätte den Zauber satt)
                                        und sie wissen
nach Jahren vielleicht noch, wie die anderen hießen
und wer mit wem herkam und wer mit wem schlief
und glauben noch immer zu wissen, was damals mit ihnen   30
                                        los war
              und halten sich immer noch für die neuen Götter.

                                        CHRISTOPH MECKEL

GÜNTER KUNERT, born in 1929 in Berlin, claims Marx, Brecht, and the East German poet Johannes Becher as his mentors. He once pointed out that his way to literature did not include Rilke (a *Schwachkopf*) or Stefan George, but rather Carl Sandburg and Edgar Lee Masters! In a span of thirty-five years Kunert has published over fifty works representing all literary types and genres, thus earning the somewhat uncomfortable label of *Vielschreiber*. He has also gained a reputation as a moralist, although he rarely provides the reader with final, unambiguous answers; he prefers instead to provoke, admonish, and often to mystify. But irony, too, and even lyrical pathos are often present in his poetry and short stories. Kunert has received widespread recognition for his work: the Heinrich Mann prize, the Johannes Becher prize, a fellowship from the city of Bergen, a visiting professorship at Texas. His support of fellow poet Wolf Biermann (over the latter's loss of citizenship) led to his own departure from East Germany in 1976. He now lives in Hamburg.

The parable of the stick of wood proceeds from the natural, inevitable sequence tree–wood slab–ashes to a sobering view of the shifting nature of truth. One discovers the truth, Baalschem suggests, not merely in rejecting yesterday's truth as today's lie, but in recognizing one's own limitations — a truth "reserved" for the future. Does Baalschem's final pronouncement convey optimistic anticipation or a melancholy sense of futility?

---

das Holzscheit   *slab of wood*
2. greis   *gray-haired, old* · Baalschem   *Baalshem (in Jewish lore, a miracle worker, saintly person)*
3. die Hütte   *hut*   4. auf-drängen   *urge upon*   5. ausforschen   *question*
6. sich verneigen   *bow down* · ehrfürchtig   *reverent*   7. der Mut   *courage*   8. karg   *meager* · die Mahlzeit   *meal*
10. ab-weisen†   *reject* · äußern   *express*
11. möge er   *would he please*
16. der Rost   *grill, grate* · kratzen   *scratch* · bereits   *already*
17. sich scheuen   *shrink from* · schwarzpulverig   *black powdery* · der Staub   *dust*   20. mit ... an-fangen†   *do ... with*
21. beschmutzen   *dirty* · die Lüge   *lie*

Das Holzscheit

by Günter Kunert

Auf der Wanderung in eine entfernte Provinz und vom Abend überrascht, klopfte der greise Baalschem an die Tür einer Hütte am Fluß. Freundlich nahmen ihn die Inwohner° für die Nacht auf, ihm das wenige aufdrängend, das sie besaßen. Sie forschten ihn aus, während er aß, und als sie seinen Na- 5 men hörten, verneigten sie sich ehrfürchtig, denn von seiner Weisheit hatten auch sie schon gehört. Sie flüsterten sich Mut zu, und nachdem der Baalschem die karge Mahlzeit beendet° und für diese wie für das Bett zahlen wollte, wiesen sie sein Geld ab, äußerten aber eine Bitte: Was Wahrheit° sei, möge 10 er ihnen sagen. Der Baalschem ergriff° ein Scheit, das vor der Feuerstelle° lag, und sagte: „Gestern war es ein Baum, heute ist es ein Stück Holz und morgen wird es Asche° sein. Das ist die Wahrheit."

Damit warf er das Scheit in die Flammen, und unter dem 15 Rost kratzte er bereits erkaltete° Asche vor, die er dem Frager hinhielt, der sich scheute, den schwarzpulvrigen Staub anzunehmen.

„Das ist die Wahrheit von gestern", sprach der Alte und ließ die Asche fallen, „keiner kann was damit anfangen, und jeder 20 fürchtet, sich daran zu beschmutzen. Und eine Lüge ist, wenn ich behaupte, die Asche sei gutes Holz und brauchbar°."

2. erneut *once again* · der Herd *hearth*

5. entzünden *light, set afire*

7. mild(e) *gentle*

MORGEN KOMMT The protean aspect of Kunert's poetry is
made evident by this impressively buoyant account of leave-taking
at sunrise. The contrast between the grey walls and empty streets
and the embracing security of love brings to the poet's mind the
image of final departure. But memory sustains and makes life
worthwhile. Note how the motif of warmth, contending with
massive, overwhelming cold, is carried from the poem's first part
into the conclusion.

6. die Fènsterscheibe *window pane* · rosa *pink*

13. sacht *soft* · durchrinnen† *suffuse*

Einer schüttelte den Kopf. „Man merkt doch die Lüge, wenn man die Asche erneut in den Herd legt. Sie brennt ja nicht mehr."

Der Baalschem lächelte nicht. „Du irrst", sagte er, „der Fehler liegt bei dir: Du kannst sie nur nicht entzünden!" 5

„Aber das kann keiner", rief der andere aus.

Der jetzt und milde lächelnde Baalschem erwiderte: „Das, mein Freund, ist die Wahrheit von morgen."

Morgen kommt

Leer,
Ganz leer sind alle Straßen
An dem frühen, klaren Morgen.
Nur der erste Schein
Von unserm Himmel 5
Färbt° die Fensterscheiben rosa
An den langen Häusermauern,
An den grauen Steinfassaden°,
Gehe ich
Aus deinen Armen, deinem Zimmer, aus 10
Der Tür und aus dem Hause.

So einst aus der Welt zu gehen,
Sacht vom warmen Blut durchronnen,
In die Kühle°,
Wissend wohl gelebt zu haben. 15

WOHNEN Like so many of Kunert's lyric poems, this one makes its statement in accessible, unadorned language. It is poetry bent on showing and demonstrating rather than preaching or merely shocking. "Wohnen" reminds us that the basic guarantee for preserving our cities lies not in ideology, but in concrete social connections.

9. der Brand *fire* · zertreten† *stamp out*

LAIKA "Wohnen's" themes of imperilment and steadfastness are repeated in "Laika," this time in an ecological context. At the center of this second poem is Kunert's *Warnung*, a connecting bridge between our space junk and our planet.

Laika *(dog aboard Russian spacecraft)*
1. die Kugel *sphere, ball*

8. beladen *(p.p.) laden* · die Menschheit *humanity*

Wohnen

In den stolzen Städten wohnen wir zusammen,
Und zusammen wohnen wir dort Haus bei Haus.
Wenn es brennt, so schlagen schwere, rote Flammen°
Aus dem einen Dach auf andre Dächer aus.

In den stolzen Städten sind wir nie alleine,   5
Nie alleine gehen wir durch Straßen dort.
Wenn es brennt, so laufen viele schnelle Beine
Aus den stolzen Häusern, die da brennen, fort.

Wenn es brennt, den Brand rasch zu zertreten,
Sind so viele nötig, auch die nicht zu sehn.   10
Unzählbar° und nicht zu sehen in den Städten,
Halten wir die Städte, daß sie weiter stehn.

Laika

In einer Kugel aus Metall°,
Dem besten, das wir besitzen,
Fliegt Tag für Tag ein toter Hund
Um unsre Erde
Als Warnung°,   5
Daß so einmal kreisen könnte
Jahr für Jahr um die Sonne,
Beladen mit einer toten Menschheit,
Der Planet° Erde,
Der beste, den wir besitzen.   10

ELIAS CANETTI, who is of Sephardic Jewish extraction, was born in Bulgaria in 1905 but grew up in England, Switzerland, Germany, and Austria. He attended the University of Vienna and received a doctorate in chemistry in 1929. Shortly before World War II Canetti fled Austria (which had been occupied by Hitler's troops) and returned to England. He still makes his home there but also spends considerable time in Switzerland. In addition to an influential novel, *Die Blendung* (1936), equally famous in its English translation *Auto da Fé,* he has written a book-length essay on power and the masses, *Masse und Macht* (1960); three plays; a large number of essays; and three volumes of *Aufzeichnungen,* literary sketches or notes which Canetti calls extracts from his continuing diary. Canetti has received numerous literary prizes — over a dozen during a span of more than thirty years — and was awarded the Nobel Prize for Literature in 1981.

Umkehrungen and *Aufzeichnungen* belong to a type of writing which often suggests a preliminary study or something unfinished. But its incomplete form — often its "formlessness" — may be only a matter of externals, for which another kind of unity may be substituted. The reversals depicted in *Umkehrungen* are apparently unconnected — but is there not another way (the reader's task) of establishing coherence? For example, the selection offers six instances of revenge taken in and upon a world whose pride of congruity barely masks the very opposite.

---

die Umkehrung   *reversal*
1. das Begräbnis   *burial* · der Sarg   *coffin*
2. der Leidtragende   *mourner*
3. auf-tauchen   *show up, appear* · der Hinterhalt   *ambush*
5. hüllen   *envelop*
6. der Verbrecher   *criminal* · der Polizist′   *policeman*
8. der Maulkorb   *muzzle*   9. die Leine   *leash*
10. die Licht′rekla′me   *neon sign, illuminated sign* · tauschen
    (ex)change · der Buchstabe   *letter*
11. an-preisen†   *recommend, extol*
12. behängen   *adorn, outfit* · die Kralle   *claw* ·
    entlassen†   *release*
14. die Rippe   *rib* · blasen†   *blow*   15. der Lehm   *clay*

Umkehrungen

by Elias Canetti

Beim Begräbnis ging der Sarg verloren. Man schaufelte° die Leidtragenden eilig ins Grab°. Der Tote tauchte plötzlich aus dem Hinterhalt auf und warf jedem eine Handvoll Erde in sein Grab nach.

Die Lichter gingen aus, die Stadt war in Dunkelheit gehüllt. 5 Die Verbrecher bekamen Angst und ließen die Polizisten laufen.

Der Hund nahm seinem Herrn den Maulkorb ab, behielt ihn aber an der Leine.

In einer Lichtreklame tauschten die Buchstaben ihre Stelle 10 und warnten° vor der angepriesenen Ware°.

Die Katze behängte die Maus mit ihren Krallen und entließ sie ins Leben.

Gott tat die Rippe in Adams Seite zurück, blies ihm den Atem aus und verformte° ihn wieder zu Lehm. 15

AUFZEICHNUNGEN These condensed reflections on everyday life offer at first glance a criticism, even a rejection, of the way things are; but behind the ridicule and censure of human foibles lurks the serious guardian of standards, whose self-appointed task is to protest and to warn. Is such an *Aufzeichnung* as "So viel gute Menschen und schauen alle andern an wie Luft" negative, positive, or both?

    die Aufzeichnung   *note, notation*

2. wozu′ *what for*
4. der Abscheu *disgust* · verstecken *hide*
5. glücken *succeed*

7. an-schauen = ansehen

16. das Gedicht *poem* · wahrhaft *true*

18. Es . . . an *the important thing is . . .* · der Ahn *ancestor*
19. verleugnen *deny*

Aufzeichnungen

by Elias Canetti

Er wünscht sich einen Blick auf die Welt in hundert Jahren. „Wozu, du wirst nichts erkennen?" „Erkenne ich sie jetzt?"

Es könnte ja sein, daß Gott nicht schläft, sondern sich aus Abscheu vor uns versteckt hält.

Es ist ihm geglückt, sich durch Lesen in Unwissenheit° zu erhalten.

So viel gute Menschen und schauen alle andern an wie Luft.

Der Mann, den er nach dem Weg fragte, wies in vier verschiedene Richtungen.

Zeitungen, zum Vergessen des Vortags°.

Er hielt sich für klug, weil er jeden Tag anders dachte.

Er sagt, er hat sich nie verkauft. Was bekam er denn für sich geboten?

Leute, die nach der Atombombe ‚objektiv' sagen können.

Er lernt nichts. Er lernt nur besser vergessen.

Ein Gedicht kann das wahrhafte Bild unserer Welt sein. Das wahrhaft entsetzliche Bild unserer Welt ist die *Zeitung*.

Es kommt darauf an, nicht so zu sein wie die Ahnen, ohne sie zu verleugnen.

HEINER MÜLLER, born in Saxony (now East Germany) in 1929, became a journalist after World War II and settled in 1959 in East Berlin. Two early plays written in collaboration with his wife Inge Müller earned their authors the Heinrich Mann Prize in 1959. Müller's themes — problems of industrial organization, social consciousness and responsibility — are essentially political. But honesty has its price. Two further plays were never published. Another — whose protagonist complains that "the Party comes and goes, we work" — struck the authorities as uncomfortably authentic, and its performance was banned. Müller's response to such censorship has been to turn to "safe" subjects based on classical writers: Shakespeare, Molière, Sophocles, Aeschylus. In these works the political views are at best ill-concealed. During recent years the government has chosen usually to ignore its foremost dramatist, allowing his works to be performed and party-faithful critics and writers to attack him.

Müller's poems and stories often resemble sketches for later dramatic treatment. In *Das Eiserne Kreuz* (1977) events are narrated with startling matter-of-factness. It is as though the author were maintaining his distance from the "patriotic" stationer, much as the latter needs to keep another kind of distance from his family, his deed, and ultimately his medal. At stake is neither traditional honor and bravery, nor fear and cowardice. Müller seems to repeat one of his most explosive themes: "Der Schrei nach Leben behält sein Recht." To allow life to demand its rights after a heinous double murder is to suspend all moral judgment. Casting away the medal is a new beginning — of what? Is the stationer's fate a model of dialectical thinking? Is it a parable of the "escape" of certain Nazis into anonymity?

---

eisern *iron* · das Kreuz *cross*   1. Stargard *(Mecklenburg town, now Poland)*   2. der Papier′händler *stationer*   3. der Kunde *customer*   4. die Hochzeit *wedding* · der Selbstmord *suicide*   7. die Küche *kitchen*   8. die Waffe *weapon*   9. der Rockaufschlag *lapel*   10. der Freitod *voluntary death*   11. die Treue halten† *keep faith*   13. ehrenvoll *honorable*   15. enttäuschen *disappoint*   16. ab-warten *wait for*   17. auf-fordern *order*   18. das Aufsehen vermeiden† *avoid attracting attention* · geeignet *suitable* · außerhalb *outside of*   19. gehorchen *obey* · laden† *load*   20. ab-schließen† *shut and lock*   21. der Briefkasten *mailbox*

Das Eiserne Kreuz

by Heiner Müller

Im April 1945 beschloß in Stargard in Mecklenburg ein Papier-
händler, seine Frau, seine vierzehnjährige Tochter und sich
selbst zu erschießen°. Er hatte durch Kunden von Hitlers
Hochzeit und Selbstmord gehört.

Im ersten Weltkrieg° Reserveoffizier°, besaß er noch einen   5
Revolver, auch zehn Schuß° Munition°.

Als seine Frau mit dem Abendessen° aus der Küche kam,
stand er am Tisch und reinigte° die Waffe. Er trug das Eiserne
Kreuz am Rockaufschlag, wie sonst nur an Festtagen.

Der Führer habe den Freitod gewählt, erklärte er auf ihre   10
Frage, und er halte ihm die Treue. Ob sie, seine Ehefrau°,
bereit sei, ihm auch hierin zu folgen. Bei der Tochter zweifle
er nicht, daß sie einen ehrenvollen Tod durch die Hand ihres
Vaters einem ehrlosen° Leben vorziehe.

Er rief sie. Sie enttäuschte ihn nicht.   15

Ohne die Antwort der Frau abzuwarten, forderte er beide
auf, ihre Mäntel anzuziehen, da er, um Aufsehen zu vermei-
den, sie an einen geeigneten Ort außerhalb der Stadt führen
werde. Sie gehorchten. Er lud dann den Revolver, ließ sich von
der Tochter in den Mantel helfen, schloß die Wohnung ab   20
und warf den Schlüssel durch die Briefkastenöffnung.

Es regnete, als sie durch die verdunkelten° Straßen aus der

2. mit Abstand   *at a distance*

5. der Buchenwald   *beech forest* · ein-schlagen†   *set out on*
6. zur Eile treiben†   *urge haste*
7. die Ebene   *plain*

9. voran'   *ahead*

15. Wasser lassen†   *pass water* · die Hose   *trousers*

17. ein-holen   *catch up with*

24. entsichern   *release the safety catch on*
25. schluchzen   *sob*
26. auf . . . zu   *toward, up to*
27. starr an-sehen†   *stare at* · die Schläfe   *temple*
28. ab-drücken   *pull the trigger*
29. los-gehen†   *go off*
30. schwanken   *sway*

34. die Mündung   *mouth*

37. ein-stecken   *put in one's pocket*

Stadt gingen, der Mann voraus, ohne sich nach den Frauen umzusehen°, die ihm mit Abstand folgten. Er hörte ihre Schritte auf dem Asphalt°.

Nachdem er die Straße verlassen und den Fußweg° zum Buchenwald eingeschlagen hatte, wandte er sich über die Schulter zurück und trieb zur Eile. Bei dem über der baumlosen° Ebene stärker aufkommenden° Nachtwind, auf dem regennassen° Boden, machten ihre Schritte kein Geräusch.

Er schrie ihnen zu, sie sollten vorangehen. Ihnen folgend, wußte er nicht: hatte er Angst, sie könnten ihm davonlaufen, oder wünschte er, selbst davonzulaufen. Es dauerte nicht lange, und sie waren weit voraus. Als er sie nicht mehr sehen konnte, war ihm klar, daß er zuviel Angst hatte, um einfach wegzulaufen, und er wünschte sehr, sie täten es. Er blieb stehen und ließ sein Wasser. Den Revolver trug er in der Hosentasche, er spürte ihn kalt durch den dünnen Stoff. Als er schneller ging, um die Frauen einzuholen, schlug die Waffe bei jedem Schritt an sein Bein. Er ging langsamer. Aber als er in die Tasche griff, um den Revolver wegzuwerfen, sah er seine Frau und die Tochter. Sie standen mitten auf dem Weg und warteten auf ihn.

Er hatte es im Wald machen wollen, aber die Gefahr, daß die Schüsse° gehört wurden, war hier nicht größer.

Als er den Revolver in die Hand nahm und entsicherte, fiel die Frau ihm um den Hals, schluchzend. Sie war schwer, und er hatte Mühe, sie abzuschütteln. Er trat auf die Tochter zu, die ihn starr ansah, hielt ihr den Revolver an die Schläfe und drückte mit geschlossenen Augen ab. Er hatte gehofft, der Schuß würde nicht losgehen, aber er hörte ihn und sah, wie das Mädchen schwankte und fiel.

Die Frau zitterte und schrie. Er mußte sie festhalten°. Erst nach dem dritten Schuß wurde sie still.

Er war allein.

Da war niemand, der ihm befahl, die Mündung des Revolvers an die eigene Schläfe zu setzen. Die Toten sahen ihn nicht, niemand sah ihn.

Er steckte den Revolver ein und beugte sich über seine Tochter. Dann fing er an zu laufen.

Er lief den Weg zurück bis zur Straße und noch ein Stück

6. die Ortschaft *settlement, town* · meiden† *avoid*
7. unter-tauchen *disappear*
8. der Flüchtling *refugee* · durchschnittlich *average*
9. arbeitsam *industrious*
10. der Graben *ditch*

DIE SONNE SCHEINT . . . , like Müller's story, offers an implicit warning: history must not repeat itself. The shadow that passes across the women's faces links past and present and raises urgently the issue indirectly posed in Kunert's "Wohnen" and "Laika" (p. 333): our past, our future, and our attitude toward survival. Have we learned? What is *in* these works appears to offer no answer — or at best a skeptical one. But might their existence alone suggest that there is merit, if not hope, in having our eyes opened?

die Straße entlang, aber nicht auf die Stadt zu, sondern west-
wärts. Dann ließ er sich am Straßenrand nieder, den Rücken
an einen Baum gelehnt, und überdachte° seine Lage, schwer
atmend. Er fand, sie war nicht ohne Hoffnung.

Er mußte nur weiterlaufen, immer nach Westen, und die   5
nächsten Ortschaften meiden. Irgendwo konnte er dann un-
tertauchen, in einer größeren Stadt am besten, unter fremdem
Namen, ein unbekannter Flüchtling, durchschnittlich und arbeitsam.

Er warf den Revolver in den Straßengraben und stand auf.   10

Im Gehen fiel ihm ein, daß er vergessen hatte, das Eiserne
Kreuz wegzuwerfen. Er tat es.

DIE SONNE SCHEINT. AUS DEN FENSTERN
Des neuen Hauses sehen die Frauen
Auf spielende Kinder. Über den
Himmel fliegt ein Flugzeug, über
Die Gesichter zieht ein Schatten.
Sie erinnern sich.

GÜNTER KUNERT

SARAH KIRSCH, another East German writer whose political idealism is directed towards creating a truly socialistic society, was born (Sarah Bernstein) in 1935 in Limlingerode, in the Harz region of East Germany. Married for some years to the poet Rainer Kirsch, she lived first in Leipzig, then in East Berlin. In 1977 she moved to West Berlin, an action possibly motivated less by disillusionment than by the need to travel unhindered, to cross barbed wire and return, as she once suggested. Her first poetry was published (together with her husband's) in a volume entitled *Gespräch mit dem Saurier* (1965), which was followed (under her own name) by *Landaufenthalt* (1967), *Rückenwind* (1977), and *Drachensteigen* (1979). More recently Sarah Kirsch has turned to prose poems. Most typically, however, a Kirsch poem is a very short lyric, reminiscent of the *Lied* and dealing with the age-old themes of solitude, finding and being oneself, and the need for others. Love and nature are her favorite subjects.

"Niemals verzogen" suggests the idyllic, sometimes fairytale existence, disturbed by impersonal misfortune, which is frequently encountered in Kirsch's poetry. But if this is an idyll, what is its context? Why does the reference to the Thirty Years' War (1618–1648) force us to see the poem as a commentary on the **present?**

    verziehen†   *(here) move (one's house, etc.)*
2.   wirr   *tangled, dishevelled*
3.   das Waldgebirg   *wooded mountains*

SCHWARZE BOHNEN   Although the actions and elements of this poem appear to defy synthesis, suggesting instead a degree of playful naiveté, their final meaning may be both real and valid. *Singe bin stumm* encompasses a considerable range of experience, indeed, of life itself. Our everyday routine is part of a world that is simply not "in order." How does the poet suggest this?

die Bohne   *bean*   4.   jedweder = jeder   5.   mahlen *grind*
9.   sich aus-ziehen†   *undress*   10.   schminken   *put on make-up*

4.   mischen   *mix, blend* · das Salzkorn   *grain(s) of salt*
    (as "magic" for good fortune or against evil)
5.   streuen   *strew, scatter*

Niemals verzogen

Mein Bruder
Hat wirres Haar, wir wohnen
Tief im Waldgebirg
Kurz vor dem Dreißigjährigen Krieg unsere Münder
Reden die klügsten Dinge   5

Schwarze Bohnen

Nachmittags° nehme ich ein Buch in die Hand
Nachmittags lege ich ein Buch aus der Hand
Nachmittags fällt mir ein es gibt Krieg
Nachmittags vergesse ich jedweden Krieg
Nachmittags mahle ich Kaffee   5
Nachmittags setze ich den zermahlenen° Kaffee
Rückwärts° zusammen schöne
Schwarze Bohnen
Nachmittags ziehe ich mich aus mich an
Erst schminke dann wasche ich mich   10
Singe bin stumm

IMMER WOLLEN DICH MEINE AUGEN
Fliegt mein Haar dir zu; oft
Unter die Füße mein Schatten
Mischt sich in deinen; Salzkorn
Streu ich dir hin schon ein Jahr   5

IMMER WOLLEN ... and MEINE WORTE ...   In these
two poems, seeing and perceiving "against the grain" produces
startling imagery: "Fliegt mein Haar dir zu" and "mein Himmel...
will deinen erreichen." Freed from the poet's conscious will, hair,
shadow, words assume their own individuality. What does their
independent action, in opposition to the poems' "I", say about the
nature of love?

1. gehorchen *obey*   3. dehnen *stretch*
4. zerspringen† *burst, break*   5. der Zug *(here) breath*
6. sieb(en)fach *sevenfold* · unaufhörlich *unceasing*
7. verschlüsseln *(en)code* · die Botschaft *message*

MAI   In this special month for nature poets, the dissonance is even
more apparent. How are the two opposing worlds of stanzas one
and two brought together in the last stanza? Which word offers
a tense and tragic union of irreconcilables? Where is the *ich* of
this poem?

2. feiertags *on holidays*
3. gestreift *striped* · der Bademantel *bathrobe*
7. gelb *yellow*

9. der Karren *cart* · die Kartoffel *potato*
10. das Kompott' *preserves* · das Gemüse *vegetable*

11. der Krankenwagen *ambulance*
12. die Fahne *flag*

14. blütenblaß *pale as blossoms*

MEINE WORTE GEHORCHEN MIR NICHT
Kaum hör ich sie wieder mein Himmel
Dehnt sich will deinen erreichen
Bald wird er zerspringen ich atme
Schon kleine Züge mein Herzschlag°   5
Ist siebfach geworden schickt unaufhörlich
Und kaum verschlüsselte Botschaften aus

Mai

Auf dem Dach der großen Klinik°
Sitzen feiertags die Kranken
In gestreiften Bademänteln
Legen Finger auf die Wunden°
Rauchen eine Zigarette   5

Auf der Erde ist das Gras grün
Gelbe Blumen sind darin
Und die weißen Küchenfrauen°
Ziehen Karren mit Kartoffeln
Fleisch Kompott Gemüse. Wieder   10

Kommt ein Krankenwagen
Mit der Fahne und der schrillen°
Stimme die um Eile schreit
Ach ich seh dich blütenblaß
Neben deinem Auto liegen   15

THOMAS BERNHARD's life resembles and in fact involves a series of painful and often interrupted journeys. Born in Holland in 1931 of Austrian parents, he was raised by his grandparents, mostly in Vienna. In 1943 he joined his mother and step-father in Bavaria, only to be sent to a boarding school in Salzburg. The following year found him again in Bavaria, where he worked in a nursery and truck-garden. In 1945 he returned to his studies in Salzburg but dropped out to work as a grocer's apprentice. From 1948 through 1951 he suffered successively from pleurisy and severe lung ailments and was forced to spend time in a sanitorium. From 1952 to 1957 he studied music and dramatics, briefly in Vienna, then at the Mozart Academy in Salzburg. Both the Vienna and the Salzburg Festivals have offered productions of his work.

Bernhard's career as a writer began in 1957 with a volume of poems entitled *Auf der Erde und in der Hölle.* His novels elaborate on the themes and ideas found in his poetry: murder, suicide, spiritual malaise, insanity. Bernhard's most recent works, the "prose texts" of 1983 and 84, do little to brighten his fragmented accounts of a world of absurdity and perfidy.

Here Bernhard turns with anecdotal brevity to the seemingly lighter side of life. But the humor is macabre and barely conceals the shock of recognition: we are thrust out of our accustomed ways of seeing, thinking, and acting, only to discover that man is a parody of himself and that the absurd twist given to his actions might somehow be sensible. Why shouldn't the apes of *Umgekehrt* return the favor? Suppose Goethe really *did* say "mehr nicht"? Isn't the postman's madness a form of insight with a logic all its own? Bernhard sees our conventions, myths, our very way of putting things as both sacrosanct and silly — and sadly inevitable.

---

die Behauptung   *assertion*   2.   die Irrenanstalt   *insane asylum* ·
ein-liefern   *commit*   5.   die Berührung   *contact*   6.   auf die
Dauer   *in the long run* · derartig   *to such an extent* · auf die
Nerven gehen†   *get on one's nerves*   7.   sich zusam'men-tun†
get together · die Einweisung   *consignment, referral*
9.   erwirken   *effect*   10.   sich weigern   *refuse*
11.   veranlaßen   *arrange*   13.   FAZ   *(famous newspaper)* ·
die Plaket'te   *plaque*   14.   aus-zeichnen   *honor*

Behauptung

by Thomas Bernhard

Ein Mann aus Augsburg ist allein deshalb in die Augsburger
Irrenanstalt eingeliefert worden, weil er sein ganzes Leben bei
jeder Gelegenheit behauptet hatte, Goethe habe als Letztes
mehr nicht! und nicht *mehr Licht!* gesagt, was allen mit ihm
in Berührung gekommenen Leuten mit der Zeit und auf die   5
Dauer derartig auf die Nerven gegangen sei, daß sie sich
zusammengetan hatten, um die Einweisung dieses auf so un-
glückliche Weise von seiner Behauptung besessenen Augs-
burgers in die Irrenanstalt zu erwirken. Sechs Ärzte hätten sich
geweigert, den Unglücklichen in die Irrenanstalt einzuweisen,   10
der siebente habe eine solche Einweisung sofort veranlaßt.
Dieser Arzt ist, wie ich aus der *Frankfurter Allgemeinen Zeitung* erfahren habe, dafür mit der Goetheplakette der Stadt
Frankfurt ausgezeichnet worden.

umgekehrt *vice versa*

1. verhaßt *odious*
2. auf-suchen *seek out*
3. tatsächlich *actual* · erspart bleiben† *be spared*
4. Schönbrunn (*suburb of Vienna, with oldest zoo in Europe*)
5. der Affe *ape*
6. der Käfig *cage* · beobachten *observe*

8. ein-stecken *put in one's pocket*
9. der Studienkolle′ge *fellow student* · auf-fordern *urge*

12. ihrerseits *for their part* · verstreuen *strew* · kratzen *scratch*
13. das Gitter *bars*
14. das Verhalten *behavior*
15. augenblicklich *immediate* · kehrt-machen *do an about-face*
16. der Ausgang *exit*

der Wahnsinn *madness*

1. Lend (*section of Graz, Austria*)
2. vermuten *imagine, suspect*
3. natur′gemäß *naturally* · der Partezettel *death announcement*
4. aus-tragen† *deliver* · die Post *post office*
5. Irrenanstalt Scherrnberg (*Scherrnberg Insane Asylum*)

7. fortwährend *continually* · die Verwaltung *administration*
8. eigens *especially*
9. an-bringen† *attach* · der Kasten *box*
10. der Mitpatient′ *fellow patient*

12. um . . . ersuchen *request*
13. wie es heißt *as is said*

Umgekehrt

Wenn mir zoologische Gärten auch immer verhaßt gewesen
sind und die Leute, die solche zoologischen Gärten aufsuchen,
tatsächlich suspekt°, ist es mir doch nicht erspart geblieben,
einmal nach Schönbrunn hinauszugehn und, auf Wunsch
meines Begleiters, eines Theologieprofessors°, vor dem Affen-   5
käfig stehenzubleiben, um die Affen zu beobachten, die mein
Begleiter mit einem Futter fütterte°, das er zu diesem Zwecke
eingesteckt gehabt hatte. Der Theologieprofessor, ein früherer
Studienkollege, der mich aufgefordert hatte, mit ihm nach
Schönbrunn zu gehen, hatte mit der Zeit sein ganzes mitge-   10
brachtes Futter an die Affen verfüttert°, als plötzlich die Affen
ihrerseits auf dem Boden verstreutes Futter zusammenkratzten
und uns durch das Gitter herausreichten. Der Theologieprofessor und ich waren über das plötzliche Verhalten der Affen so
erschrocken gewesen, daß wir augenblicklich kehrtmachten   15
und Schönbrunn durch den nächstbesten Ausgang verließen.

Wahnsinn

Ein Briefträger ist in Lend suspendiert° worden, der jahrelang
alle Briefe, in welchen er traurige Nachrichten vermutete und
naturgemäß alle an ihn gekommenen Partezetteln nicht aus-
getragen, sondern bei sich zuhause verbrannt hat. Die Post hat
ihn schließlich in die Irrenanstalt Scherrnberg einweisen las-   5
sen, wo er in einer Briefträgeruniform umhergeht und fortwährend Briefe austrägt, die von der Irrenhausverwaltung in
einen eigens dafür an einer der Irrenhausmauern angebrach-
ten Briefkasten hineingeworfen werden und die an seine Mit-
patienten adressiert sind. Der Briefträger habe schon gleich   10
nach seiner Einweisung in die Irrenanstalt Scherrnberg um
seine Briefträgeruniform ersucht, *um nicht wahnsinnig werden zu müssen,* wie es heißt.

SIEGFRIED LENZ *Die Nacht im Hotel* is typical of Siegfried Lenz's fiction during the late 50's and the 60's. Moving from the highly symbolic style of his earlier novels, Lenz (born in 1926) became a realist — some might say a sentimental realist — in the manner of Ernest Hemingway: his figures and situations are of the everyday world, depicted in the unadorned style of post-Naturalist realism, with clarity and directness of language and little overt imagery. They remain, if not "symbolic," openly transcendent in meaning and ethical concern. The plots are paradigmatic. His novel *Deutschstunde* (1968), one of the major accomplishments of modern German fiction, concerns the inner conflict and sacrificial resolve of a youth caught between (and doubly abandoned by) his inflexible, bureaucratic father and an artist branded as "decadent" by the Nazis for whom his father works. It tells of the boy's incarceration in a "training school," the attempt of his doctors to free him from guilt feelings and to prepare him for "return to society." Lenz's lesson: without awareness of guilt there is no freedom. The present story is too slender to bear such an extensive message, but it moves, in the most ordinary environment, from despair at lack of human contact to an unexpected assertion of altruism, kindness, and affection.

Lenz studied philosophy and English at the University of Hamburg, beginning his studies after the fall of Germany, supporting himself by (among other things) giving blood and trading on the grey market. He did not finish his degree but went into journalism and publishing. Now a free lance writer in Hamburg, Lenz has published another novel, *Der Verlust* (1981), and a shorter prose work, *Ein Kriegsende* (1984), intended for television.

---

2. die Kuppe   *finger-end* · die Kladde   *register, jotter* · bedauernd   *regretful, apologetic*
4. spannen   *stretch, tighten*
6. nirgendwo   *nowhere*
7. es steht Ihnen . . . frei   *you are at liberty* · nach-fragen   *inquire*
9. ergebnislos   *without result, unsuccessful*
16. teilen   *share*
22. das An'meldeformular'   *registration form*

Die Nacht im Hotel

by Siegfried Lenz

Der Nachtportier° strich mit seinen abgebissenen Fingerkuppen über eine Kladde, hob bedauernd die Schultern und drehte seinen Körper zur linken Seite, wobei sich der Stoff seiner Uniform gefährlich unter dem Arm spannte.

„Das ist die einzige Möglichkeit", sagte er. „Zu so später 5
Stunde werden Sie nirgendwo ein Einzelzimmer bekommen. Es steht Ihnen natürlich frei, in anderen Hotels nachzufragen. Aber ich kann Ihnen schon jetzt sagen, daß wir, wenn Sie ergebnislos zurückkommen, nicht mehr in der Lage sein werden, Ihnen zu dienen. Denn das freie Bett in dem Doppel- 10
zimmer°, das Sie — ich weiß nicht aus welchen Gründen — nicht nehmen wollen, wird dann auch einen Müden gefunden haben."

„Gut", sagte Schwamm, „ich werde das Bett nehmen. Nur, wie Sie vielleicht verstehen werden, möchte ich wissen, mit 15
wem ich das Zimmer zu teilen habe; nicht aus Vorsicht, gewiß nicht, denn ich habe nichts zu fürchten. Ist mein Partner° — Leute, mit denen man eine Nacht verbringt, könnte man doch fast Partner nennen — schon da?"

„Ja, er ist da und schläft." 20

„Er schläft", wiederholte Schwamm, ließ sich die Anmeldeformulare geben, füllte sie aus und reichte sie dem Nachtportier zurück; dann ging er hinauf.

1. unwillkürlich *involuntary, mechanical*

3. an-halten† = halten
4. verursachen *cause*

8. selbstverständlich *obvious*

10. rechtmäßig *legitimate* · ein-weisen† *direct, send*
11. bereits = schon
12. die Klinke *latch*
13. tasten *grope, feel* · die flache Hand *flat of the hand* · der Lichtschalter *light switch*
14. inne-halten† *stop, pause*

18. der Gefallen *favor*

22. stolpern *stumble* · die Krücke *crutch*
23. der Koffer *suitcase*

25. dirigieren *direct*
26. wiederum *again, anew*

28. berühren *touch*
29. gehorchen *obey* · sich entkleiden = sich ausziehen
30. schlüpfen *slip* · die Atemzüge *(pl.) breathing*
31. vorerst' *for the time being*

33. zögern *hesitate*

37. der Kongreß' *meeting, congress*

Unwillkürlich verlangsamte° Schwamm, als er die Zimmertür mit der ihm genannten Zahl erblickte°, seine Schritte, hielt den Atem an, in der Hoffnung, Geräusche, die der Fremde verursachen könnte, zu hören, und beugte sich dann zum Schlüsselloch hinab. Das Zimmer war dunkel. In diesem Augenblick hörte er jemanden die Treppe heraufkommen, und jetzt mußte er handeln. Er konnte fortgehen, selbstverständlich, und so tun, als ob er sich im Korridor° geirrt habe. Eine andere Möglichkeit bestand darin, in das Zimmer zu treten, in welches er rechtmäßig eingewiesen worden war und in dessen einem Bett bereits ein Mann schlief.

Schwamm drückte die Klinke herab. Er schloß die Tür wieder und tastete mit flacher Hand nach dem Lichtschalter. Da hielt er plötzlich inne: neben ihm — und er schloß sofort, daß da die Betten stehen müßten — sagte jemand mit einer dunklen, aber auch energischen° Stimme:

„Halt! Bitte machen Sie kein Licht. Sie würden mir einen Gefallen tun, wenn Sie das Zimmer dunkel ließen."

„Haben Sie auf mich gewartet?" fragte Schwamm erschrocken; doch er erhielt keine Antwort. Statt dessen sagte der Fremde:

„Stolpern Sie nicht über meine Krücken, und seien Sie vorsichtig, daß Sie nicht über meinen Koffer fallen, der ungefähr in der Mitte des Zimmers steht. Ich werde Sie sicher zu Ihrem Bett dirigieren: Gehen Sie drei Schritte an der Wand entlang, und dann wenden Sie sich nach links, und wenn Sie wiederum drei Schritte getan haben, werden Sie den Bettpfosten° berühren können."

Schwamm gehorchte: er erreichte sein Bett, entkleidete sich und schlüpfte unter die Decke. Er hörte die Atemzüge des anderen und spürte, daß er vorerst nicht würde einschlafen können.

„Übrigens", sagte er zögernd nach einer Weile, „mein Name ist Schwamm."

„So", sagte der andere.

„Ja."

„Sind Sie zu einem Kongreß hierhergekommen?"

„Nein. Und Sie?"

„Nein."

Die Nacht im Hotel 355

1. geschäftlich   *commercial, business; on business*

3. merkwürdig   *strange, remarkable*

5. rangieren   *shunt*

8. Selbstmord begehen†   *commit suicide*

13. bang   *timid, anxious* · die Fröhlichkeit   *gaiety*
14. Gott bewahre   *God forbid!*

16. der Lausejunge   *rascal, young devil* · seinetwegen   *because of him*
17. das Krankenhaus   *hospital*

21. zusam'men-hängen†   *be connected* · äußerst   *extremely*
22. sensi'bel   *sensitive* · mimo'senhaft   *touchy, highly sensitive (lit., mimosa-like)* · reagieren   *react*

26. die Hinsicht   *respect* · gefährden   *endanger* · der Bengel   *urchin, boy*
27. bedrohen   *threaten*
29. ungereift   *not yet mature*

33. die Schranke   *barrier, crossing gate*

35. winken   *wave* · verzweifelt   *desperate*

38. verstört   *disturbed* · benommen   *confused*
39. heulen   *howl, cry* · imstan'de   *capable (of), able*

„Geschäftlich?"

„Nein, das kann man nicht sagen."

„Wahrscheinlich habe ich den merkwürdigsten Grund, den je ein Mensch hatte, um in die Stadt zu fahren", sagte Schwamm. Auf dem nahen Bahnhof rangierte ein Zug. Die Erde zitterte, und die Betten, in denen die Männer lagen, vibrierten.

„Wollen Sie in der Stadt Selbstmord begehen?" fragte der andere.

„Nein", sagte Schwamm, „sehe ich so aus?"

„Ich weiß nicht, wie Sie aussehen", sagte der andere, „es ist dunkel."

Schwamm erklärte mit banger Fröhlichkeit in der Stimme:

„Gott bewahre, nein. Ich habe einen Sohn, Herr . . . (der andere nannte nicht seinen Namen), einen kleinen Lausejungen, und seinetwegen bin ich hierhergefahren."

„Ist er im Krankenhaus?"

„Wieso denn? Er ist gesund, ein wenig bleich zwar, das mag sein, aber sonst sehr gesund. Ich wollte Ihnen sagen, warum ich hier bin, hier bei Ihnen, in diesem Zimmer. Wie ich schon sagte, hängt das mit meinem Jungen zusammen. Er ist äußerst sensibel, mimosenhaft, er reagiert bereits, wenn ein Schatten auf ihn fällt."

„Also ist er doch im Krankenhaus."

„Nein", rief Schwamm, „ich sagte schon, daß er gesund ist, in jeder Hinsicht. Aber er ist gefährdet, dieser kleine Bengel hat eine Glasseele°, und darum ist er bedroht."

„Warum begeht er nicht Selbstmord?" fragte der andere.

„Aber hören Sie, ein Kind wie er, ungereift, in solch einem Alter! Warum sagen Sie das? Nein, mein Junge ist aus folgendem Grunde gefährdet: Jeden Morgen, wenn er zur Schule geht — er geht übrigens immer allein dorthin — jeden Morgen muß er vor einer Schranke stehen bleiben und warten, bis der Frühzug vorbei ist. Er steht dann da, der kleine Kerl, und winkt, winkt heftig und freundlich und verzweifelt."

„Ja und?"

„Dann", sagte Schwamm, „dann geht er in die Schule, und wenn er nach Hause kommt, ist er verstört und benommen, und manchmal heult er auch. Er ist nicht imstande, seine

3. jeden lieben Tag *every single day* · kaputt′ gehen *go to pieces, go to ruin, die*
4. veranlassen *cause, incite* · das Verhalten *behavior*

8. die Befürchtung(en) *fear, apprehension*

11. lächerlich *ridiculous* · eine diesbezügliche Vorschrift zu erlassen *to issue a regulation to that effect*
13. das Elend *misery*
14. auf-saugen† *absorb*

17. an-gehen† *concern, have to do with*
18. aus-weichen† *avoid*

20. die Geburt *birth*

22. fließen† *flow*

26. das Bedenken *doubt, scruple, hesitation* · das Vorhaben *plan, intention*
27. sich schämen *be ashamed*
28. betrügen† *deceive* · zu-geben† *admit, concede*
29. glatt *plain, bare* · die Hintergehung *deception*
30. auf-bringen† *provoke, anger*
32. (sich) überlegen *reflect on, ponder*

37. ausgeschlossen = unmöglich

Schularbeiten zu machen, er mag nicht spielen und nicht sprechen: das geht nun schon seit Monaten so, jeden lieben Tag. Der Junge geht mir kaputt dabei!"

„Was veranlaßt ihn denn zu solchem Verhalten?"

„Sehen Sie", sagte Schwamm, „das ist merkwürdig: Der Junge winkt, und — wie er traurig sieht — es winkt ihm keiner der Reisenden zurück. Und das nimmt er sich so zu Herzen, daß wir — meine Frau und ich — die größten Befürchtungen haben. Er winkt, und keiner winkt zurück; man kann die Reisenden natürlich nicht dazu zwingen, und es wäre absurd und lächerlich, eine diesbezügliche Vorschrift zu erlassen, aber . . ."

„Und Sie, Herr Schwamm, wollen nun das Elend Ihres Jungen aufsaugen, indem Sie morgen den Frühzug nehmen, um dem Kleinen zu winken?"

„Ja", sagte Schwamm, „ja."

„Mich", sagte der Fremde, „gehen Kinder nichts an. Ich hasse sie und weiche ihnen aus, denn ihretwegen habe ich — wenn man's genau nimmt — meine Frau verloren. Sie starb bei der ersten Geburt."

„Das tut mir leid", sagte Schwamm und stützte sich im Bett auf. Eine angenehme Wärme floß durch seinen Körper; er spürte, daß er jetzt würde einschlafen können.

Der andere fragte: „Sie fahren nach Kurzbach, nicht wahr?"

„Ja."

„Und Ihnen kommen keine Bedenken bei Ihrem Vorhaben? Offener gesagt: Sie schämen sich nicht, Ihren Jungen zu betrügen? Denn, was Sie vorhaben, Sie müssen es zugeben, ist doch ein glatter Betrug°, eine Hintergehung."

Schwamm sagte aufgebracht: „Was erlauben Sie sich, ich bitte Sie, wie kommen Sie dazu!" Er ließ sich fallen, zog die Decke über den Kopf, lag eine Weile überlegend da und schlief dann ein.

Als er am nächsten Morgen erwachte, stellte er fest, daß er allein im Zimmer war. Er blickte auf die Uhr und erschrak: bis zum Morgenzug blieben ihm noch fünf Minuten, es war ausgeschlossen, daß er ihn noch erreichte.

Am Nachmittag — er konnte es sich nicht leisten, noch eine

1. niedergeschlagen *depressed, dejected*
2. enttäuschen *disappoint*

5. die Faust *fist* · der Schenkel *thigh*

ICH WEISS NUR is a reiteration and expansion of some of Rose Ausländer's favorite themes: reincarnation, brotherly love, and the fusion of dream and life.

7. die Wolke *cloud* · schweben *float*

16. auf und ab *up and down, back and forth*

Nacht in der Stadt zu bleiben — kam er niedergeschlagen und
enttäuscht zu Hause an.
 Sein Junge öffnete ihm die Tür, glücklich, außer sich vor
Freude. Er warf sich ihm entgegen und hämmerte° mit den
Fäusten gegen seinen Schenkel und rief: 5
„Einer hat gewinkt, einer hat ganz lange gewinkt."
„Mit einer Krücke?" fragte Schwamm.
„Ja, mit einem Stock. Und zuletzt hat er sein Taschentuch°
an den Stock gebunden und es so lange aus dem Fenster
gehalten, bis ich es nicht mehr sehen konnte."   10

Ich weiß nur

Du fragst mich was ich will
Ich weiß es nicht

Ich weiß nur
daß ich träume
daß der Traum mich lebt   5
und ich in seiner
Wolke schwebe

Ich weiß nur daß ich
Menschen liebe
Berge Gärten das Meer   10

weiß nur daß viele Tote
in mir wohnen

Ich trinke meine Augenblicke
weiß nur
es ist das Zeitspiel°   15
Aufundab

ROSE AUSLÄNDER

Die Nacht im Hotel 361

FRIEDEL THIEKÖTTER was born in 1944. He teaches and writes in Münster and has already won a number of literary prizes. Here, with tongue in cheek — not judgmentally — Thiekötter approaches the intricate and socially explosive question of love, in all its physical variety. His authority? "Das sagen alle," or "sagt man dazu." Or — again with tongue in cheek — he reminds us of the ways society judges the transgression: when what is not proper or legal *does* in fact occur, and we smile anyway, since there are other considerations, such as the offender's status. If Thiekötter's authority is (intentionally) suspect, his attitude — reminiscent of the dead-pan comic or the straight man — would have to be called outrageous. Delinquent bosses may be ignored, but their victims? Thiekötter's choice of words betrays the irony: "so habgierig, wie die nun mal sind" is applied alike to female (and male) employees and to transvestites. Furthermore, "man kennt diese Leute" presupposes a Gibraltar-like position within a world that "knows" what is normal, or — the author reminds us in an aside — heterogeneous. What point of view is really represented in this social commentary? What is the true subject of *I love you!* ?

---

3. obwohl′ = obgleich · vermuten *suspect*
6. demnach′ *accordingly*
7. der Bub(e) *lad* · der Jugendliche *juvenile*

13. das Zuckerpüppchen *sugar doll* · die Kegelbrüder *(pl.) boys in the bowling group* · die Puppe *doll, puppet*
15. passieren *happen*

18. ausfallend *aggressive*
19. erteilen *declare*
20. ab-hängen† *depend* · der Onkel *(colloq.) nice older man* · das Bonbon′ *candy*
21. das Waldschwimmbad *swimming pool in a park*
23. das Sittlichkeitsverbrechen *morals offense*

I love you!

by Friedel Thiekötter

Ein Mann liebt eine Frau, und das ist eine normale Liebe.
Ebenso ist eine Liebe ganz normal, wenn eine Frau einen
Mann liebt, obwohl man dahinter schon mehr vermutet.
Liebt dagegen ein Mann einen Mann, so ist das keine ganz
normale Liebe; das sagen alle, und da muß man sich nur mal   5
umhören°. Wenn demnach und ganz besonders ein Mann einen
Knaben (Jungen, Buben, Boy, Jugendlichen, Vierzehnjähri-
gen) liebt, so ist das pervers° sagt man dazu; pervers sagen alle.
Liebt andererseits° ein Knabe einen Mann, so ist das auch pervers; aber die wenigsten halten das für möglich; der arme   10
Junge, ruft man dann aus. Ist der Jugendliche ein Mädchen
(vierzehnjährig, aber schon voll entwickelt, ein richtiges Zuk-
kerpüppchen, sagen die Kegelbrüder und lassen die Puppen
tanzen), das von einem Mann geliebt wird, so ist das nicht in
der Ordnung und dem Gesetz; aber das kann passieren, lächelt   15
man, der arme Mann. Wenn ein vierzehnjähriges Mädchen
einen Mann liebt, so werden die Eltern sehr laut und ausfallend, indem sie dem Mann Hausverbot° und dem Mädchen
Hausarrest° erteilen; ob sie die Gerichte anrufen, hängt von
der Stellung des Mannes ab. Liebt ein Onkel mit Bonbons am   20
Spielplatz° oder im Waldschwimmbad ein Mädchen oder
einen Jungen (meist unter vierzehn), so ist das ein Sittlichkeitsverbrechen und steht in der Zeitung.

1. der Chef *boss* · die Abhängige *female subordinate*

4. herrschen *prevail*

6. habgierig *greedy*

8. der Klassenkampf *class struggle*

11. unbedingt *absolute*
12. sich ab-geben† mit *have (anything) to do with*
13. der Staatsstreich *coup d'état*

15. an-schauen *look at*
17. der Gesetzgeber *lawmaker* · sich eignen *be suited*
18. ...halber *for the sake of*
19. vorzüglich *particularly* · die Krankenschwester *nurse*
20. die Frauenstation' *women's ward (often with different classes of service)*
21. scheußlich *horrid*
22. farbenfroh *colorful* · die Mode *fashion*
23. ab-hängen† *depend* · aus-halten† *keep*
25. guck mal! *look!*
26. das Kino *movie*
27. verkleiden *disguise* · der Büttenredner *carnival orator (cf. soapbox)*
28. beliebt *popular*

30. lauten *go*

33. den Scheitel ziehen† *part one's hair* · ordentlich *orderly, neat*
35. es sei denn *unless it be*
36. kommt...heraus' *comes of it*

Liebt ein Chef eine Abhängige (um wieder Normales zu reden), so ist das ein Verbrechen, aber niemand will etwas damit zu tun haben, ebenso wenig wenn der Chef einen Abhängigen liebt; hier herrscht Gleichheit° vor dem Gesetz, das ändert auch nicht die Tatsache, daß eine Abhängige oder ein Abhängiger einen Chef nur lieben, um so habgierig, wie die nun mal sind, mehr Lohn zu bekommen: Liebe hat nichts mit Klassenkampf zu tun; das muß man mal festhalten°.

Liebt ein Mann einen Mann (um wieder halbwegs° Normales zu reden), ein Homosexueller einen Homosexuellen, nennt man das, so ist das nicht unbedingt mehr ein Verbrechen, aber man soll sich mit sowas nicht abgeben, diese Kreise kennt man, da bilden sich Gruppen°, die den Staatsstreich planen°; oder alles ist ganz unpolitisch, man kennt diese Leute, muß sie sich nur mal anschauen. Liebt eine Lesbierin° eine Lesbierin, so ist das zwar auch pervers, aber noch nie ein Verbrechen gewesen, Gesetzgeber sind Gentlemen, eignen sich diese Frauen (der Einfachheit° halber bleibt man bei diesem Ausdruck) doch vorzüglich als Krankenschwestern auf Frauenstationen zweiter Klasse. Wenn ein Transvestit einen Mann liebt, so ist das pervers und scheußlich, natürlich, aber auch sehr lustig und farbenfroh, was allerdings von Mode und Jahreszeit° abhängt. Liebt ein Mann einen Transvestiten, den er aushält und der ihn viel Geld kostet, habgierig, wie die nun mal sind, so ist das auch sehr komisch anzusehn; guck mal! guck mal! ruft man aus, und im Kino lachen alle (wie auch zur lustigen Karnevalszeit° die als Frauen verkleideten Büttenredner sehr beliebt sind; und der Applaus will dann keine Ende nehmen). Liebt eine Frau eine Transvestitin, so wird dies nicht so genannt, sondern anders, und beide sind lesbisch°, lautet der richtige Ausdruck. Liebt eine Transvestitin eine Frau, so nennt man sie lesbisch, nur sollte ihr Scheitel gerade und ordentlich gezogen sein. Wenn eine Lesbierin einen Homosexuellen liebt, so ist das ganz unmöglich, und sowas hat die Welt noch nicht gesehn, es sei denn die Lesbierin leide unter Muttergefühlen°, aber dann kommt nicht viel dabei heraus, und sie könnte ebenso gut mit Puppen spielen, was sie auch tut. Liebt ein Homosexueller eine Lesbierin, so wird er von seinen Kreisen und von allen andern Kreisen verlacht°, außerdem

1. erstmal *first*

3. die Reiberei' *friction, conflict*

6. unübersichtlich *very complex*

9. vonnöten *necessary*
10. verzwickt *intricate*
11. bewundern *admire* · der Einfallsreichtum *ingenuity*

13. durcheinan'der-kommen† *get confused*

20. die Hauptstraße *main street*
21. vorausgesetzt *provided* · täuschend *deceptively*
22. adrett' *neat and attractive*

müßte er erstmal eine Lesbierin mit Muttergefühlen finden.

(am besten ist immer noch ein Masochist wird von einem Sadisten geliebt; da gibt es zwar Reibereien, aber das ist der Sinn der Sache)

Wenn eine Lesbierin einen Transvestiten liebt, so sind die Verhältnisse unübersichtlich, es sei denn sie unterhielten sich über Mode und spielten mit Puppen, was sie auch tun, oder der Transvestit zöge der Lesbierin einen geraden ordentlichen Scheitel, wozu es vonnöten wäre, daß er Muttergefühle hat (oder Vatergefühle?); das ist alles sehr verzwickt, aber auch sehr lustig, und man bewundert den Einfallsreichtum der Natur. Liebt ein Transvestit eine Lesbierin, so kommt man auch leicht durcheinander, und so etwas ist nur dann möglich, wenn der Transvestit lesbisch ist, und dann wiederum ist das eine ganz normale Liebe: ein Mann und eine Frau unter den Kleidern.

Eine Liebe ist also ganz normal (heterogen° ist der richtige Ausdruck), wenn eine transvestitische Lesbierin einen lesbischen Transvestiten liebt, und beide können sich ruhig sonntagnachmittags auf der Hauptstraße unserer kleinen Stadt sehen lassen, vorausgesetzt die Verkleidung° ist täuschend ähnlich und adrett oder es ist gerade Karnevalszeit.

Daß meine Tante Auguste ihre Katze Finchen liebt, ist ein ganz anderes Problem.

REINER KUNZE   In 1869 the Russian chemist, Dmitri Mendeleyev, formulated his Periodic Table, a classification of elements according to their atomic number. The table allowed one to predict the properties of elements still unknown and later to be discovered. This system is central to Kunze's *Element*; in fact it is a pun, for the element Michael represents is one that must be "discovered"; and the discovery is based upon the system's ability to predict its properties, that is, behavior and attitude. What makes Michael *unsicher* is of course his failure to conform. Reading the Bible, while not actually a crime, marks one as different and hence open to suspicion — which can only be confirmed again and again as Michael uses his logic to violate a system. Therefore, in a system which has one's number before the fact, so to speak, the final question must indeed be *wohin?*

(See p. 104 for information on Reiner Kunze.)

---

das Element′ *(as in "undesirable element" or chemical element)*
1. das Bücherbrett   *bookshelf* · das Lehrlingswohnheim *apprentices' dormitory*
2. gläubig   *religious*
5. nichts zu suchen haben†   *have no place*
6. sich weigern   *refuse* · das Regal′   *shelf*

9. die Obliegenheit   *obligation, responsibility*
10. der Chemie′facharbeiter   *chemical worker* · das Abitur′ *(secondary certificate)* · aus-bilden   *train, educate* · folgern   *conclude*
11. recht behalten†   *be right*
14. vor-tragen†   *deliver* · der Schild   *shield*
15. Lessing   *(German dramatist and critic)*
16. verliehen bekommen†   *be granted* · die Durchschnittsnote *average grade*
17. die Null   *zero (1,0 = 1.0, the highest possible)* · steil   *abrupt*
18. weiterhin′   *from then on*
19. die Staatsbürgerkunde   *civics*
21. vorgesehen   *(p.p.) provided for*
22. unsicher   *dubious, uncertain* · bestimmen   *define*

Element

by Reiner Kunze

Auf sein Bücherbrett im Lehrlingswohnheim stellte Michael
die Bibel°. Nicht, weil er gläubig ist, sondern weil er sie endlich einmal lesen wollte. Der Erzieher machte ihn jedoch
darauf aufmerksam, daß auf dem Bücherbrett eines sozialisti-
schen° Wohnheims die Bibel nichts zu suchen habe. Michael   5
weigerte sich, die Bibel vom Regal zu nehmen. Welches Lehrlingswohnheim nicht sozialistisch sei, fragte er, und da in
einem sozialistischen Staat jedes Lehrlingswohnheim sozialistisch ist und es nicht zu den Obliegenheiten der Kirche gehört,
Chemiefacharbeiter mit Abitur auszubilden, folgerte er, daß,   10
wenn der Erzieher recht behalte, in einem sozialistischen Staat
niemand Chemiefacharbeiter mit Abitur werden könne, der
darauf besteht, im Wohnheim auf sein Bücherbrett die Bibel
stellen zu dürfen. Diese Logik°, vorgetragen hinter dem Schild
der Lessing-Medaille°, die Michael am Ende der zehnten   15
Klasse verliehen bekommen hatte (Durchschnittsnote Einskom-
manull), führte ihn steil unter die Augen des Direktors°: Die
Bibel verschwand, und Michael dachte weiterhin logisch°. Die
Lehrerin für Staatsbürgerkunde aber begann, ihn als eines
jener Elemente zu klassifizieren°, die in Mendelejews Periodi- 20
schem System nicht vorgesehen sind und durch das Adjektiv
„unsicher" näher bestimmt werden.

1. die Betriebswache   *plant security*
2. das Zivil'   *civilian clothes* · vor-legen   *present with*
3. verpflichten   *promise, undertake* · das Festspiel   *festival*
4. die Hauptstadt   *capital (E. Berlin)* · betreten†   *enter*
5. auf-fordern   *order*
7. der Urlaub   *vacation, leave*
8. nagelneu   *brand-new* · der Bergsteigerschuh   *mountain climbing shoe*
9. an-schaffen   *acquire, buy*
10. der Fernsehturm   *TV tower* · Alex   *(Alexanderplatz in E. Berlin)*
12. langen   *reach*
13. der Kugelschreiber   *ball-point pen*
15. das Eingeständnis   *admission*
16. bewußt   *aware* · höchstens   *at most* · der Käfer   *beetle, bug*
17. das Kennzeichen   *marking(s); tag* · trampen   *hitch a ride, hitchhike*
18. das Sicherheitsorgan'   *security agency* · sich erkundigen   *inquire*

22. zur Debat'te stehen†   *be at issue*
23. begründen   *give reasons for*
24. sich ergeben†   *derive*
25. der Staat   *state, country*
26. aus-üben   *exert, exercise* · die Speren'zien   *(pl.) trouble*
28. die Hohe Tatra   *Tatra Mountains (in Poland and Czechoslovakia)* · verbeißen†   *suppress*
29. die Drohung   *threat*
32. der Personal'ausweis   *identification papers* · die Legitimation'   *ID card*
33. berechtigen   *give the right to*
34. unsichtbar   *invisible* · unsicheres Element'   *(see title; roughly:) security risk, suspicious character*

2

Eines Abends wurde Michael zur Betriebswache gerufen. Ein Herr in Zivil legte ihm einen Text vor, in dem sich ein Ich verpflichtete, während der Weltfestspiele der Jugend und Studenten die Hauptstadt nicht zu betreten, und forderte ihn auf zu unterschreiben°. — Warum? fragte Michael. Der Herr blickte ihn an, als habe er die Frage nicht gehört. — Er werde während der Weltfestspiele im Urlaub sein, sagte Michael, und unter seinem Bett stünden nagelneue Bergsteigerschuhe, die er sich bestimmt nicht zu dem Zweck angeschafft habe, den Fernsehturm am Alex zu besteigen°. Er werde während der Weltfestspiele nicht einmal im Lande sein. — Dann könne er also unterschreiben, sagte der Herr, langte über den Tisch und legte den Kugelschreiber, der neben dem Blatt lag, mitten aufs Papier. — Aber warum? fragte Michael. Der Text klinge wie das Eingeständnis einer Schuld. Er sei sich keiner Schuld bewußt. Höchstens, daß er einmal beinahe in einem VW-Käfer mit Westberliner Kennzeichen getrampt wäre. Damals hätten sich die Sicherheitsorgane an der Schule über ihn erkundigt. Das sei für ihn aber kein Grund zu unterschreiben, daß er während der Weltfestspiele nicht nach Berlin fahren werde. — Was für ihn ein Grund sei oder nicht, das stehe hier nicht zur Debatte, sagte der Herr. Zur Debatte stehe seine Unterschrift°. — Aber das müsse man ihm doch begründen, sagte Michael. — Wer hier was müsse, sagte der Herr, ergäbe sich einzig aus der Tatsache, daß in diesem Staat die Arbeiter und Bauern die Macht ausübten. Es empfehle sich also, keine Sperenzien zu machen. — Michael begann zu befürchten°, man könnte ihn nicht in die Hohe Tatra trampen lassen, verbiß sich die Bemerkung, daß er die letzten Worte als Drohung empfinde, und unterschrieb.

Zwei Tage vor Beginn seines Urlaubs wurde ihm der Personalausweis entzogen° und eine provisorische° Legitimation ausgehändigt°, die nicht zum Verlassen der DDR berechtigte und auf der unsichtbar geschrieben stand: Unsicheres Element.

3

Mit der topografischen° Vorstellung von der Hohen Tatra im Kopf und Bergsteigerschuhen an den Füßen, brach Michael

1. auf-brechen† *set out* · die Ostsee *Baltic Sea* · günstig
   advantageous
2. der Bahnsteig *platform*
4. die Streife *patrol* · sich aus-weisen† *identify oneself*
5. der Transportpolizist′ *railway policeman* · ansichtig werden†
   catch sight of
6. heißen† *(here) order* · der Schutzpolizist′ *policeman*
7. die Volkspolizei′ *(E. German) police* · das Kreisamt *district
   office*
8. aus-packen *unpack*

12. entlassen† *release*
13. sich auf-stellen *station oneself*
14. unaufgefordert *without being asked*

17. die Gemeinschaftszelle *common cell*
18. überführen *transfer* · der Treff *group, club*
19. Biermann *(see p.266; the words in italics are also his)* ·
    die Aufschrift *inscription*
20. ertappen *catch*
21. Schweizer *Swiss* · die Kapel′le *band*
22. der Wachtmeister *sergeant*

25. entblößen *uncover*
26. lügen† *lie* · vermitteln *give*
27. handfest *solid* · der Eindruck *impression*
28. das Stirnband *headband*

30. verdächtigen *suspect*
31. oderabwärts *down the Oder River* · die Küste *coast*
32. sich erbieten† *offer*
33. der Breitengrad *latitude*

35. der Bahnhofsvorplatz *square in front of the station* ·
    das Hemd *shirt* · die Fahne *flag*
37. der Ordner *monitor, supervisor* · die Armbinde *armband*
38. die Fünfzigergruppe *50's group*

auf zur Ostsee. Da es für ihn nicht günstig gewesen wäre, von
Z. aus zu trampen, nahm er bis K. den Zug. Auf dem Bahnsteig
von K., den er mit geschulterter° Gitarre° betrat, forderte
eine Streife ihn auf, sich auszuweisen. „Aha", sagte der Trans-
portpolizist, als er des Ausweispapiers° ansichtig wurde, und   5
hieß ihn mitkommen. Er wurde zwei Schutzpolizisten über-
geben°, die ihn zum Volkspolizeikreisamt brachten. „Alles
auspacken!" Er packte aus. „Einpacken°!" Er packte ein. „Unterschreiben!" Zum zweitenmal unterschrieb er den Text, in
dem sich ein Ich verpflichtete, während der Weltfestspiele die   10
Hauptstadt nicht zu betreten. Gegen vierundzwanzig Uhr entließ man ihn. Am nächsten Morgen — Michael hatte sich eben
am Straßenrand aufgestellt, um ein Auto zu stoppen° — hielt
unaufgefordert ein Streifenwagen bei ihm an. „Ihren Ausweis,
bitte!" Kurze Zeit später befand sich Michael wieder auf dem   15
Volkspolizeikreisamt. „Alles auspacken!" Er packte aus. „Ein-
packen!" Diesmal wurde er in eine Gemeinschaftszelle über-
führt. Kleiner Treff von Gitarren, die Festival-Verbot° hatten:
Sie waren mit einem Biermann-Song oder mit der Aufschrift
ertappt worden: *Warte nicht auf bessre Zeiten.* Sein Name   20
wurde aufgerufen°. „Wohin?" — „Eine Schweizer Kapelle
braucht einen Gitarristen", sagte der Wachtmeister ironisch°.
Er brachte ihn nach Z. zurück. Das Konzert° fand auf dem
Volkspolizeikreisamt statt. „Sie wollten also nach Berlin." —
„Ich wollte zur Ostsee." — Der Polizist entblößte ihm die   25
Ohren. „Wenn Sie noch einmal lügen, vermittle ich Ihnen
einen handfesten Eindruck davon, was die Arbeiter-und-
Bauern-Macht ist!" Michael wurde fotografiert (mit Stirnband,
ohne Stirnband) und entlassen. Um nicht weiterhin verdäch-
tigt zu werden, er wolle nach Berlin, entschloß er sich, zuerst   30
nach Osten und dann oderabwärts zur Küste zu trampen. In
F. erbot sich ein Kraftfahrer, ihn am folgenden Tag unmiß-
verständlich° weit über den Breitengrad von Berlin hinaus
mitzunehmen. „Halb acht vor dem Bahnhof." Halb acht war
der Bahnhofsvorplatz blau von Hemden und Fahnen: Man   35
sammelte sich, um zu den Weltfestspielen nach Berlin zu fahren. Ein Ordner mit Armbinde fragte Michael, ob er zu einer
Fünfzigergruppe gehöre. — „Sehe ich so aus?" — Der Ordner
kam mit zwei Bahnpolizisten zurück. „Ihren Ausweis!" Michael

1. packen *grab*
2. die Bahnhofszelle *railway station cell* · das Verhör *interrogation*
3. die Schnellzugfahrkarte *ticket on the express* · lösen *buy*
5. auf-halten† *stay*

7. falls *in case*

9. verständigen *inform* · glimpflich *easy*
10. der Doppelposten *double guard* · der Schalter *counter*
11. aus-steigen† *get out*
12. die U-Haft (Untersuchungshaft) *pre-trial detention*

14. unverzüglich *without delay*
15. der Anschlußzug *connecting train* · sich begeben† *go*
16. auf . . . zu-kommen† *come up to*
17. das Paßbild *passport photo*

weigerte sich mitzugehen. Er erklärte. Er bat. Sie packten ihn an den Armen. Bahnhofszelle. Verhör. Die Polizisten rieten ihm, eine Schnellzugfahrkarte zu lösen und zurückzufahren. Er protestierte°. Er habe das Recht, seinen Urlaub überall dort zu verbringen, wo er sich mit seinem Ausweis aufhalten   5
dürfe. — Er müsse nicht bis Z. zurückfahren, sagten die Polizisten, sondern nur bis D. Falls er jedoch Schwierigkeiten machen sollte, zwinge er sie, das Volkspolizeikreisamt zu verständigen, und dann käme er nicht zu glimpflich davon. Ein Doppelposten mit Hund begleitete ihn an den Fahrkartenschalter   10
und zum Zug. „Wenn Sie eher aussteigen als in D., gehen Sie in U-Haft!" Auf allen Zwischenstationen° standen Posten mit Hund. In D. erwarteten ihn zwei Polizisten und forderten ihn auf, unverzüglich eine Fahrkarte nach Z. zu lösen und sich zum Anschlußzug zu begeben. Er gab auf. Auf dem Bahnsteig in Z.   15
wartete er, bis die Polizisten auf ihn zukamen. Nachdem sie Paßbild und Gesicht miteinander verglichen hatten, gaben sie ihm den Ausweis zurück. „Sie können gehen." — „Wohin?" fragte Michael.

PETER HANDKE was born in Griffen, Austria, in 1942. He studied law at Graz but left to devote himself to writing. Through novels, stories, plays, poems, essays, film scripts, and radio plays and prose "texts," he has established himself as one of the most productive and versatile writers of postwar German literature. He has also been one of its most controversial; as one contemporary put it, Handke sums up the behavior of an entire (younger) generation, by which he means that Handke's writings represent a combination of tradition and the radically new — but neither of them well digested. Others have called him a "virtuoso of negation."

Handke's assaults on the establishment make such criticisms understandable. His *Publikumsbeschimpfung* (*Tongue-Lashing*, 1966) is an attack on theatrical convention. At the 1971 meeting of Gruppe 47 (in Princeton), he accused its members of "Beschreibungsimpotenz." Behind this iconoclasm, however, are seriousness and consistency: all of us are caught up in a system of signs, language, behavior; the writer — Handke — must depict these systems if we are to attain self-realization. Sadly, however, our very attempts to expose such oppressive systems produce systems of their own; and such a vicious cycle keeps us from genuine experience. Handke's later works do little to brighten this account of human entrapment; rather, they offer a new image, that of "threshold" situations: people have no fixed points but live somewhere between; their lives are "pending" and thus open to crisis, to challenge and testing.

1. unmündig *underage*   2. das Selbstverschulden *fault of one's own* · die Frömmigkeit *piety*   3. sich begeben† *go* · er weiß keinen anderen Rat *he can't think what else to do*   4. flehen *plead*   5. das Gebet *prayer*   6. der Staub *dust* · die Hose *trouser*   7. der Teppich *carpet*   8. der Betrag *amount* · das Bedenken *hesitation*   9. verwenden† *use*   10. die Nahrung *food* · beschaffen *acquire*   11. vertreten† *advocate, advance*   12. das Verbrechen *crime* · die Fundverheimlichung *concealment of discovered property* · die Lösung *solution*   13. beachten *take into account*   14. übersteigen† *exceed* · zudem′ *in addition*   15. außer acht lassen† *ignore* · das Delikt′ *offense* · geweiht *sacred*   16. begehen† *commit* · zum andern *secondly* · unbescholten *of good reputation*

Prüfungsfrage 1

by Peter Handke

Ein Mann, Vater von vier unmündigen Kindern, gerät, ohne
Selbstverschulden, in Not. Von Jugend auf zur Frömmigkeit
erzogen, begibt er sich, da er keinen anderen Rat weiß, in ein
Gotteshaus° und fleht dort, in dem Glauben, nicht ungehört
zu bleiben, um Hilfe. Als er, nach beendetem° Gebet, sich von   5
den Knien° hebt, den Staub von der Hose schlägt und sich
zum Gehen wendet, bemerkt er hinter sich, auf dem Teppich,
einen größeren Geldbetrag liegen. Sogleich, ohne Bedenken,
nimmt er das Geld an sich und verwendet es, indem er Nahrung und Kleider für sich und die Kinder beschafft.   10

Es wird die Meinung vertreten, daß der Mann des Ver-
brechens der Fundverheimlichung schuldig sei. Bei der Lösung
der Frage ist zu beachten, daß die gefundene Geldsumme° die
Verbrechensgrenze° überstiegen hat. Zudem ist nicht außer
acht zu lassen, daß das Delikt an einem geweihten Ort began-   15
gen wurde. Zum andern ist der Mann bisher unbescholten.

PRÜFUNGSFRAGEN 1 and 2 are appropriately named. Both the reader and the hapless fathers are being tested. Although Handke speaks of a solution or answer to the first question, can his reader actually provide one? Does the negligent father of the more provocative (and less convincing?) *Prüfungsfrage 2* represent an easier case? Does the court have any function? Is it like a scene from Kafka's *Trial?* How are we to react to the assertion that the father wanted to absolve himself of all blame?

3. bewegen† *motivate* · der Vorgang *process*
4. rutschen *slip*
5. auf-schlagen† *strike*
6. fahrlässige Tötung *negligent homicide*
7. auf-fordern *order* · der Hergang *details, course*
8. die Veranschaulichung *visualization*
9. gleichfalls *likewise*
10. der Saal *room* · anwesend *present* · die Gattin *wife*

LEBENSBESCHREIBUNG A clue to the author's position in these three pieces may be found in the motto here. Handke's aggressive-satiric retelling of Christ's life is against the grain, for in letting the "facts" speak for themselves — the technique common to all three selections — the basic incompatibility of two worlds or systems is uncovered. Is there a similar problem with point of view? Can someone other than Handke be pictured as the speaker? Can the whole be interpreted as a parody of failure to comprehend one's own religion? What is the relevance of Christ's "sieben Worte"?

die Lebensbeschreibung *biography, life*
Motto: *(See Mark 8:36)*
1. erblicken *see*
3. wickeln *wrap* · die Windeln *(pl.) swaddling clothes*
4. der Esel *donkey* · flüchten *flee* · (das) Ägypten *Egypt*
5. verjährt *protected by the statute of limitations* ·
    das Geburtsland *land of one's birth*

Prüfungsfrage 2

by Peter Handke

Im Spiel mit einem seiner Kinder, das des Gehens noch unfähig ist, wirft ein Mann dasselbe empor und fängt es. Als er,
von der Freude des Kindes am Spiel bewogen, den Vorgang
wiederholt, rutscht ihm im Fall das Kind aus der Hand, schlägt
auf den Boden auf und ist tot. Der Mann wird wegen fahr- 5
lässiger Tötung vor Gericht gestellt. Wie er, vom Richter aufgefordert, den Hergang des Unglücks erzählen soll, nimmt er
zur Veranschaulichung seiner Erzählung — und um sich zudem von jeder Schuld reinzuwaschen° — seiner gleichfalls im
Saal anwesenden Gattin das andere Kind vom Arm, tritt vor 10
und wirft das Kind in die Luft. Das Kind fällt herunter, rutscht
dem Mann durch die Hände, schlägt auf dem Boden auf und
ist tot.

Lebensbeschreibung

by Peter Handke

> Was nützt es dem Menschen,
> wenn er an der Seele gewinnt,
> an der Welt aber Schaden leidet?

Gott erblickte das Licht der Welt in der Nacht vom vierund-
zwanzigsten zum fünfundzwanzigsten Dezember.
  Die Mutter Gottes wickelte Gott in Windeln. Auf einem
Esel flüchtete er sodann nach Ägypten. Als seine Taten verjährt waren, kehrte er in sein Geburtsland zurück, weil er 5
fand, daß dort der Ort sei, an welchem ein jeder am besten

1. gedeiden† *thrive* · zu-nehmen† *increase*
2. das Wohlgefallen *satisfaction, approval* · es litt ihn *he got along, didn't mind*
3. alles daran'-setzen *make every effort*
4. ordentlich *decent*
6. das Zimmermannshandwerk *carpenter's trade*
7. der Verdruß *annoyance* · der Schoß *lap*
8. die Verborgenheit *seclusion* · es hielt ihn nicht *he would not stay*
9. auf-brechen† *set out* · verkünden *proclaim*

12. die Hochzeit *wedding*
13. der Schweinezüchter *man who raises pigs* · bringen um *deprive of* 14. das Eigentum *property*
15. der geregelte Geldverkehr *regular money-market activities*
16. das Versammlungsverbot *prohibition on public assembly* · beachten *pay attention to*
17. die Langeweile *boredom* · der Zulauf *support, adherents* · indes' *however* 18. predigen *preach* · taub *deaf*
19. die Anklage *accusation*
20. die Obrigkeit *authorities* · auf-wiegeln *stir up* · vor-spiegeln *pretend*
21. ersehnen *long for* · der Erlöser *Savior* · anderseits *on the other hand* · der Unmensch *inhuman person*
22. etwas zulei'de tun† *harm* · vermögen† *be able*
23. krümmen *make crooked, disturb*
24. menschenscheu *unsociable* · unbeschadet *despite*
25. großsprecherisch *boastful* · das Wesen *nature* · im Grunde *basically* · harmlos *innocent, harmless*
26. immerhin' *at any rate* 27. erachten *consider*
28. der Prozeß' *trial* (kurzen Prozeß machen *make short work of*)
29. die Verteidigung *defense* · vor-bringen† *present*
30. zur Sache *to the point* · im übrigen *otherwise*
31. die Aussage *statement* 32. der Karfreitag *Good Friday*
33. die Zeitwende *new era* · einwandfrei *irreproachable*
34. das Verfahren *proceeding(s)* · das Kreuz *cross* · henken *hang* 38. das Erdbeben *earthquake*
39. mittler- *medium* · verzeichnen *register* · sich ereignen *occur* 40. der Sachschaden *physical damage*

gedeihen könnte. Er wuchs auf im stillen und nahm zu an Alter und Wohlgefallen. Es litt ihn in der Welt. Er wurde die Freude seiner Eltern, die alles daransetzten, aus ihm einen ordentlichen Menschen zu machen.

So erlernte° er nach einer kurzen Schulzeit das Zimmer- 5
mannshandwerk. Dann, als seine Zeit gekommen war, legte er, sehr zum Verdruß seines Vaters, die Hände in den Schoß.

Er trat aus der Verborgenheit. Es hielt ihn nicht mehr in Nazareth. Er brach auf und verkündete, daß das Reich Gottes nahe sei.
10
Er wirkte auch Wunder.

Er sorgte für Unterhaltung bei Hochzeiten. Er trieb Teufel aus. Einen Schweinezüchter brachte er auf solche Art um sein Eigentum. In Jerusalem verhinderte° er eines Tages im Tempel den geregelten Geldverkehr. Ohne das Versammlungsver- 15
bot zu beachten, sprach er oft unter freiem Himmel. Aus der Langeweile der Massen° gewann er einigen Zulauf. Indes predigte er meist tauben Ohren.

Wie später die Anklage sagte, versuchte er das Volk gegen die Obrigkeit aufzuwiegeln, indem er ihm vorspiegelte, er sei 20
der ersehnte Erlöser. Anderseits war Gott kein Unmensch. Er tat keiner Fliege etwas zuleide. Niemandem vermochte er auch nur ein Haar zu krümmen.

Er war nicht menschenscheu. Unbeschadet seines ein wenig großsprecherischen Wesens war er im Grunde harmlos. 25

Immerhin hielten einige Gott für besser als garnichts. Die meisten jedoch erachteten ihn für so gut wie nichts.

Deshalb wurde ihm ein kurzer Prozeß gemacht. Er hatte zu seiner Verteidigung wenig vorzubringen. Wenn er sprach, sprach er nicht zur Sache. Im übrigen blieb er bei seiner Aus- 30
sage, daß er der sei, der er sei. Meist aber schwieg er.

Am Karfreitag des Jahres dreißig oder neununddreißig nach der Zeitwende wurde er, in einem nicht ganz einwandfreien Verfahren, ans Kreuz gehenkt.

Er sagte noch sieben Worte. 35

Um drei Uhr am Nachmittag, bei sonnigem Wetter, gab er den Geist auf.

Zur gleichen Zeit wurde in Jerusalem ein Erdbeben von mittlerer Stärke° verzeichnet. Es ereigneten sich geringe Sachschäden.

KURT KUSENBERG was born in 1904 at Göteborg, Sweden, the son of a German engineer. He studied art history at the universities of Munich, Berlin, and Freiburg and established himself as art critic and professional art historian. Although he has written widely on art, his fame is based more on the early and continuous popularity of his volumes of short stories: *Mal was anderes* (1954), *Wo ist Onkel Bertram?* (1956), *Nicht zu glauben* (1960), and others. Until his death in 1983, Kusenberg lived in Hamburg, where he gained recognition in yet another field, as editor of the Rowohlt monographs on famous men of religion, philosophy, and the arts.

Most of Kusenberg's stories fall somewhere between the fairy tale and the tall tale with a blending of sense and nonsense, the natural and the absurd, and an ironic tone bordering on the satiric, along with what Kusenberg himself recognized as sadness — the "rather sad nonsense" of our world. Underlying *Der Hefekuchen* are two venerable and often linked motifs from heroic and popular literature: a man sets out on a supposedly short trip and does not return until years later — depending on the version, as a rich or wise man, a repentant prodigal, or cautiously in disguise. Paired with this theme of errancy is that of the patient wife — Homer's Penelope, for example, or Boccaccio's and Chaucer's Griselda. Homer's Odysseus was above all wise and resourceful, but later authors made him crafty and treacherous. What has Kusenberg made of his modern *Heimkehrer?* How does one explain the utter brevity of his explanation for the wife's behavior?

---

	der Hefekuchen	*yeast cake (e.g. coffee cake)*
1.	die Ehefrau	*wife, married woman*
6.	jedenfalls	*at any rate, anyway*
7.	der Haken	*hook*
10.	es versteht sich	*it goes without saying* · alles auf-bieten† *make every effort*
13.	an-stellen	*try*
16.	tatsächlich	*in fact*
19.	das Quentlein	*dram, little bit*

Der Hefekuchen

by Kurt Kusenberg

In einem Dorf lebte eine brave Ehefrau, die wollte eines Tages
Hefekuchen backen und merkte plötzlich, daß sie keine Hefe
im Hause hatte. „Geh", sagte sie zu ihrem Mann, „geh rasch
zum Bäcker° und hol ein bißchen Hefe, für zehn Pfennig, das
reicht. Und komm gleich wieder, denn ohne Hefe kann ich   5
keinen Kuchen backen°, jedenfalls keinen Hefekuchen." Der
Mann nahm seinen Hut vom Haken und ging. Aber er kam
nicht wieder, nicht an jenem Tage und auch an den folgenden
Tagen nicht — er kam nicht wieder.

Es versteht sich, daß die Frau alles aufbot, um ihren Mann   10
aufzufinden°, denn sie hatte ja nur den einen, und außerdem
liebte sie ihn, oder sie war zumindest° so sehr an ihn gewöhnt,
daß sie glaubte, sie liebe ihn. Doch was sie auch anstellte, es
half ihr nichts: der Mann war und blieb verschwunden. Es
fand sich eine Spur, aber nur eine kleine, die nicht weit führte   15
und sogleich wieder abbrach. Der Mann war tatsächlich beim
Bäcker erschienen und hatte für zehn Pfennig Hefe gefordert.
Das Unglück wollte es jedoch, daß der Bäcker kurz vorher das
letzte Quentlein Hefe verkauft hatte und ihm daher keine geben konnte. So riet er dem Manne, ins Nachbardorf zu gehen   20
und dort beim Bäcker nach Hefe zu fragen. Der Mann nahm
den Rat an, machte sich auf den Weg und wurde dabei von

1. wiewohl' = obwohl, obgleich
2. das Viertel *quarter* · ein-treffen† *arrive*

5. pochen *beat*
7. zudem' *in addition* · sich durch-bringen† *make a living, support oneself* · buk (backen†)
8. stattlich *handsome*
9. der Freier *suitor* · sich ein-stellen *show up*
10. an-tragen† *offer, propose*
11. verschollen *missing*

13. ab-weisen† *reject* · der Bewerber *(here)* = der Freier

15. es ging ans Welken *the time of fading had come*
16. gedenken† *intend*

18. endgültig *final, definite*
19. selbstverständlich *of course*

22. besorgen *procure*

24. müßig *idle* · säubern *clear, clean* · die Schüssel *dish* · hin-stellen *set out*
25. das Ei *egg* · der Spind *cupboard* · das Mehl *flour* · die Kiste *box*
28. herum'-fahren† *turn quickly around* · gewahren *catch sight of, see* · stoppelbärtig *with a stubbly beard*
29. verludert *disreputable* · scheu *shy* · das Tütlein *little bag*
30. ahnen *suspect, guess*
31. die Irrfahrt *wandering*
32. was ... betrifft *as regards*
33. bedenken† *consider*
34. sich herum'-treiben† *wander about*

36. der Auftrag *assignment, mission*
37. seinerzeit *at the time* · auf ... zu-schreiten† *walk toward*
38. unterwegs *on the way* · die Geldbörse *purse*
39. gespickt voll *chock full* · der Viehhändler *cattle dealer*

mehreren Leuten gesehen. Wiewohl das Nachbardorf nur eine
Viertelstunde entfernt war, traf er nie dort ein.

Die Frau aber wartete, wartete auf ihren Mann. Wenn sie
Männerschritte vor dem Hause hörte, eilte sie hinaus, um zu
sehen, ob er es sei, und wenn es an die Tür klopfte, pochte ihr 5
Herz; doch er kam nicht. Es waren schwere Zeiten für die Frau,
die sich, zudem, selber durchbringen mußte, und sie buk in all
den Jahren nicht einen einzigen Hefekuchen. Da sie stattlich
war und sehr tüchtig, stellten sich Freier ein, die ihr die Ehe
antrugen. Doch wie sehr man ihr auch zuriet°, den verscholle- 10
nen Mann für tot erklären zu lassen und sich einen neuen zu
nehmen, damit ihre Einsamkeit ein Ende habe, wies sie dennoch alle Bewerber ab und wartete weiter.

Als sie aber zwanzig Jahre gewartet hatte und spürte, daß
es ans Welken ging, lernte sie einen Mann kennen, der ihr 15
nicht übel gefiel und den sie zu heiraten gedachte. Eines Tages
saß er bei ihr in der Stube, und da kam ihr der Gedanke, sich
endgültig von ihrem Mann zu befreien°, indem sie einen Hefekuchen buk. Selbstverständlich war keine Hefe im Hause, denn
sie hatte ja zwanzig Jahre lang keinen Hefekuchen gebacken, 20
und so bat sie ihren Freier, er möge rasch zum Bäcker gehen
und für zehn Pfennig Hefe besorgen. Der Mann nahm den
Hut vom Haken und ging. Inzwischen war die Frau nicht
müßig; sie säuberte den Tisch, stellte Schüsseln hin, holte
Milch und Eier aus dem Spind und Mehl aus der Kiste. 25

Da hörte sie Schritte. Die Tür ging auf, und eine fremde,
bekannte Stimme sagte: „Da ist die Hefe!" Die Frau fuhr
herum und gewahrte einen alten Vagabunden°, stoppelbärtig,
verludert, der ihr scheu ein Tütlein entgegenhielt. Es war,
jeder ahnt es, ihr verschwundener Mann, der nach langer Irr- 30
fahrt endlich heimgekehrt war, gerade im richtigen Augenblick, was die Hefe betrifft, und im unrichtigen, wenn man die
Lage der Frau bedenkt.

Wo hatte er sich bloß so lange herumgetrieben? Jetzt erfuhr
es die Frau, und wir erfahren es mit ihr. An nichts Böses oder 35
Besonderes denkend, nur an seinen Auftrag, an die Hefe, war
der Mann seinerzeit auf das Nachbardorf zugeschritten und
hatte, wie vom Teufel hingelegt, unterwegs eine Geldbörse
gefunden, eine gespickt volle, wie die Viehhändler sie bei sich

1. der Hang *taste, tendency*
2. das Abenteuer *adventure* · schlummern *slumber*

6. die Vorstellung *(here) performance*

9. das Mitleid *sympathy* · der Stallbursch(e) *stable boy*
10. an-heben† *commence*
11. aufs Ganze *on the whole*
12. das Heimweh *homesickness* · packen *seize*

14. das Gewissen *conscience*
15. läppisch *silly* · die Anknüpfung *connection*
16. zerlumpt *ragged*
17. sich verhalten† *react, behave*

20. eilends *hastily*

22. verwahrlost *unkempt*
23. der Landstreicher *vagabond* · speisen *feed*

25. wahrhaftig *truly, really* · auf-nehmen† *take in*
26. verwarten *spend waiting, use up waiting*
27. nun einmal *simply (and that's the way it was)*

tragen. Der Fund° verwirrte ihm den Kopf, und ein Hang zum Abenteuer, der wohl schon immer in ihm geschlummert hatte, brach plötzlich hervor. Anstatt ins Nachbardorf zu gehen, bog er vom Wege ab und wanderte in die Stadt. Dort trank er viel, kaufte sich eine goldene Uhr, einen goldenen Ring und ging abends in den Zirkus°. Während der Vorstellung verliebte er sich in eine Reiterin°, die ihn so lange wiederliebte, bis sein Geld zu Ende war. Als der Zirkus die Stadt verließ, machte sie ihn aus Mitleid zum Stallburschen. So hub ein Wanderleben° an, das ihn zwanzig Jahre lang durch die Welt führte, das ihn manchmal ein bißchen emportrug, aufs Ganze aber immer tiefer sinken ließ, bis ihn schließlich das Heimweh packte, oder die Angst vor dem Alter, und er zu seiner Frau zurückkehrte, mit schlechtem Gewissen und dem Hefetütlein in der Hand — einer recht läppischen Anknüpfung. Und nun stand er da, zerlumpt, nicht mehr fest auf den Beinen und voller Furcht, wie sie sich wohl verhalten werde.

Was tat die Frau? Ja, was konnte sie anders tun, als den Freier, der gleich darauf eintrat, auch er ein Hefetütlein in der Hand, eilends fortzuschicken, nur für diesen Abend, wie sie ihm zuflüsterte, in Wirklichkeit aber für immer, das wußte sie genau — also: Jenen fortzuschicken und ihren verwahrlosten Landstreicher zu säubern, zu kleiden, zu speisen und ihn so lange zu pflegen, bis man sich mit ihm wieder auf der Straße zeigen konnte? Sie nahm ihn wahrhaftig wieder auf, die Brave, nachdem sie ein halbes Leben seinetwillen° verwartet hatte, denn er war und blieb nun einmal ihr Mann.

PAUL CELAN (1920–1970), pseudonym of Paul Antschel, was born in Czernowitz, Rumania. His parents, German-speaking Jews, were deported in 1942 and perished that same year in a concentration camp. After the war Celan lived briefly in Vienna and then settled in Paris, where he lived and wrote until his death, apparently by suicide, in 1970. His first poetry appeared in 1948. Collections published in the late 50's brought him substantial early fame, and his reputation grew steadily. Three literary prizes, one from the city of Bremen (1958), the Georg Büchner Prize (1960), and the Grand Art Prize of North Rhine–Westfalia (1964), are poignant illustration not only of the recognition accorded Celan but of a life cut tragically short.

Published in 1948 but written in 1945, "Todesfuge" has been called the best-known of all post-war German poems. Certainly it is one of the most moving treatments of the Holocaust ever published. The poem adopts a highly structured musical form to register the chaos of concentration camp death. This is in a sense paradoxical, but paradox in its rich variety (oxymoron, juxtaposition, etc.) is basic to the entire poem. Some of the more striking examples: the black milk of morning pairs a symbol of purity and health with an opposing value suggesting death and the sinister; the Aryan Margarete is placed in parallel with Shulamite; and, finally, the grave in the skies is countered with a grave in the earth. What significance may be attached to the shift from *sie* (line 1) to *dich* (line 14)? How many allusions to crematoria does the poem contain? What effect is achieved by the constant repetition of *wir trinken*?

---

die Fuge *fugue*   1. schwarze Milch *(metaphor for the deadly gas of the concentration camp)* · die Frühe *early morning*
4. schaufeln *shovel* · das Grab *grave*   5. die Schlange *snake, serpent*   9. blitzen *flash*   10. der Rüde *hound*
11. der Jude *Jew*   13. auf-spielen *strike up (music)*
21. Sulamith *Shulamite (Bride of Jerusalem; Song of Solomon, 6:13; cf. German "Margarete", e.g. in Goethe's Faust)*   23. stechen† *jab, stab* · das Erdreich *earth, soil*   25. der Gurt *belt*
27. der Spaten *spade*

Todesfuge

Schwarze Milch der Frühe wir trinken sie abends
wir trinken sie mittags und morgens wir trinken sie nachts
wir trinken und trinken
wir schaufeln ein Grab in den Lüften da liegt man nicht eng
Ein Mann wohnt im Haus der spielt mit den Schlangen der   5
    schreibt
der schreibt wenn es dunkelt° nach Deutschland dein goldenes
    Haar Margarete
er schreibt es und tritt vor das Haus und es blitzen die Sterne
er pfeift seine Rüden herbei   10
er pfeift seine Juden hervor läßt schaufeln ein Grab in der
    Erde
er befiehlt uns spielt auf nun zum Tanz

Schwarze Milch der Frühe wir trinken dich nachts
wir trinken dich morgens und mittags wir trinken dich abends   15
wir trinken und trinken
Ein Mann wohnt im Haus der spielt mit den Schlangen der
    schreibt
der schreibt wenn es dunkelt nach Deutschland dein goldenes
    Haar Margarete   20
Dein aschenes° Haar Sulamith wir schaufeln ein Grab in den
    Lüften da liegt man nicht eng

Er ruft stecht tiefer ins Erdreich ihr einen ihr andern singet
    und spielt
er greift nach dem Eisen im Gurt er schwingts seine Augen   25
    sind blau
stecht tiefer die Spaten ihr einen ihr andern spielt weiter zum
    Tanz auf

Schwarze Milch der Frühe wir trinken dich nachts
wir trinken dich mittags und morgens wir trinken dich abends   30
wir trinken und trinken

5. die Geige *fiddle*

13. bleiern *lead(en)* · die Kugel *bullet*

15. hetzen *set*

ein Mann wohnt im Haus dein goldenes Haar Margarete
dein aschenes Haar Sulamith er spielt mit den Schlangen

Er ruft spielt süßer den Tod der Tod ist ein Meister aus
    Deutschland
er ruft streicht dunkler die Geigen dann steigt ihr als Rauch   5
    in die Luft
dann habt ihr ein Grab in den Wolken da liegt man nicht eng

Schwarze Milch der Frühe wir trinken dich nachts
wir trinken dich mittags der Tod ist ein Meister aus
    Deutschland
                                                     10
wir trinken dich abends und morgens wir trinken und trinken
der Tod ist ein Meister aus Deutschland sein Auge ist blau
er trifft dich mit bleierner Kugel er trifft dich genau
ein Mann wohnt im Haus dein goldenes Haar Margarete
er hetzt seine Rüden auf uns er schenkt uns ein Grab in der   15
    Luft
er spielt mit den Schlangen und träumet der Tod ist ein
    Meister aus Deutschland

dein goldenes Haar Margarete
dein aschenes Haar Sulamith
                                                     20

PAUL CELAN

THE POEM AS A POLITICAL STATEMENT   If poetry tends to suggest rather than assert, if the "truth" it expresses is not fixed and final but a recognition of complexity, then the very idea of a political poem may be moot. Most "political poets" have a point to make. But if poetry can be more memorable, more concentrated, more moving than prose, then these qualities may — indeed must — be mobilized in the service of political and social convictions. No great historical movement has been without its poetry, its songs and anthems. Note how these claims and attributes are balanced in the poems that follow. The first poets, Kunze and Braun, address the great ideological tension of our time. Their point of reference is the "East," pro or con. Next, Bachmann and Enzensberger consider the threat or possible imminence of war and its implications for human action and responsibility. Responsibility or involvement itself is the concern of the last three poems, by Eich, Braun, and Enzensberger; in a sense they raise again the ancient question, "Am I my brother's keeper?"

ERSTER BRIEF DER TAMARA A.   The reader is unlikely to disagree with the poem's final lines. Why is Tamara's letter inevitably autobiographical?

(See p. 104 for information on Reiner Kunze.)

1. habe   *(subjunctive) you say she has*
3. das Mitglied   *member* · der Komsomol' *(Soviet youth organization)*
5. das Denkmal   *monument*
6. Tschapajew   *Chapayev (Red Army commander in Russian civil wars, killed 1919)*
7. Kirow   *Kirov (Politburo member, close associate of Stalin, murdered 1934)*
8. Kuibyschew   *Kuibyschev (political commissar, active in Red Army, close to Stalin, killed in Stalin's purge 1935)*

Erster Brief der Tamara A.

Geschrieben habe dir
Tamara A., vierzehn jahre alt, bald
mitglied des Komsomol

In ihrer stadt, schreibe sie, stehen
vier denkmäler: Lenin   5
                          Tschapajew
                          Kirow
                          Kuibyschew

Schade, daß sie nichts erzähle
von sich   10

Sie erzählt
von sich, tochter

REINER KUNZE

TATSACHEN What Kunze calls "facts" are of two kinds: the press report and a "factual" observation that actually conceals a judgment.

What connection does the poet make between *verbrennen* and *brennen*? How do the closing couplets of both parts of the poem render the press reports suspect?

2. die Unruhe *disturbance* · stiften *cause* · melden *report*
3. die Presseagentur′ *press agency* · die Hauptstadt *capital*

6. bestreiten† *deny*

8. die Bevölkerung *populace*
9. wiederher-stellen *restore*

11. die Zugehörigkeit *membership, belonging*
12. der Fallschirmjäger *paratrooper*

Tatsachen

1

Betrunkene° rowdys hätten versucht
unruhe zu stiften in K., meldete am morgen
die presseagentur der hauptstadt

Einer habe sich
öffentlich verbrannt°   5

Wer wird bestreiten daß
alkohol brennt

2

Der bevölkerung sei es gelungen die ruhe
wiederherzustellen, meldete die presseagentur
am abend   10

Wer wird die zugehörigkeit bestreiten
der fallschirmjäger zur bevölkerung

REINER KUNZE

KURZER LEHRGANG   The first subtitle, *Dialectic,* reveals the poem's bias and point. It refers to the study of (Marxist) dialectical materialism, the view of history as a (Hegelian) progression of thesis, antithesis, and synthesis — but a progression which must move forward to a resolution in true communism. Hence the subordination, as Kunze sees it, of learning and teaching (history, etc.), taste (aesthetics), and individuality (ethics) to political authority. Such education sees *mensch* only as the collective, impersonal abstraction, while denying the aspect of *der einzelne* — the true, personal individual.

Which aspect of Picasso would make him a (temporary) ally of communism? Which makes him ultimately a foe? The poem is a polemic as well as a satire. How does Kunze brand "them" as twisters of words and concepts? How do his *mensch* and *einzelner* compare with Ausländer's *Mensch* in "Mittelpunkt" (p. 183)?

---

     der Lehrgang   *course of instruction, curriculum*
7. die Entmachtung *deprivation of power, defeat*
9. verbündet *confederate, ally*

Kurzer Lehrgang

Dialektik°

Unwissende damit ihr
unwissend bleibt

werden wir euch
schulen°   5

Aesthetik°

Bis zur entmachtung des
imperialismus ist
als verbündet zu betrachten

Picasso   10

Ethik

Im mittelpunkt° steht
der mensch

Nicht
der einzelne   15

REINER KUNZE

VOLKER BRAUN This somewhat restrained gadfly of the socialistic state is not merely an "oppositionist" or a latent West German. Braun is a loyal but restless participant in the social reality of his time. The central figures of his plays reflect their dissatisfaction by questioning society, or by being embodiments themselves of questions and problems that society must resolve. How, for example, can the individual be brought into harmony with the impersonal ends of a social system? The raising of such questions has left the East German government uneasy. Since the official line includes self-criticism, however, Braun's works are read, performed, and generally tolerated for their enthusiastic call for social improvement.

Volker Braun was born in Dresden in 1939. He completed his studies at Leipzig, then settled in (East) Berlin, where he now lives. Since 1972 he has been connected with the *German Theatre* there. In 1971 he was awarded the Heinrich Heine Prize by the (East) German Ministry of Culture and in 1980 the Heinrich Mann Prize of the (East) Berlin Academy of Arts.

"Der geflügelte Satz," apparently a straightforward ballad, manages to convey subtleties not immediately obvious. New life is breathed into the closing words of Karl Marx's *Communist Manifesto* (1848), for the "familiar quotation" appears and reappears in defiance of humanity's natural tendency to forget. We follow the slogan from a moment of shocked recall, through its place in history, its "paper" life, and finally to its transformation into "Enlightenment" (a favorite socialist theme). Like our highest ideals, the "winged" phrase, once awakened to movement (another of socialism's themes), leads us onward but remains beyond reach.

Der geflügelte Satz   *the winged phrase, winged words*
5. einigermaßen *to some extent*   6. gedenken† *recall* ·
die Bestürzung *consternation*   7. der Klassiker *classical author(ity)*   8. vereinigen *unite*   9. klappen *clap* ·
aus-lesen† *(here) finish reading*   11. pachten *have a leasehold (monopoly) on*   14. abgegriffen *well-thumbed*
18. über-gehen† *pass on*   20. sich besinnen† *think of* ·
der Handgriff *tactic*   25. sich beruhigen *calm down*
27. das Kontor' *office* · sich beraten† *consult*   28. stocken *falter*   29. verharren *stick tight*   30. verbissen *doggedly stuck*

Der geflügelte Satz

1   Als wir eines Tages wußten
Daß das Wichtigste getan war
In unserem Land
Kamen wir uns auf einmal seltsam
Allein vor und einigermaßen verlassen   5
Und gedachten mit Bestürzung
Jenes Satzes der Klassiker:
Arbeiter aller Länder, vereinigt euch.

2   Und wir klappten die ausgelesenen
Bücher zu und saßen auf ihnen   10
Als hätten wir die Weisheit gepachtet
Und dachten wieder jeder an sich
Aber der Wind der Geschichte schlug
Eine abgegriffene Seite auf
Wo der unerwartete Satz stand: 15
Arbeiter aller Länder, vereinigt euch.

3   Doch wir wollten zur Tagesordnung°
Übergehn, und der Tag war kurz
Und wir konnten uns auf nichts mehr
Besinnen als auf die nötigsten Handgriffe   20
Und kehrten uns schon den Rücken —
Da stieg hinter uns auf und stand schwarz da
Der geflügelte Satz:
Arbeiter aller Länder, vereinigt euch.

4   Aber wir beruhigten uns wieder   25
Und fuhren fröhlich in die östlichen°
Kontore, uns zu beraten: doch an diesem Tag
Stockten alle Sätze, und unsre Länder
Verharrten in ihren Grenzen, in die eigenen
Pläne° verbissen: und dunkel   30

14. die Kette *chain*

18. schweben *float*
19. unwiderruflich *irrevocable*
20. das Gehirn *brain*

23. erschöpft *exhausted* · träumen *(here impersonal =* wir träumten)
25. natür'lich *natural*

29. vertraut *familiar*
30. die Erleuchtung *enlightenment*

Erinnerten wir uns
An jenen Satz, der
In alle Sprachen übersetzt ist:
Arbeiter aller Länder, vereinigt euch.

5   Und zwischen Essen und Trinken   5
Und Schlaf, wie an den anderen Tagen
Mußten wir zusehn
Dem furchtbaren asiatischen° Krieg
Der Nordamerikaner°, und sahn mit Erschrecken
Diesen Satz auf dem Papier stehn   10
Und beinah nur auf dem Papier:
Arbeiter aller Länder, vereinigt euch.

6   Wir, die einst nichts zu verlieren hatten
Als unsere Ketten, aber eine Welt zu gewinnen
Fragten uns nun erbittert°:   15
Was haben wir gewonnen?
Was ist das für eine Welt?
Und wir sahn den geflügelten Satz schweben
Fern aber unwiderruflich
In unsern Gehirnen, mit mächtigem Schlag°:   20
Arbeiter aller Länder, vereinigt euch.

7   Und als wir uns zur Ruhe legten
Erschöpft, und an nichts dachten, träumte uns
Daß, wie die Himmel und Flüsse
Wie das Gras, also natürlich   25
Unsre Arbeiten wachsen über den Kontinent
Und uns verbinden: da vor allem
Und stärker als je
Erschien uns der vertraute Satz
Wie eine Erleuchtung: 30
Arbeiter aller Länder, vereinigt euch.

VOLKER BRAUN

KONTINUITÄT, the companion piece to "Der geflügelte Satz," offers a bitterly ironic account of the same movement and of the disparity between reality and ideal. But here the idealism has been forced into an accommodation; and this time there is no *vertrauter Satz,* but rather a smug and self-deluding continuity — which is here an instance of conveniently treading water.

1. gekonnt   *skillful*
3. bei-behalten†   *maintain, keep*
5. behaupten   *maintain, assert* · standhaft   *steadfast*
6. mit der Wimper zucken   *bat an eyelash*
7. augenzwinkernd   *with a blink of the eye*

9. der Begriff   *idea, concept*

10. dazu'   *to that end; in addition*

12. sicherlich   *assuredly*

14. merklich   *noticeable*

16. vorgeblich   *ostensible*

Kontinuität°

1   Während wir beinahe gekonnt
     Um die Ecke biegen, erklären wir ruhig
     Daß wir die Richtung beibehalten.

2   Bei all den schönen Schritten nach vorn
     Behaupten wir standhaft unsre Position°.   5

3   Ohne mit der Wimper zu zucken
     Nicht mal augenzwinkernd
     Wechseln wir die Sachen
     Und bleiben bei unsern Begriffen.

4   Wir lernen dazu   10
     Was wir immer gewußt haben.

5   Die *Linie°*, sicherlich, ist eine Gerade:
     Die kürzeste Verbindung zwischen zwei Epochen°.

6   Wenn wir uns also merklich ändern
     Soll es doch niemand merken.   15

7   So verändern wir, vorgeblich unverändert
     Die Welt, die es braucht.

8   Und es wird sich daran nichts ändern
     Bis eines schönen Jahrhunderts°
     Fragt mich nicht wie   20
     Der Kommunismus ausgebrochen ist.

VOLKER BRAUN

ALLE TAGE   What is the intent of this poem? To deplore a world in which traditional values are weakened or distorted? Or the opposite: to urge a reassessment of our values, so that what *was* a transgression becomes a virtue? Is there any possible middle ground? Specifically, for example, does Bachmann lament, advocate, or simply observe "flight from the flag"?

(See p. 252 for information on Ingeborg Bachmann.)

> alle Tage   *every day*
2. fort-setzen   *continue* · unerhört   *unheard of*
5. rücken   *move*
7. die Auszeichnung   *decoration* · armselig   *poor, wretched*
9. verleihen†   *bestow*

11. das Trommelfeuer   *fire of drums*
12. unsichtbar   *invisible*
13. die Rüstung   *armament*

16. die Flucht   *flight* · die Fahne   *flag*
17. die Tapferkeit   *bravery*

20. jeglich   *any, every*

Alle Tage

Der Krieg wird nicht mehr erklärt,
sondern fortgesetzt. Das Unerhörte
ist alltäglich° geworden. Der Held
bleibt den Kämpfen fern. Der Schwache
ist in die Feuerzonen° gerückt.   5
Die Uniform des Tages ist die Geduld,
die Auszeichnung der armselige Stern
der Hoffnung über dem Herzen.

Er wird verliehen,
wenn nichts mehr geschieht,
wenn das Trommelfeuer verstummt°,   10
wenn der Feind unsichtbar geworden ist
und der Schatten ewiger Rüstung
den Himmel bedeckt.°

Er wird verliehen   15
für die Flucht von den Fahnen,
für die Tapferkeit vor dem Freund,
für den Verrat° unwürdiger Geheimnisse
und die Nichtachtung°
jeglichen Befehls.   20

INGEBORG BACHMANN

COUNTDOWN is strongly fatalistic. What has taken the place of a divinity? Why is the title in English? Might one make a meaningful connection between "Countdown" and other English-titled poems in *Lebendige Literatur*, for example, "Middle Class Blues" (p. 247) and Christoph Meckel's "Swimmingpool" (p. 325)?

(See p. 246 for information on Hans Magnus Enzensberger.)

1. das/die Klafter   *arms' span*
2. der Faden   *fathom*

9. der Nagel   *nail*

11. vergilben   *yellow (with age)*

15. die Schwelle   *threshold*
16. verwittern   *weather*

17. abgesehen von   *apart from*
18. das Moos   *moss*

Countdown

Hundert Klafter tief in der Erde
hundert Faden tief im Meer
zählt jener dort unsre Sekunden°
von zehn bis null.

Meine Pfeife° brennt eine halbe Stunde   5
wenn sie nicht ausgeht.
Mein Kopf ist noch gut
für ungefähr dreißig Jahre.
Der Nagel den ich in die Wand schlage
hält doppelt° so lang.   10
Was ich hier schreibe vergilbt
wenn es nicht Feuer fängt
ungelesen, vielleicht erst
in sehr fernen Zeiten.
Die steinerne° Schwelle   15
verwittert nicht leicht.

Länger als alles (abgesehen
vom Meer, von der Erde, vom Moos
und gewissen Himmelserscheinungen°)
am längsten dauert der Mensch: 20

solang
bis jener dort in der Tiefe
unsre Sekunden gezählt hat
von zehn bis null.

HANS MAGNUS ENZENSBERGER

GÜNTER EICH was born in 1907, spent six years in the German army, was an American prisoner, and until his death in 1972 lived in Bavaria with his wife Ilse Aichinger (also represented in this volume). He was probably the major representative of the *Hörspiel* and was one of Germany's leading poets. Eich's collected works were published in four volumes in 1972. Among his numerous literary prizes are the Georg Büchner Prize (1959), the Prize of the City of Munich for the Encouragement of Literature (1965), and the Schiller Memorial Prize (1968).

In an age filled with apocalyptic visions, Holocaust memorials, and anti-nuclear protests, Eich's "Denke daran . . ." approaches the tragic fact of humanity's self-enmity and destructiveness with a voice of warning, a lyrical version of the saying, "Verliere nicht aus den Augen, was du auf dem Herzen hast." In what sense are points on a map matters of the heart?

2.   sinnen auf   *plot, devise* · vernichten   *destroy*
5.   verhangen   *overcast*
6.   das Wachstum   *growth* · knistern   *crackle*
8.   die Magd   *maid* · die Distel   *thistle* · stechen†   *prick*
9.   die Lerche   *lark*
12.   Randersacker   *(Franconian winegrowing village near Würzburg, Bavaria)*
13.   pflücken   *pluck* · Alican'te   *(coastal city and district in Spain)*
14.   der Strand   *beach*
15.   Taormi'na   *(resort town in Sicily)*
16.   die Kerze   *candle* · entzünden   *light*
17.   der Friedhof   *cemetery* · Feuchtwangen   *(medieval town near Rothenburg ob der Tauber, Bavaria)*
19.   die Doggerbank   *(a submerged sandbank, shallows in the North Sea)*
20.   die Schraube   *screw, bolt* · das Fließband   *conveyor (belt)*
22.   Szetschuan   *Szechwan (province in China)*
23.   das Maultier   *mule* · die Anden   *Andes*
25.   berühren   *touch*
26.   die Umar'mung   *embrace*

Denke daran...

Denke daran, daß der Mensch des Menschen Feind ist
und daß er sinnt auf Vernichtung.
Denke daran immer, denke daran jetzt,
während eines Augenblicks im April,
unter diesem verhangenen Himmel,   5
während du das Wachstum als ein feines Knistern zu hören
    glaubst,
die Mägde Disteln stechen
unter dem Lerchenlied,
auch in diesem Augenblick denke daran!   10

Während du den Wein schmeckst in den Kellern vom Randers-
    acker
oder Orangen° pflückst in den Gärten von Alicante,
während du einschläfst im Hotel Miramar nahe dem Strand
    von Taormina,   15
oder am Allerseelentage° eine Kerze entzündest auf dem
    Friedhof in Feuchtwangen,
während du als Fischer° das Netz° aufholst über der Dogger-
    bank,
oder in Detroit eine Schraube vom Fließband nimmst,   20
während du Pflanzen setzt in den Reis-Terrassen° von Sze-
    tschuan,
auf dem Maultier über die Anden reitest, —
denke daran!

Denke daran, wenn eine Hand dich zärtlich berührt,   25
denke daran in der Umarmung deiner Frau,
denke daran beim Lachen deines Kindes!

4. nirgendwo *nowhere* · die Landkarte *map* · Biki'ni *(Pacific atoll, site of atomic tests)*

7. sich abspielen = geschehen

GEH JETZT INS DUNKLE... What, if any, specific meanings should be assigned to darkness and dead life? What, specifically, are we charged to do?

(See p. 398 for information on Volker Braun.)

2. entzweien *separate, break*

Denke daran, daß nach den großen Zerstörungen
jedermann beweisen wird, daß er unschuldig war.

Denke daran:
Nirgendwo auf der Landkarte liegt Korea und Bikini,
aber in deinem Herzen.   5
Denke daran, daß du schuld bist an allem Entsetzlichen
das sich fern von dir abspielt —

GÜNTER EICH

Geh jetzt ins Dunkle: werde selbst das Licht.
Du mußt das tun, was keiner kann. Entzweie
Dich von dem toten Leben. Sorge dich nicht.
Wenn du fällst, wachsen die Schreie.

VOLKER BRAUN

AUF DAS GRAB EINES FRIEDLICHEN MANNES Does Enzensberger's peaceful, non-political man deserve praise or condemnation? Do the *Schreie* of this poem and the preceding one by Braun reflect similar or opposing situations?

(See p. 246 for information on Hans Magnus Enzensberger.)

   das Grab   *grave*
2. meiden†   *avoid* · die Versammlung   *gathering, meeting* · das Kaufhaus   *department store*
3. seinesgleichen   *his like, people like himself*

8. zertrümmern   *smash, batter*

10. zeitlebens   *all one's life*
11. der Zahn   *tooth* · ingrimmig   *fierce, furious*
12. hinterlistig   *crafty* · auf eigene Faust   *on one's own (hook)*

15. das Gebein   *bones*

Auf das Grab eines friedlichen° Mannes

Dieser da war kein Menschenfreund°,
mied Versammlungen, Kaufhäuser, Arenen°.
Seinesgleichen Fleisch aß er nicht.

Auf den Straßen ging die Gewalt
lächelnd, nicht nackt.   5
Aber es waren Schreie am Himmel.

Die Gesichter der Leute waren nicht deutlich.
Sie schienen zertrümmert,
noch ehe der Schlag gefallen war.

Eines, um das er zeitlebens gekämpft hat,   10
mit Wörtern und Zähnen, ingrimmig,
hinterlistig, auf eigene Faust:

das Ding, das er seine Ruhe nannte
da er es hat, nun ist kein Mund mehr
an seinem Gebein, es zu schmecken.   15

HANS MAGNUS ENZENSBERGER

FRIEDO LAMPE This unusual work, taken together with Christa Wolf's *Beispiele,* which follows, helps to bring this literary reader to an appropriate conclusion. In its brief compass it is a complete anthology of forms, including most of the types and genres we have encountered in this book and a few more besides. Its title is not merely satirical; the "story" could well serve as an introduction to one kind of stylistics, the study of levels of expression. Its amusing plot moves nimbly through a virtuoso range of modes — epistolary, homiletic, official-ese, novelistic, lyric, and journalistic — and ends with the rousing finale of a musical comedy.

The author of this parody with a happy ending met a tragically unnecessary end himself. At Klein-Machnow near Berlin, in 1945, Friedo Lampe was shot by the Russians — reportedly, "by mistake." He had been a librarian in Hamburg, an editor in Berlin (for Rowohlt before its dissolution by the Nazis). He was a well-informed and highly cultivated critic, with a doctorate in Germanistics and art history. Bremen was the city with which his work was most closely associated, in locale and spirit. He was born there in 1899.

In the light of the author's other writing, the reader should be warned not to take as harmless or naive the story that unfolds in this coat of many colors. Lampe has a quick eye for the irrationality of life, its sharp and bitter details. His mode of narration can be almost as far removed from the conventional sequence of reality as Kusenberg's. But his sensitivity to life was that of a Romanticist, and his rearranging of reality bears the indelible mark of melancholy as well as of humor. Watch, then, for satire behind the comic mask of forms. This latter feature is itself the clue to a basic attitude akin to the cynicism of Bertolt Brecht.

---

     die Formfibel   *primer of (literary) forms, handbook of style*
3. gebären†   *give birth to*
4. in Erfüllung gehen† *be fulfilled*
7. die Taufe *baptism*
8. unbedingt   *definite*
12. da sieh an   *well look at that, well look who's here*
13. was macht   *how is*
15. quietschvergnügt   *happy as a clam*
17. der Taufpate   *godfather*

Eduard—Eine kleine Formfibel

by Friedo Lampe

Brief

Liebe Eltern, ich kann Euch die freudige° Mitteilung machen,
daß Luise diese Nacht um zwei Uhr einen gesunden Jungen
geboren hat. Wir sind ja so glücklich. Nach fünf Jahren des
Wartens ist uns endlich unser Wunsch in Erfüllung gegangen.
Ich habe Luise zur Klinik° begleitet und mußte dort stunden-   5
lang° im Gang warten, Dr. Heinrich wollte mich nicht zu ihr
lassen. Luises Befinden ist ausgezeichnet. Zur Taufe müßt Ihr
unbedingt kommen, das Kind soll Onkel Eduards Namen
haben, Onkel Moritz wird ja böse sein, daß wir das Kind nicht
nach ihm nennen, aber Moritz — nein, das geht doch nicht . . .   10

Drama

Onkel Moritz: Da sieh an, Luise, das ist aber nett, daß du
   deinen alten Onkel auch einmal besuchst. Was macht denn
   der Kleine?
Luise: Danke, Onkel, er ist quietschvergnügt. Ja, ich bin herge-   15
   kommen, um dich zur Taufe einzuladen.
Onkel Moritz: Also Taufpate soll ich sein? Gerne, gerne, mein
   Kind. Das ist recht, daß ihr an euren alten Onkel gedacht
   habt. Ja, was soll ich dem Jungen denn schenken?

1. verzeihen† = entschuldigen

3. hat . . lumpen lassen   *money was never any object to*

8. die Bescheidenheit   *modesty*
9. der Kinderwagen   *baby carriage*

13. auf-brausen   *get excited*

20. das Komplott′   *plot*

27. einem etwas vormachen   *fool*

31. das Vermögen   *fortune* · vermachen   *bequeath, will* · der
    Liederjahn   *rake*
32. der Knicker   *miser* · pfui Teufel   *(expression of disgust)*

36. die Taufpredigt   *baptismal sermon*
37. Wonnesam   *(proper name as part of the parody:* wonnesam =
    blissful)

Luise: Ach, Onkel Moritz, verzeih —

Onkel Moritz: Natürlich kriegt der Junge ein schönes Geschenk. Onkel Moritz hat sich noch nie lumpen lassen.

Luise: Onkel, sei uns nicht böse, wenn —

Onkel Moritz: Kein Wort mehr, ich kenne meine Pflicht als   5
Taufpate.

Luise: Onkel, entschuldige —

Onkel Moritz: Nur keine falsche Bescheidenheit. Wie wär's
mit einem Kinderwagen?

Luise: Onkel, hör doch mal!   10

Onkel Moritz: Nun, mein Kind?

Luise: Du mußt uns richtig verstehen — bitte, braus nicht
gleich auf. Sieh mal, der Name Moritz ist doch nun wirklich
nicht schön und gar nicht mehr modern° — die Kinder in
der Schule würden später über den Jungen lachen —   15

Onkel Moritz: Was heißt das? Du willst doch nicht sagen —

Luise: Ja, wir wollten den Jungen Eduard nennen — nach
Onkel Eduard.

Onkel Moritz: So, mein Name ist euch nicht gut genug? Da
steckt etwas anderes dahinter. Das ist ein Komplott mit   20
Tante Lisbeth.

Luise: Nein, nein, Onkel Moritz!

Onkel Moritz: Immer Eduard. Eduard, Eduard. Ich verstehe,
ich verstehe. Bloß weil er etwas mehr Geld hat, weil ihr
glaubt —   25

Luise: Nein, Onkel, das ist es nicht.

Onkel Moritz: Mir kann man nichts vormachen. Ich durch-
schaue° alles. O wie recht habe ich, mich von dieser Familie
zurückzuziehen. Ich soll zur Taufe kommen? Denke nicht
dran. Ihr sollt euch wundern, Eduard, der wird dem Jungen   30
noch lange nicht sein Vermögen vermachen, der Liederjahn,
der alte Knicker. Pfui Teufel.

Luise: Onkel, glaub mir doch —

Onkel Moritz: Kein Wort mehr. Raus, ich will dich nicht mehr
sehen, nie mehr. Allein will ich sein. Pfui Teufel. Raus.   35

Taufpredigt

Pastor° Wonnesam: Fünf Jahre gingen dahin, aber sie ver-

1. der Mut *courage*
2. erhöret *(archaic for* erhört*) heard (as of prayers)*
3. segnen *bless* · der Erdenbürger *citizen of this earth*

9. das Mitglied *member*
10. weilen *tarry, be*
11. da . . . befallen *since he is unfortunately indisposed*
12. das Krankenlager *sickbed* · gedenken† *be mindful of*

14. der Kanzlei′stil *bureaucratic style*

17. gefällig *kind, much appreciated*
18. habe ich . . . genommen *approx: I beg to acknowledge* · die Anordnung *instruction*
19. gemäß *in accordance with* · zuteil′ werden lassen† *give, cause to appear in*
20. fraglich *in question*
21. der Irrtum *error* · unterlaufen† *occur*
22. demzufolge *according to which* · die Nichte *niece*
23. im Falle . . . Ihrerseits *in the event of your demise*
24. der Erbe *heir* · ein-setzen *name, constitute*
26. der Verein *society, club* · die Förderung *encouragement, fostering*

27. der Roman′ *novel*

28. die Gardero′be *dressing room* · an-gelangen *arrive*
29. die Klinke *latch*
30. glucksen *gurgle* · girren *coo* · die Taube *dove*

32. vergnügt *happy*

35. der Toilet′tentisch *dressing table, vanity* · die Puderquaste *powder puff*

loren nicht den Mut und den Glauben°. Wer da die Hoffnung nicht aufgibt, der wird auch erhöret. Und siehe da, der
Herr segnete sie. Da liegt er nun, unser kleiner Erdenbürger,
gesund und rosig° und vergnügt. Und alle sind um ihn, die
Eltern, die Großeltern, der Onkel Eduard, der ihm den   5
Namen schenken soll, und alle strahlen im Glück und Sonnen-
schein° dieser Stunde. Ja, die Sonne, die Frühlingssonne,
scheint warm und golden° zu uns herein. O möge sie immer
auf seinen Wegen leuchten. Nur einer, ein liebes Mitglied
der Familie, muß ferne weilen, da ihn böse Unpäßlichkeit   10
befallen — der Onkel Moritz. Aber auch er wird in Liebe auf
seinem Krankenlager dieser Stunde gedenken und im Geiste
bei uns sein . . .

Kanzleistil

Dr. Rehbein, der Notar°, an Onkel Moritz: 15
Sehr geehrter Herr!
Ihr gefälliges Schreiben° vom 12.6. habe ich ergebenst zur
Kenntnis genommen. Ich werde also Ihren Anordnungen
gemäß dem Testament° eine andere Form zuteil werden lassen. Ich wiederhole noch einmal die fraglichen Punkte, um   20
sicher zu sein, daß keine Irrtümer unterlaufen. Ihr früherer Te-
stamentsentscheid°, demzufolge Ihre Nichte Luise W. oder ihr
erstgeborenes° Kind im Falle eines Ablebens Ihrerseits zum
alleinigen° Erben eingesetzt war, ist von Ihnen annulliert°,
und Sie haben sich jetzt entschlossen, Ihr ganzes Vermögen 25
dem Verein zur Förderung der Gartenkultur° . . .

Roman

Eduard war vor ihrer Garderobentür angelangt und wollte
schon die Klinke niederdrücken, da hörte er leises Gelächter°.
Es waren diese sanft glucksenden, girrenden Taubentöne, die   30
er so gut kannte. Aber was war das? Eine Männerstimme°
klang dazwischen, ein vergnügtes, zufriedenes Männerlachen°.
Eduard horchte, aber er konnte nichts Deutliches vernehmen.
Da öffnete er schnell die Tür. Rosi saß vor ihrem Toilet-
tentisch, die Puderquaste in der Hand, und über sie gebeugt 35

2. harmlos   *innocent, harmless*
3. fesch   *smart, gallant* · der Jägerbursch   *young huntsman* ·
   die Begeisterung   *enthusiasm*
4. die Bewunderung   *admiration*
5. bewußt   *in question*
6. sich überlegen   *think over* · servus   *(salutation of departure)*
8. betupfen   *pat*

10. gurren   *coo* · aus-stoßen†   *utter*
11. fad   *silly*

14. die Tracht   *costume*
15. der Dreispitz   *three-cornered hat* · keck   *pert* · die Locken-
    perüc'ke   *wig of curly hair*

18. umschlingen†   *embrace*

21. gespannt   *intent*

25. erben   *inherit*
26. der Goldige   *sweet, darling*

29. sich fuchsen   *be in a snit*

33. beschieden   *granted, one's lot*

35. der Ruhm   *fame* · der Stand   *status*

stand der Direktor°. „Ah, Sie sind's, mein Lieber", sagte der
Direktor im harmlosesten Ton der Welt, „wollen Sie auch
unserem feschen Jägerburschen Ihre Begeisterung und Be-
wunderung zu Füßen legen? Also dann will ich nicht stören.
Über das bewußte Projekt° sprechen wir morgen, Rosi.   5
Überleg's dir noch mal. Servus, servus." — „Was wollte er?
Warum ist er hier?" fragte Eduard finster. „Mein Gott, was
Geschäftliches°, mein Liebling", sagte Rosi und betupfte ihr
Gesicht mit der Quaste. „Aber ihr lachtet so vergnügt, ehe ich
eintrat, und wenn du diese gurrenden Töne ausstößt, dann   10
weiß ich . . ." „Nun hör aber auf, das ist ja fad. Er ist doch
der Direktor, da muß ich doch freundlich sein. Sag lieber, wie
du mich findest." Sie sprang auf vom Stuhl und schritt graziös°
in ihrer schlanken grünen Jägertracht durchs Zimmer, den
schwarzen Dreispitz keck auf der weißen Lockenperücke. Und   15
dann legte sie die Hand hinter den Kopf und tanzte und sang:
„Meine Lust ist das Jagen im grünen Wald." Eduard um-
schlang sie leidenschaftlich. „Mein Jäger, mein süßer kleiner
Jäger. Versprich mir, daß du mir treu sein willst, immer,
immer. Ich hab' auch ein große Überraschung für dich." Rosi   20
hob schnell den Kopf und sah ihn gespannt an. „Ich bin heute
bei meinem Notar Doktor° Rehbein gewesen", sagte Eduard,
„wenn ich einmal sterben sollte . . ." — „Sprich doch nicht
davon, Liebling, das mag ich nicht hören." — „Ja, dann sollst
du mein ganzes Vermögen erben." — „Still davon, mein   25
Herzchen°, mein Goldiger, pfui, vom Tode zu reden. Und sag,
dein Patenkind°, dieser kleine Eduard, der soll nun gar nichts
mehr haben? Mein Gott, wie traurig!" — „Gar nichts", sagte
Eduard, „Luise, die wird sich fuchsen, die wird einmal Augen
machen, ha, ha."   30

Lyrik°

Schlaf, Eduard, schlaf in Frieden,
Noch ist dir Ruh beschieden,
Noch weißt du nichts von unserer Welt,
Von Ruhm und Stand und Ehr und Geld,   35
Noch kannst du glücklich lachen.
Ich will still bei dir wachen.

2. kühl *cool*

4. die Gardi'ne *curtain(s), drapes* · blähen *billow, puff out*

8. funkeln *sparkle, twinkle*

11. die Reporta'ge *newspaper report*

14. um sich greifen *spread*
15. der Dachstuhl *rafters, attic* · die Eta'genwohnung *apartment (in the main living section)*
16. Menschenleben . . . beklagen *there was no loss of life* · das Inventar' *furnishings*
17. das Ereignis *occurrence, incident*
18. sich hervor'-tun† *distinguish oneself*
21. die Zelle *booth* · benachrichtigen *inform*
22. die Feuerwehr *fire department* · nicht genug damit *that was not all*
23. die Gattin *wife*
24. sich melden *appear*

27. die Hosenrolle *male role (taken by a woman)*

29. die Ankunft (ankommen)

31. der Qualm *smoke*
32. die Handlungsweise *action, behavior*

35. der Zwist *discord* · innig *heartfelt*

37. den Sieg davon'-tragen† *carry the day*

Der Mond, der scheint zum Fenster rein,
Wie kühl und heiter ist sein Schein,
Die Lampe°, die ist ausgedreht,
Ein Wind sanft die Gardine bläht.
O bliebest du doch immer klein,   5
Und könnt' ich immer bei dir sein
Und sitzen so im Dunkeln
Beim klaren Sternefunkeln,
Doch schon auf Treppenstufen°
Tönt Vaters Schritt. Gleich wird er rufen.   10

Reportage

Gestern abend brach in einem Hause der Charlottenstraße ein
Feuer aus, dessen Ursachen bis jetzt noch nicht festgestellt
werden konnten. Das Feuer griff schnell um sich und zerstörte
den Dachstuhl und zwei Etagenwohnungen. Menschenleben°   15
sind nicht zu beklagen, auch ein großer Teil des Inventars
konnte gerettet werden. Bei diesem Ereignis tat sich besonders
der 54 jährige° Moritz M. hervor. Durch Zufall führte ihn
sein Abendspaziergang° in die Nähe des fraglichen Hauses,
und als er den Flammenschein° aus der Ferne° sah, lief er   20
sofort zur nächsten Telephonzelle und benachrichtigte die
Feuerwehr. Aber nicht genug damit, er eilte zu dem Hause, in
dessen drittem Stock sein Neffe° Hans W. mit seiner Gattin
Luise wohnte, klingelte, und als sich niemand meldete und er
von den Nachbarn erfuhr, daß das Ehepaar zum Theater° ge-   25
gangen war, um sich die Oper° „Jägerglück°" anzusehen, die
Fräulein Rosi Huber in der Hosenrolle des Alois zu einem so
triumphalen° Erfolge geführt hat, stürzte er in das brennende
Haus, noch vor Ankunft der Feuerwehr, schlug die Wohnungs-
tür° ein und rettete den kleinen Sohn des Ehepaares, Eduard   30
mit Namen, aus Flammen° und Qualm, unter größter Lebens-
gefahr°. Diese Handlungsweise ist besonders ergreifend, wenn
man erfährt, daß Moritz M. sich seit längerem mit seinem
Neffen und seiner Nichte verfeindet° hatte. Im Augenblick der
Gefahr vergaß er allen Zwist, seine innige Liebe zu dem   35
kleinen Eduard, sein tiefes Familiengefühl° brach mächtig
durch und trug den Sieg davon. Der Bürgermeister° hat dem

Eduard — Eine kleine Formfibel   423

1. kühn *brave* · verleihen† *bestow*
2. ein übriges tun *go further* · obdachlos *without shelter*
3. geräumig *spacious*

4. das Singspiel *musical, operetta*

5. der Korbwagen *pram, baby carriage*

9. begraben† *bury*

12. lau *warm and mild*

15. preisen† *praise*

18. der Scherz *joke, trifle*

27. allezeit = immer
28. die Herzlichkeit *affection*
29. jauchzen *shout with joy*

kühnen Mann die goldene Rettungsmedaille° verliehen.
Moritz M. tat noch ein übriges und nahm das obdachlos ge-
wordene Ehepaar in seine geräumige Wohnung auf.

Singspiel — Libretto°

Onkel Moritz, Hans, Luise, der kleine Eduard im Korbwagen,   5
auf einem Balkon°. Es ist Abend. Sie sitzen an einem Tisch,
vor sich Weingläser°.

Onkel Moritz

Wir wollen allen Streit begraben,
Wie bin ich froh, daß wir uns wieder haben.   10

Hans

Wie ist der Abend mild und lau.
O küsse mich, umarm' mich, Frau.

Luise

Den guten Onkel wolln wir preisen!   15
Klein-Eduard soll jetzt Moritz heißen.

Onkel Moritz

Ach, Namen sind ja nur ein Scherz.
Gehört mir nur sein kleines Herz,
So mag er heißen, wie er will.   20
Ach, seid mir von dem Namen still.

Alle

Ja, mag er heißen, wie er will,
Ach, seid mir von dem Namen still.
Die Namen sind ja nur ein Scherz,   25
Das Wichtigste ist doch das Herz.
So trinken wir denn allezeit
Auf Freundschaft° und auf Herzlichkeit!

Sie heben die Gläser, der kleine Eduard jauchzt im Korbwagen, über den Dächern geht der große gelbe Vollmond° auf. 30

Eduard — Eine kleine Formfibel   425

CHRISTA WOLF was born in 1929 in Landsberg (now in Poland). She attended school there until 1945, when she moved to East Germany. After studies at Jena and Leipzig, she worked as an editor for the magazine *Neue Deutsche Literatur* and began her writing career with essays on contemporary literary figures. Her work includes essays, film scripts, open letters, stories and tales; but her considerable fame in both East and West Germany rests chiefly on her novels. *Der geteilte Himmel* (1963) was awarded the Heinrich Mann Prize; and later novels — *Nachdenken über Christa T.* (*The Quest for Christa T.*, 1968), *Kindheitsmuster* (*Childhood Pattern*, 1977), and *Kein Ort. Nirgends* (1979) — have made Wolf's probably the most effective voice of socialist realism. Among her numerous other awards are the National Prize of the GDR (1964), the Fontane Prize (1972), and the Büchner Prize (1980). In 1985 she was invited to become an Honorary Fellow of the Modern Language Association of America. Christa Wolf now lives in Berlin.

Prose, as Wolf has said, is revolutionary and realistic; it entices and encourages one to do the impossible. Thus it is difficult to take at face value a title such as *Beispiele ohne Nutzanwendung* (her address to the International PEN Congress, Stockholm, 1978). For literature, whether in *Verkleidung* or not, has its "moral" and its application, at least as Christa Wolf understands and writes it. Relating to literature (rather than accepting literature as "text," as something in and for itself) is one of her demands. The reward? Among other things, it is what Wolf calls *Selbstfindung*. In what senses does she use the word?

die Nutzanwendung *practical application*   1. die Verkleidung *disguise*   2. der Schimmel *white horse (hence tautology; cf. "dead corpse")*   3. die Einkleidung *clothing; (also) wording*   4. ab-leiten *derive*   5. das Thema *theme, basic idea* · weitgespannt *extended*   6. der Schirm *umbrella*   7. der Literat' *man of letters* · heutzutage *nowadays* · beunruhigen *disturb* · betreffen† *concern*   9. erfordern *require*   10. der Zeuge *witness*   11–13. ein Stück Literatur ... erfährt *experiences a piece of literature, with all its disguise of metaphor, as a fundamental reference to one's own complex, contradictory existence* · kürzlich *recently*   14. die Enkeltochter *granddaughter*   15. vor-singen† *sing to*   16. in Frage stellen *question*   17. lauten *go, run* · die Fassung *version*   18. blasen† *blow, play*

from Beispiele ohne Nutzanwendung

by Christa Wolf

„Literatur in Verkleidung?" Ist das nicht, dachte ich zuerst,
der berühmte „weiße Schimmel?" Ist Verkleidung, zumindest°
Einkleidung, nicht das Wesen von Literatur, insofern° sie
nicht Realität° erster Ordnung, sondern von dieser abgeleitet
ist? Wäre dann nicht dieses Thema ein allzu weitgespannter   5
Schirm, unter den alle Probleme sich drängen ließen, die Lite-
raten heutzutage interessieren, beunruhigen, betreffen? Oder
sollte eine neue Realität neue Arten von Verkleidung der
Literatur erfordern?

   Selten werden wir Zeuge jenes Augenblicks, da ein Mensch   10
ein Stück Literatur in seiner gleichnishaften Verkleidung als
grundlegenden Verweis auf sein eigenes widersprüchliches
Da-Sein erfährt. Ich hatte kürzlich dieses Glück. Einem fünf-
einhalbjährigen Mädchen, meiner Enkeltochter, hatte ich zur
Nacht jenes alte Volkslied° vom Jäger° vorgesungen, das sie   15
zum erstenmal in Frage stellte. Sie fragte nach jeder Strophe°:
Warum? — Das Lied lautet in der Fassung, die ich kenne:

>   Es blies ein Jäger wohl in sein Horn,
>   und alles, was er blies, das war verlorn.

>   Soll denn mein Blasen verloren sein,   20
>   viel lieber möchte ich kein Jäger mehr sein.

1. der Strauch *shrub(bery), bush*
2. schwarzbraun *dark-brown, dark-haired (cf. "nut-brown maiden")*

10. begraben† *bury*

12. jungschön *handsome young* · das Weib *(older usage) wife*

14. ein-sehen† *see, perceive* · berechtigen *justify*

16. unkenntlich *unrecognizable* · jedenfalls *at any rate*

18. das mochte angehen *that might do*

20. verstecken *hide* · belauschen *overhear, listen to*

22. bedrohen *threaten*
23. der Totschlag *manslaughter, killing* · auf die Gefahr hin *at the risk of* · die Glaubwürdigkeit *credibility*

31. überlassen† *leave, give over*
32. die Verstellung *pretense, make-believe* · das Selbstmitleid *self-pity*
33. bemerkenswert *remarkable*
35. das Grundmuster *basic pattern*

Er warf sein Netz° wohl über den Strauch
da sprang ein schwarzbraunes Mädchen heraus.

Ach schwarzbraunes Mädchen, entspring° mir nicht,
ich habe große Hunde, die holen dich.

Deine großen Hunde, die fürcht ich nicht,   5
sie kennen meine hohen weiten Sprünge° nicht.

Deine hohen weiten Sprünge, die kennen sie wohl
sie wissen, daß du heute noch sterben sollst.

Und sterb ich heute, so bin ich tot,
begräbt man mich unter Rosen rot.   10

Er warf ihr sein Netz wohl über den Leib,
da ward sie des jungschönen Jägers Weib.

Warum!
Ich sah es ein, die Frage war berechtigt und gar nicht leicht
zu beantworten; denn das Thema „Liebe" hat sich in diesem   15
Lied fast zur Unkenntlichkeit verkleidet — jedenfalls für ein
Kind, dachte ich. — Warum war alles, was er blies, „verlorn"?
— Weil niemand ihn blasen hörte. — Das mochte angehen.
Plausibel° schien auch, daß das schwarzbraune Mädchen, im
Strauch versteckt, ihn heimlich belauscht hatte.   20
Warum? Sie mochte den Jäger vielleicht. Gut. Der aber nun
— warum bedroht er sie mit seinen Hunden, mit Mord und
Totschlag? Auf die Gefahr hin, meine Glaubwürdigkeit zu
verlieren, wagte ich die Behauptung: Er liebt sie auch. —
Schweigen. — Dann: Aber lieb ist er nicht gerade zu ihr. Dar- 25
auf ich: Vielleicht hat er große Angst, daß sie ihm wieder
wegläuft. Und sie: Vielleicht solln die Hunde sie gar nicht
richtig totbeißen°? Und das Mädchen wollte nicht richtig weg-
rennen und begraben sein?
Sicher nicht.   30
Ich schwieg und überließ sie ihren Erfahrungen° mit Liebe,
Angst, Aggressivität°, Verstellung und Selbstmitleid, die mit
fünf, sechs Jahren schon bemerkenswert sind. Ich kannte auch
die Grenzen dieser Erfahrung, aber „erklären" konnte ich
nichts; hier ist ein Grundmuster gelegt, das jeder entweder   35

1. nach Vermögen *to the best of one's ability* · verweigern
   deny
2. gespannt *in suspense*

7. auf der Hut *on guard* · gleichen† *be like*
8. sich berufen† auf *refer to*

12. glatt *smooth, straight*
13. die Locke *curl*
14. die Klemme *dilemma, bind* · heikel *delicate, touchy*

16. die Ausnahme *exception*

18. unverrückbar *inalterable*

21. entgegen-kommen† *oblige, be helpful* · vermuten *conjecture*
23. enttäuschen *disappoint, disillusion* · an-widern *disgust* ·
    stöhnen *groan, moan*
24. auf dem Holzweg *on the wrong track*

26. aufs Ganze gehen† *go all out*

33. erleichtern *relieve*
34. der Vorgang *occurrence*
35. das Gleichnis *simile, metaphor, figure of speech, comparison*
36. einschneidend *decisive, crucial*
37. benutzen *use.* · die Hingabe *(here) giving oneself* ·
    vernichten *destroy, annihilate*
38. preis-geben† *reveal* · es = das Gleichnis
39. entschlüsseln *decipher* · entzaubern *deprive of magic*
40. die Wirkung *effect* · die Überein'stimmung *agreement,*
    concord

annehmen und nach Vermögen ausfüllen° oder verweigern muß. Gespannt wartete ich auf ihre nächste Frage.

Die lautete: Aber wie sah das Mädchen aus?

Das hieß: Etwas in ihr hatte das Muster erkannt und akzeptiert°, so fremd und seltsam es war. Etwas in ihr verlangte nach stärkerer Identifikation. Ich war gerührt, blieb aber auf der Hut. Was wollte sie: Sollte das Mädchen ihr gleichen? Die Wahrscheinlichkeit° schien groß. Ich berief mich auf das einzige Wort, welches das Mädchen beschreibt — „schwarzbraun"; sie selbst ist braunhaarig°. Also waren sie beide einander ähnlich.

Das traf es nicht. Sie wollte wissen: Hat sie glattes Haar oder Locken!

Ich war in der Klemme, denn dies ist für sie die heikelste aller Fragen; man muß wissen, sie hat braune Locken, die jedermann reizend findet, mit einer Ausnahme: sie selbst. Aus Gründen, die wir niemals erfahren werden, steht unverrückbar vor ihrem inneren Auge das Idealbild° eines Mädchens mit langem, glattem, schwarzen Haar, und ich weiß nicht, was sie nicht tun würde, um diesem Bild zu gleichen. Ich aber glaubte ihr entgegenzukommen, indem ich vermutete, das Mädchen des Liedes habe Locken gehabt, wie sie. Da gab sie ein unbeschreiblich° enttäuschtes und angewidertes Stöhnen von sich, und ich begriff, daß ich auf dem Holzweg war. Die Heldin sollte „schöner" sein als sie.

Da ich nicht zurückkonnte, ging ich aufs Ganze. Stell dir das Mädchen ruhig mit langem glatten Haar vor! sagte ich.

Aber wie sieht sie in Wirklichkeit° aus!

Sie trieb mich weiter. — In Wirklichkeit? Das wissen wir nicht. Der Dichter hat an das Mädchen gedacht, das er am liebsten hatte. Und jeder, der das Lied singt, kann sich auch sein liebstes Mädchen vorstellen. — Bestimmt? — Kannst es glauben. — Darauf sie, erleichtert: Das find ich gut.

Der Vorgang, so einfach er war, bewegte mich. Alles hatte seine Richtigkeit°. Das Gleichnis — Literatur in Verkleidung — wurde als Schlüssel zum Verständnis einschneidender eigner Erfahrung benutzt: daß Hingabe auch Vernichtung ist. Es hatte diesen Sinn preisgegeben, indem es seinerseits° entschlüsselt — nicht entzaubert — worden war; Mittel und Wirkung zeigten sich in glücklicher Übereinstimmung; der

2. winzig *tiny* · das Gedächtnis *memory*
3. ein-ritzen *engrave* · erleben *experience*
4. vorausgesetzt *provided*

6. sich stellen *(with dat.)* *confront*
7. stehen vor *face*
8. die Tatsachen *(pl.) (here) body of facts*

10. schottisch *Scotch* · die Meldung *report*

12. das Wohnhaus *apartment building*

41. beharrlich *persistent* · gleich-tun† *vie with, match*

„Zweck", falls° es ihn gab, etwas wie „Selbstfindung°", war erreicht; eine winzige Spur mag sich in das Gedächtnis des Kindes eingeritzt haben, die durch spätere Kunsterlebnisse vertieft° werden kann — vorausgesetzt, das Kind hört nicht auf, sich auch seinen schmerzlichen° Erfahrungen unverklei- 5 det, ohne Maske°, zu stellen. In diesem, wie mir scheint, immer häufiger werdenden Fall allerdings steht die Literatur vor neuen Tatsachen.

Gestern — ich schreibe dies am 2. Mai 1978 — las ich in einer schottischen Zeitung folgende Meldung: Eine Polizistin° 10 hatte ein ganz junges Mädchen, das sich aus dem 18. Stock eines Wohnhauses hatte hinunterstürzen wollen, so lange am Mantel zwischen Himmel und Erde gehalten, bis zwei weitere Polizisten ihr zu Hilfe kamen und das Mädchen hereinzogen. Die Gerettete sagte zu ihrer Retterin, sie hätte nichts, wofür 15 sie leben könnte. . . .

Christa Wolf compares this story with a radio report — she thinks it was from Sweden — concerning people who wish to commit suicide, and a clinic established to help them to do so under hygienic conditions and with dignity. She is horrified. It 20 is a model of the world-wide distortion of purpose which turns the means of our preservation into the means of our own de- struction. As a child, she had taken her book of fairy tales and scratched out the eyes of the wicked witch who had poisoned Snow White. Should Snow White rather, after the model of 25 the suicide clinic, have renounced love and insisted on dying? The Seven Dwarfs might then have furnished tourists visiting the glass coffin with a folder explaining scientifically that all was in order.

Can literature, in its disguise of metaphor and allegory — or 30 by direct attack — penetrate our defenses of illusion and coun- ter the world's self-deception and self-destruction? She answers that all means, old and new, are proper, so long as writers do not themselves yield to manipulation or to the poison of lost purpose and falsely conceived means. 35

. . . Jene Polizistin, die das Mädchen festhielt°, hörte und spürte den Stoff des dünnen Mantels reißen, aber sie ließ nicht los. Wer kann wissen, ob das Mädchen nicht im nächsten Jahr, oder in zehn Jahren, seinem Leben einen Sinn gibt. Mir kommt es so vor, daß die Literatur es in diesem Punkt der 40 beharrlichen Polizistin gleichtun muß: Sie darf nicht loslassen.

German – English

Vocabulary

The reference section consists of a German-English vocabulary and a list of principal parts of strong and irregular verbs appearing anywhere in this book. These verbs are given in their basic (uncompounded) forms only. A dagger in the end vocabulary, or elsewhere in the text, refers you to this list.

The vocabulary comprises:

1. The basic frequency lists (first and second 500). One asterisk indicates that the word is in the first 500; two indicates that it is in the second 500. Some additional meanings of these words (from facing-page glosses) have been included, so that the information following many starred entries is fuller than the basic coverage in the separate lists.

2. Certain compounding forms and other words from special lists, introductions, etc. These are generally of high frequency.

3. All words or stems occurring more than twice in the facing-page glosses. (In the end vocabulary these words are neither starred nor marked with a superscript zero.) Their listing constitutes an extension of the underlying principle of this book: exposure to limited but progressively larger bodies of words, in the interest of effective learning.

4. Those words marked with a zero in the text and certain cognates that may need further annotation or a more detailed indication of pronunciation. The inclusion of these items is for your convenience; it implies nothing about frequency, since some are relatively rare, while others are very common. If you use the end vocabulary as a study guide, concentrate on the starred or unmarked words rather than the entries marked with a zero.

A

*der **Abend**, —e evening; **abends** evenings, in the evening

das **Abenteuer**, — adventure; **abenteuerlich** adventurous

*aber but, however

der **Abschied**, —e departure, farewell, parting; [0]**die Abschiedsleute** (*pl.*) people saying good-bye

**ab-schließen† (shut and) lock, close (up); conclude

**die Absicht, —en intent(ion)

**achten (die Achtung) respect, regard

ahnen have an idea, imagine, suspect, guess; **die Ahnung**, —en idea (what to do); **ahnungslos** unsuspecting

ähnlich similar; **die Ähnlichkeit, —en similarity

*allein' alone; [0]**alleinig** only, sole

**allerdings' to be sure, it is true

**allerlei all kinds of

[0]der **Allerseelentag**, —e All Souls Day

[0]**alltäglich** everyday

*als when, as; than

*also therefore, thus, then

*alt old

**das Alter age

**an at, by, on; to; in the way of

*ander- other, next; **anders** else, otherwise; [0]**anderseits** on the other hand

**ändern (die Änderung) change

[0]die **Anemo'ne**, —n anemone, windflower

*der **Anfang**, —e beginning; **anfangen†** begin, do; [0]**anfangs** in the beginning, at first

*angenehm pleasant, agreeable

*die **Angst**, —e fear, anxiety; **ängstigen** alarm, frighten; **ängstlich** timorous

an-heben† begin, commence

an-kommen† (ist) arrive; **die Ankunft, —e arrival

**an-nehmen† accept, take on; assume

an-rufen† call up, telephone

an-schauen look at; tell by looking at

*an-sehen† look at; tell by looking at

*die **Antwort**, —en; **antworten** answer

an-ziehen† put on; **sich a. get dressed; der **Anzug**, —e suit

**an-zünden light

[0]der **Apfel**, — apple

der **Apparat'**, —e apparatus (*also:* camera, radio, telephone)

*die **Arbeit**, —en; **arbeiten** work

[0]die **Are'na**, —en arena

der Ärger annoyance; **ärgern annoy; **ärgerlich** annoyed, angry

*arm poor; **ärmlich, armselig** poor, wretched; **die Armut** poverty

*die **Art**, —en way, manner, kind

**der Arzt, —e doctor

[0]die **Asche** ash, ember; **aschen** ashen

*der **Atem** breath; **atmen** breathe; **Atem holen** take a breath; [0]**der Atemzug**, —e breath

[0]die **Atom'bombe**, —n atom bomb; **atom'bombensicher** atom-bomb proof

*auch also, too; even

*auf on, *etc.*; **auf...zu** toward, up to

auf-fordern order, urge

**die Aufgabe, —n task, lesson

(sich) **auf-halten†** stay, be

**auf-hören stop

**auf-machen open

aufmerksam attentive; **a. machen catch the attention of, draw attention; **die Aufmerksamkeit** attention

**auf-passen watch (for); pay attention
auf-regen excite; **die Aufregung, –en excitement
auf-richten lift up; **sich a.** get up
der Auftritt, –e entrance, scene; "scene," disturbance, quarrel
*das Auge, –n eye; ⁰**äugen** eye
*der Augenblick, –e moment; **augenblicklich** at the moment; immediate
*aus out of, from
der Ausdruck, ⁻e expression; **aus-drücken express
der Ausgang, ⁻e exit
⁰**aus-händigen** hand out
⁰**sich aus-ruhen** rest
*aus-sehen† look, appear; **die Aussicht, –en** view
außen outside; **äußer- outer; **äußerst** extreme(ly)
*außer except, besides; outside of; **außerdem** besides, in addition
außerhalb outside of
**außerordentlich extraordinary
⁰**das Ausweispapier', –e** identification paper(s)
**auswendig by memory
aus-zeichnen honor; **die Auszeichnung, –en** decoration, distinction
⁰**der Automat', –en** slot machine, automat

B

baden bathe, swim; **der Bademantel, ⁻** bathrobe; **die Badewanne, –n** bathtub
*die Bahn, –en way, road, railroad; **der Bahnhof, ⁻e** railroad station; **der Bahnsteig, –e** platform
⁰**die Bakte'rie, –n** bacterium, –a
*bald soon
der Balken, – beam, post

⁰**der Balkon', –e** balcony
**die Bank, ⁻e bench
⁰**der Bart, ⁻e** beard
**bauen build
*der Bauer, –s or **-n, –n** peasant; ⁰**bäuerlich** peasant, rustic
*der Baum, ⁻e tree
bedenken† consider, reflect; **das Bedenken, –** doubt, scruple, hesitation
*bedeuten mean; **die Bedeutung, –en** meaning; **bedeutsam** meaningful
bedürfen† need; ⁰das Bedürfnis, –se** need, requirement
**der Befehl, –e; befehlen† command, order
**sich befinden† be; feel
sich begeben† go, set out
**begegnen (ist) meet
**begleiten accompany
begraben† bury; **das Begräbnis, –se** burial
begreifen† comprehend, grasp; ⁰begreiflich** comprehensible; **der Begriff, –e** idea, concept
**behalten† keep
beharrlich persistent, steadfast
behaupten assert; **die Behauptung, –en assertion
*bei at, with, near, at the house of, *etc.*
*beide both, two
**das Bein, –e leg
**beina'he almost
beisei'te aside
*das Beispiel, –e example
⁰**beißen†** bite
bekannt familiar, known; **der Bekannte (*declined as adj.*) acquaintance
*bekommen† get
⁰**belgisch** Belgian
*bemerken notice; **bemerkenswert** remarkable; **die Bemerkung, –en** remark
beobachten observe, watch
**bequem comfortable

*bereit ready
bereits already
*der Berg, –e mountain, hill
**berichten report
beruhigen reassure, soothe; die Beruhigung reassurance
**berühmt famous
berühren touch; die Berührung, –en contact
**beschäftigen occupy, busy
**beschließen† decide (on), conclude
⁰beschnuppern sniff
**beschreiben† describe; die Beschreibung, –en description
**der Besitz possession; besitzen† possess, own
**besonder(s) special(ly), especially
*besser better
**bestehen† consist (w. aus, in); insist (w. auf); exist
bestimmen determine, destine, define
*bestimmt certain, definite, particular
**der Besuch, –e visit; der Besuch, der Besucher, – visitor
**betrachten regard, observe, contemplate; die Betrachtung, –en observation
betreffen† concern
**betreten† enter, set foot on
der Betrug deceit, deception, fraud; betrügen† cheat, deceive
⁰betrunken drunk
*das Bett, –en bed
**(sich) beugen bend, bow
⁰bevor' before
**(sich) bewegen move; die Bewegung, –en motion
**der Beweis, –e proof; beweisen† prove
bewundern admire; die Bewunderung admiration
**biegen† (hat) bend; (ist) turn
**bieten† offer
*das Bild, –er picture, image

**bilden form, constitute, educate
*binden† tie
*bis until, to
**bisher' previously, up to now
⁰der Biß, –sse bite
ein bißchen a bit
*die Bitte, –n request; bitte please; bitten† ask
**blaß pale
*das Blatt, ⁻er leaf, sheet, page, newspaper; blättern leaf (through), turn pages
⁰blau; die Bläue blue; bläulich bluish
*bleiben† (ist) remain, stay
**bleich pale
*der Blick, –e glance, sight; eye; blicken glance
der Blitz, –e lightning (bolt); blitzen flash
**bloß only, bare(ly), mere(ly)
**blühen bloom
*die Blume, –n flower
das Blut blood; ⁰bluten bleed
*der Boden, – or ⁻ ground, floor
die Bohne, –n bean
*böse angry, bad
*brauchen use, need; ⁰brauchbar usable, useful
**brav good
*brechen† break
*breit broad, wide; breiten spread
*brennen† burn; der Brand, ⁻e fire
*der Brief, –e letter; der Briefkasten, ⁻ mailbox; der Briefwechsel correspondence
*das Brot, –e bread, loaf
**die Brücke, –n bridge
*der Bruder, ⁻ brother
*das Buch, ⁻er book
**bunt gay, of many (different) colors
der Bürgermeister, – mayor, burgomaster
**der Bursch, –en, –en fellow, boy, man

C

⁰der **Champa'gner** [-ni-] – champagne

D

*__da__ then, there; since; when
*__dabei'__ in so doing, at the same time, there; on the point of
**__das Dach, ⁻er__ roof
*__daher'__ (*emph.* **da'her**) consequently
*__dahin'__ (*emph.* **da'hin**) there, gone
**__damals__ then, at that time
**__die Dame, –n__ lady
*__damit'__ so that
__dämmern__ grow dark; **dämmerig, dämmernd dim, dusky; **die Dämmerung** dusk, twilight
der **Dampf, ⁻e** steam, vapor
*__der Dank__ thanks, gratitude; **danken** thank; ⁰**dankbar** thankful, grateful
*__dann__ then
__dar-stellen__ represent; **die Darstellung, –en representation, depiction
*__darum'__ (*emph.* **da'rum**) therefore
*__daß__ that, so that
*__dauern__ last, continue; **dauernd** constant, continuous; **auf die Dauer** in the long run
*__dazu'__ in addition, besides
__die Decke, –n__ cover; ceiling; **decken cover, set
⁰__deinetwegen__ for your sake
*__denken†__ think, imagine
*__denn__ (*conj.*) for; (*adj.*) anyway (*or untranslated*)
**__dennoch__ yet, nevertheless
**__deshalb__ for that reason
**__deuten__ interpret; point (out)
**__deutlich__ clear, distinct
*__deutsch, Deutsch__ German
**__dicht__ close; thick; dense
__dichten__ write (poetry); **der Dichter, – poet

*__dick__ fat, thick
*__dienen__ serve; **der Diener, –** servant; **der Dienst, –e** service
**__der Dienstag, –e__ Tuesday
*__dieser__ this, the latter
*__das Ding, –e__ thing
*__doch__ yet, but, still, after all, oh yes (*often untranslatable*)
⁰__donnern__ thunder
**__der Donnerstag, –e__ Thursday
⁰__doppelt__ double
*__das Dorf, ⁻er__ village
*__dort__ there
__drängen__ push, crowd, press
*__draußen__ outside, out there
**__(sich) drehen__ turn
__dringen†__ **(ist) penetrate, press, push; **(hat)** urge; **dringend** pressing, urgent, insistent
__drohen__ threaten; **die Drohung, –en** threat
__drüben__ over there; on the other side
__der Druck, ⁻e__ pressure; (*pl.* **-e) print; **drucken** print; **drücken** press, squeeze
⁰__der (das) Dschungel, –__ jungle
*__dunkel__ dark; **dunkeln** grow dark
**__dünn__ thin
*__durch__ through, by
__durchaus__ (durchaus'**) completely, quite, by all means, at all costs, certainly, definitely
**__durcheinan'der__ in confusion, all together
⁰__durchnässen__ wet through, soak
*__dürfen†__ may, be permitted, *etc.*
der **Durst** thirst; **durstig** thirsty
**__das Dutzend, –e__ dozen

E

*__eben__ just, precisely, right
__ebenfalls__ likewise
**__ebenso__ just as
**__echt__ genuine
*__die Ecke, –n__ corner

*edel noble

**ehe before

**die Ehe, –n marriage; ⁰die Ehe-
frau, –en married woman,
wife

**die Ehre, –n; ehren honor; die
Ehrung, –en honor(ing);
⁰ehrlos without honor, dishon-
orable

**der Eifer zeal, eagerness, fervor;
eifrig eager, zealous

*eigen own

*eigentlich real, true, actual

**die Eile; eilen (ist, hat) hurry;
⁰eilig in a hurry, hurried

*einan'der each other

*einfach simple

**ein-fallen† (ist) occur (to)
⁰die Einfalt simplicity, naiveté
der Eingang, –̈e entrance

*einige some

**ein-laden† invite; die Einla-
dung, –en invitation
⁰der Einlaß admission

*einmal once; sometime; just (=
mal; *sometimes untranslated);*
noch mal once more; nicht
einmal not even; auf einmal
(all) at once ; einmalig unique

**einsam lonely; die Einsamkeit
loneliness, solitude

**ein-schlafen† (ist) fall asleep
ein-sehen† see, understand, perceive

**einst once
einverstanden agreeable, in accord, in agreement; das Einverständnis, –se assent, agreement, understanding

*einzeln single; individual

*einzig only, sole

**das Eisen iron; ⁰eisern iron

**die Eisenbahn, –en railway, rail-
road
⁰das Ekzem' eczema
elend miserable; das Elend
misery

*die Eltern (*pl.*) parents;
⁰elterlich parental

**der Empfang, –̈e reception;
empfangen† receive

**empfehlen† recommend; die
Empfehlung, –en recommen-
dation

**empfinden† feel, sense; die
Empfindung, –en feeling, sentiment

*endlich final
⁰die Energie', –n energy;
ener'gisch energetic

*eng narrow, tight

**entdecken discover; die Ent-
deckung, –en discovery

**entfernen remove; entfernt re-
mote, away; die Entfernung,
–en distance, removal
entge'gen toward, to, to meet

**enthalten† contain

**entlang' along
entlassen† dismiss, release

**entscheiden† decide; die
Entscheidung, –en decision

**sich entschließen† decide; die
Entschlossenheit determination; der Entschluß, –̈sse decision

**entschuldigen; die Entschuldi-
gung, –en excuse, pardon;
sich e. excuse oneself, leave

**das Entsetzen horror, fright;
entsetzlich horrible, fearful,
terrible; entsetzt horrified,
shocked

**entstehen† (ist) arise
enttäuschen disappoint, disillusion

**entweder...oder either...or

**entwickeln develop; die Ent-
wicklung, –en development
⁰entziehen† withdraw
das Erbe inheritance; der Erbe,
–n, –n heir; erben inherit
⁰erbittern embitter

**erblicken catch sight of, see

*die **Erde, –n** earth

sich **ereignen** happen, occur; **das Ereignis, –se** occurrence, incident

*__erfahren__† learn, experience; **die Erfahrung, –en** experience

erfinden† invent; **der Erfinder, –** inventor

der **Erfolg, –e success

**__ergreifen__† seize, grip, take

**__erhalten__† receive, maintain

__erheben__† lift; **sich e. get up, rise

__erinnern__ remind; **sich e. remember; **die Erinnerung, –en** memory

⁰**erkalten** turn cold, cool

__erkennen__† recognize; **die Erkenntnis, –se realization

__erklären__ explain, declare; **die Erklärung, –en explanation, declaration

__erlauben__ allow, permit; **die Erlaubnis, –se permission

erleichtern relieve

erlösen redeem, release, liberate; **der Erlöser** Savior

⁰**erneuern** renew, renovate

**__ernst__ serious

**__erreichen__ reach

⁰**erschaffen**† create

__erscheinen__† (ist) appear; **die Erscheinung, –en appearance; phenomenon

*__erschrecken__ frighten; **erschrecken**† be frightened, alarmed

*__erst__ first, for the first time, not until, just

**__erstaunen__ astonish

**__erwachen (ist)__ awake

**__erwähnen; die Erwähnung, –en__ mention

__erwarten__ expect; **die Erwartung, –en expectation

**__erwidern__ reply

*__erzählen__ tell; **die Erzählung, –en** story

__erziehen__† educate; **die Erziehung education

der **Esel, –** donkey

*__essen__† eat; **eßbar** edible; **das Essen, –** meal, food

**__etwa__ about; perhaps, say, maybe, for instance

*__etwas__ something, somewhat

__ewig__ eternal; **die Ewigkeit, –en eternity

F

die **Fabrik', –en** factory

__fähig__ able, capable; **die Fähigkeit, –en ability, capability

die **Fahne, –n** flag

*__fahren__† (ist) ride, drive, go; **die Fahrt, –en** trip; **die Fahrkarte, –n** ticket

der **Fall, ⁻e case

die **Falte, –n** wrinkle, fold; **falten** fold

*__fangen__† catch

*die **Farbe, –n** color, paint

*__fassen__ take hold of, grasp, reach

*__fast__ almost

**__faul__ lazy, dull

die **Feder; –n feather, pen

*__fehlen__ lack, be missing, ail

*der **Fehler, –** mistake

die **Feier, –n celebration, ceremony; **feiern** celebrate

*der **Feind, –e** enemy

der **Fels, –en, –en rock, cliff

*das **Fenster, –** window; **die Fensterscheibe, –n** window pane

die **Ferien (*pl.*) holiday(s), vacation

*__fern__ distant; **die Ferne** distance; **das Ferngespräch, –e** long distance conversation; **das Fernsehen** television; **der Fernsehapparat', –e** TV set

*__fertig__ finished, ready; **fertigbringen**† manage, carry off, bring about

*__fest__ firm, fast

das **Fest, –e celebration, festival, banquet

fest-stellen set, determine, ascertain, prove; assert

feucht damp, moist, humid; **die Feuchtigkeit** humidity

*das **Feuer, –** fire; light; ⁰**die Feuerstelle, –n** fireplace, scene of fire; **die Feuerwehr, –en** fire department; **das Feuerzeug, –e** lighter

finster dark; **die Finsternis** darkness

flach flat, shallow; **die flache Hand** flat of the hand

die **Flasche, –n bottle

der **Fleck, –e** or **-en** spot, patch

*das **Fleisch** meat, flesh

fleißig hard working

*fliegen† (ist)** fly; **die Fliege, –n** fly

fliehen† (ist) flee

fließen† flow; **fließend** fluent

die **Flucht** flight, escape; **flüchten** flee; **flüchtig** fugitive, fleeting; **der Flüchtling, –e** refugee

das **Flugzeug, –e airplane

der **Flur, –e** (entry) hall, corridor

der **Fluß, Flüsse river; ⁰**flußabwärts** downstream; ⁰**flußaufwärts** upstream

*flüstern** whisper

die **Folge, –n consequence

*folgen (ist)** follow

fordern demand

⁰der **Förster, –** forester

*fort** gone, away

fort-fahren† (ist) continue; drive away, *etc.*

*die **Frage, –n** question; **fragen** ask; **fraglich** in question

*die **Frau, –en** woman; wife; Mrs.

*das **Fräulein, –** young lady; Miss

frei free; **die Freiheit, –en** freedom

freilich to be sure, of course

der **Freitag, –e Friday

*fremd** strange, foreign; **die Fremdheit** strangeness

fressen† eat (as of animals)

*die **Freude, –n** joy, pleasure; ⁰**freudig** joyful, happy; **(sich) freuen** please, be happy; **... auf** look forward to

*der **Freund, –e** friend; **freundlich** friendly

*der **Friede(n), des Friedens** peace; ⁰**friedlich** peaceful

frieren† (ist, hat) freeze

⁰**frisch** fresh

*froh** happy; **fröhlich** cheerful, happy; **die Fröhlichkeit** gaiety, happiness

*die **Frucht, ⸚e** fruit

*früh** early; **früher** before, earlier

das **Frühjahr, –e; der Frühling, –e spring

das **Frühstück, –e breakfast; **frühstücken** eat breakfast

*(sich) fühlen** feel

*führen** lead, carry (on)

*füllen** fill

*für** for, *etc.*

*die **Furcht; fürchten** fear; **furchtbar** fearful, terrible

*der **Fuß, ⸚e** foot; ⁰**der Fußgänger, –** pedestrian

der **Fußboden, – and **⸚** floor

das **Futter; füttern feed (animals)

G

der **Gang, ⸚e walk; gait, corridor, passage, hallway

*ganz** complete, very

*gar** quite, even; (*with neg.*) ... at all

⁰**die **Gartenkultur'** horticulture, gardening

*der **Gast, ⸚e** guest

der **Gatte, –n, –n** husband; **die Gattin, –nen** wife

das **Gebäude, – building

*geben† give; es gibt there is,
...exists
**gebieten† command, rule
**geboren born (p.p. of gebären†
give birth to)
**der Gebrauch, ⁼e; gebrauchen
use
die Geburt, –en birth; das Geburtsland, ⁼er land of one's
birth; der Geburtstag, –e
birthday
**der Gedanke, –ns, –n thought
gedenken† plan, have in mind,
intend; be mindful of, recall
**die Geduld patience; geduldig
patient
*die Gefahr, –en danger; gefähr-
den endanger; gefährlich
dangerous
der Gefallen, – favor
*gefallen† please, like; gefällig
kind, much appreciated, pleas-
ing
**das Gefühl, –e feeling, emotion
*gegen against, toward, about
**die Gegend, –en region
**der Gegenstand, ⁼e object, sub-
ject
das Gegenteil, –e opposite, contrary
*gegenü'ber opposite, in relation
to, etc.
**die Gegenwart presence; present
**geheim; das Geheimnis, –se se-
cret
*gehen† (ist) go; walk
⁰das Gehör hearing
gehorchen obey
*gehören belong
*der Geist, –er spirit, mind; ghost
⁰das Gelächter laughter
gelb yellow
*das Geld, –er money
⁰das Gelee' [ž-] -s jelly, aspic
**die Gelegenheit, –en opportu-
nity, occasion; gelegentlich occasionally
**gelingen† (ist) succeed

**gelten† pass for, be a matter of;
apply, be valid; be (well) thought
of
gemeinsam common, mutual,
together
*genau exact
**genießen† enjoy
*genug enough, sufficient; genü-
gen suffice; genügend adequate
*gerade just (then); straight; di-
rect; right
**geraten† get, fall into
**das Geräusch, –e noise
**das Gericht, –e court
*gering slight, insignificant
*gern gladly, like to...; gern ha-
ben† to like
*das Geschäft, –e business (af-
fair); geschäftig busy; geschäftlich commercial, business; on business; ⁰der
Geschäftsabschluß, ⁼sse conclusion of business
*geschehen† (ist) happen
**das Geschenk, –e present
*die Geschichte, –n story; history;
matter
*die Gesellschaft, –en company,
society, party; gesellschaftlich
social
**das Gesetz, –e law
*das Gesicht, –er face
gespannt tense, intent, in suspense
**das Gespräch, –e conversation
*die Gestalt, –en figure, form
*gestern yesterday
*gesund healthy
**die Gewalt, –en power, force; ge-
waltig powerful, mighty
**gewinnen† win
das Gewissen conscience
*gewiß certain
*(sich) gewöhnen (get) accus-
tom(ed); gewöhnlich usual;
gewöhnt used to; gewohnt
used to, accustomed to; usual,

habitual; **die Gewohnheit, –en** habit

****gießen†** pour

****der Gipfel, –** summit

****der Glanz** radiance, luster, splendor; **glänzen** shine, glisten; **glänzend** splendid

glatt smooth, bare; plain; straight

***glauben** believe; [0]**der Glaube, –ns, –n** belief, faith

***gleich** (*adj.*) equal, same; (*prep.*) like; **gleichen†** be like; **gleichfalls** likewise; [0]**die Gleichheit** equality

***gleich** (*adv.*) immediately

****das Glied, –er** limb

[0]**glimmen†** gleam, glow

***das Glück** happiness; good fortune; **glücklich** happy; fortunate; **glücken** succeed

****glühen** glow, shine, burn

***der Gott, ̈er** god, God

****graben†** dig; **das Grab, ̈er** grave; **der Graben, –** ditch

[0]**das Grammophon', –e** gramophone, phonograph

****grau** grey

[0]**graziös'** graceful

***greifen†** reach, seize

****die Grenze, –n** boundary, limit

***groß** big, great; tall; **Groß –(mutter,** *etc.*) grand-; **die Größe, –n** size, magnitude

***der Grund, ̈e** ground, bottom; valley; reason, basis; **im Grunde** basically

[0]**grünen** turn green

[0]**die Gruppe, –n** group

***der Gruß, ̈e** greeting; **grüßen** greet, say hello

***gut** good

****das Gut, ̈er** estate, property; (*pl.*) goods

H

***haben†** have

***halb** half; [0]**halbwegs** half way; **die Hälfte, –n** half

***der Hals, ̈e** neck

[0]**halt machen** stop

***halten†** hold; stop; consider

[0]**der Hammer, ̈;** **hämmern** hammer

die Hand, ̈e hand; **die Handtasche, –n** handbag, purse

****der Handel** trade, business (transaction); **handeln** trade, bargain, deal; act; **sich handeln um** be a matter (question) of; involve

hängen† hang, hover; **h. an** be devoted to

harmlos innocent, harmless

[0]**die Harmonie', –n** harmony

***hart** hard, harsh

häßlich ugly

[0]**hastig** hasty, hurried

****der Haufe(n), –(n)s, –(n)** crowd; pile; **(sich) häufen** pile (up), accumulate; **häufig** frequent

***das Haupt, ̈er** head; **Haupt-** main . . . (**Hauptstraße** main street, **Hauptstadt** capital; *etc.*)

[0]**die Hausarbeit, –en** homework, housework

****die Haut, ̈e** skin

***heben†** lift

****heftig** violent

****heilig** holy; St.

heim home; **die Heimkehr** return home

****die Heimat, –en** home(land)

****heimlich** secret

****die Heirat, –en** wedding, marriage; **heiraten** marry

****heiß** hot; ardent

***heißen†** be called; name; mean

****heiter** cheerful; **die Heiterkeit** cheerfulness

****der Held, –en, –en** hero; **heldenhaft** heroic

***helfen†; die Hilfe, –n** help

***hell** bright

das Hemd, –en shirt

der **Herbst, –e autumn
*der **Herr, –n, –en** man, gentleman; Mr; lord
herrlich splendid
herrschen prevail, obtain; **der Herrscher, –** ruler
⁰der **Herweg** way here
*das **Herz, –ens, –en** heart; ⁰das **Herzchen, –** sweetheart; ⁰der **Herzschlag, ⁼e** heartbeat
⁰**heterogen'** heterogeneous; heterosexual
*heute** today
⁰**hieran'** hereon, on this, about this
*der **Himmel, –** sky, heaven
⁰**hin und her** back and forth; der **Hin- und Herweg** way there and back
⁰**hindern** hinder; das **Hindernis, –se** hindrance, obstacle
*hinter** behind, beyond, *etc.*; **hinten** back, behind
⁰der **Hintergrund, ⁼e** background
hinterher' (along) after, afterward
die **Hitze** heat
*hoch** high, tall; **höchstens** at most
⁰die **Hochebene, –n** high plain, plateau
die **Hochzeit, –en** wedding
hocken crouch, squat; perch
*der **Hof, ⁼e** (court) yard; court; farm
*hoffen; die **Hoffnung, –en** hope; **hoffentlich** I hope (*etc.*)
*holen** get
*das **Holz, ⁼er** wood
horchen listen
*hören** hear
die **Hose, –n** pants, trouser(s)
hübsch pretty, nice
*der **Hund, –e** dog
*der **Hut, ⁼e** hat
hüten take care of, guard; **auf der Hut** careful, on one's guard

⁰die **Hyä'ne, –n** hyena

I

*immer** always; more and more
immerhin' at any rate, for all that, still
immerzu' constantly, repeatedly
*indem'** while, as, by . . . -ing
indes'(sen) however, (mean)while
der **Inhalt, –e content(s)
⁰**inmit'ten** in the midst of
inne-halten† stop, pause
innen inside; **inner-** inside; inner; ⁰das **Innere** (*decl. as adj.*) interior, inside
⁰**interessieren** interest
⁰**intim'** intimate
*inzwi'schen** meanwhile
*irgend** any, some; **irgendwie** somehow; **irgendwo** somewhere, anywhere
irren lose one's way, wander; **sich i.** be wrong; der **Irrtum, ⁼er** error, mistake

J

*ja** yes; to be sure, after all
die **Jagd, –en; jagen hunt, chase, race; ⁰der **Jäger, –** hunter; ⁰das **Jägerglück** luck of the hunter
*das **Jahr, –e** year; ⁰die **Jahreszeit, –en** season, time of year; ⁰**-jährig** -year-old
⁰das **Jahrhun'dert, –e** century
*je** ever; each
jedenfalls in any case, at any rate, in any event, anyway
*jeder** each, every
jedoch' however
*jemand** somebody; anybody
*jener** that (one); the former; **jenseits** beyond, on the opposite side
*jetzt** now
die **Jugend youth
der **Junge, –n, –n boy

K

⁰die **Kabi'ne, –n** cabin
*kalt cold; ⁰die **Kälte** cold
*der **Kampf, ⁼e; kämpfen** fight, struggle
⁰die **Kanti'ne, –n** canteen
kaputt' ruined, broken, finished, to (in) pieces
⁰die **Karawa'ne, –n** caravan
die **Karte, –n card; map; ticket
der **Kasten, ⁼** box, chest, wardrobe
*die **Katze, –n** cat; ⁰der **Katzensprung** hop, skip, and a jump; stone's throw
*kaufen buy; das **Kaufhaus, ⁼er** department store; der **Kaufmann, –leute** businessman
*kaum hardly
**kehren (re)turn (*generally* ist *w. compounds*)
*kein no, not a
*kennen† be familiar with, know
der **Kerl, –e fellow
*das **Kind, –er** child; ⁰die **Kindheit** childhood
das **Kino, –s** movie
*die **Kirche, –n** church
*die **Klage, –n** complaint, lament; klagen complain, lament
*klar clear
⁰klassifizieren classify
⁰das **Klavier', –e** piano
das **Kleid, –er dress, (*pl.*) clothes; kleiden dress; die **Kleidung** clothing
*klein small, *etc.*
**klettern (ist) climb; scramble
die **Klingel, –n bell; klingeln ring
**klingen† sound
*klopfen knock, beat
**klug smart, clever
*der **Knabe, –n, –n** boy
knien kneel
⁰der **Kobaltmantel, ⁼** cobalt mantle
kochen cook, boil

der **Koffer, –** suitcase
⁰der **Kognak** [-ni-] **-e, –s** cognac
⁰komforta'bel comfortable
⁰komisch comic(al)
*kommen† (ist) come, get
der **Kommissar' (Kommissär'), –e** commissioner, commissar
der **König, –e king; ⁰die **Königin, –nen** queen
*können† be able, *etc.*
⁰das **Konzert', –e** concert
*der **Kopf, ⁼e** head
*der **Körper, –** body
*die **Kraft, ⁼e** strength, vigor
die **Kralle, –n** claw; metal jaw
*krank sick; die **Krankheit, –en** sickness; das **Krankenhaus, ⁼er** hospital; das **Krankenlager** sickbed; die **Krankenschwester, –n** nurse; der **Krankenwagen, –** ambulance
⁰krass crass, crude
kratzen scratch
der **Kreis, –e circle
**kriechen† (ist, hat) crawl, creep
*der **Krieg, –e** war
**kriegen get
die **Küche, –n kitchen
der **Kuchen, – cake, cookies, pastry
die **Kuh, ⁼e cow
kühl cool; die **Kühle** coolness; der **Kühlschrank, ⁼e** refrigerator
die **Kunst, ⁼e art; der **Künstler, –** artist
*kurz short; brief; kürzlich recently
⁰die **Kurzwarenmama'** (*derog.*) "Mrs. Drygoods"

L

*lächeln smile
*lachen laugh; lächerlich ridiculous
laden† load
der **Laden, ⁼ and **–** store
die **Lage, –n location, situation, position

lang long; tall, lanky
lange; längst long since, for a long time
die **Langeweile** boredom; **langweilen** bore; **sich l.** be bored
langsam slow
lassen† let, leave, allow, have, cause; forgo, stop; *w.* **sich** can be, *etc.*
das **Laub** foliage
laufen† (ist) run; walk
laut (a)loud
der Laut, -e sound; **läuten** ring
lauter pure(ly), sheer, nothing but
leben live; **das Leben,** – life; **leben'dig** living, lively
⁰**lecken** lick
leer empty, bare
legen lay, place
lehnen lean
lehren teach; **der Lehrer,** – teacher
der Leib, -er body
leicht easy, light, slight
leid tun† be sorry; hurt
das **Leid** suffering, sorrow
leiden† suffer, bear, stand (for)
die Leidenschaft, -en passion; **leidenschaftlich** passionate
leider unfortunately
leise soft, gentle, quiet
leisten accomplish; **sich l.** afford
lernen learn, study
lesen† read; gather
letzt last
leuchten glow, gleam, shine
*die **Leute** (*pl.*) people
*das **Licht, -er** light
lieb dear, good, beloved, charming; **lieben, lieb haben; die Liebe** love; **sich verlieben in** fall in love with
lieber prefer(ably); **am liebsten** like best (*comp. and superl. of* **gern**)
*das **Lied, -er** song

liegen† lie
die Linie, -n line
link left; **links** to the left, *etc.*
das Loch, ⁼er hole
⁰die **Logik** logic; **logisch** logical
der Lohn, ⁼e pay, reward; **lohnen** (re) pay; **sich l.** be worthwhile
-**los** -less
los rid of; off; wrong; going on; (**sich) lösen** detach, loosen, remove, dissolve, relax; solve
*die **Luft, ⁼e** air; breeze
die **Lüge, -n; lügen†** lie; **der Lügner,** – liar
⁰die **Lupi'ne, -n** lupine
*die **Lust, ⁼e** pleasure, desire; **lustig** cheerful, happy, amusing
⁰die **Lyrik** lyric

M

machen do; make
*die **Macht, ⁼e** power, force, might; **mächtig** powerful, mighty
*das **Mädchen,** – girl
⁰die **Mähne, -n** mane
*das **Mal, -e** time; mark; -**mal** . . . times; **mit einem Mal,** *etc* suddenly, all at once; **mal = einmal; mal** times (×)
malen paint
man one
manch many a; some
manchmal sometimes, occasionally
der Mangel, ⁼e; mangeln lack
*der **Mann, ⁼er** man, husband; **männlich** manly, masculine
*der **Mantel, ⁼** coat, cloak, cape
der Markt, ⁼e market (place)
⁰**marschieren** march
das Maß, -e measure; **maßlos** immeasurable
die Mauer, -n wall
das Maul, ⁼er mouth (as of animals)

⁰die **Medaille** [-dal′i-], **-n** medal
*das **Meer, -e** sea, ocean
***mehr** more
****mehrere** several
***meinen** mean, think; say; **die Meinung, -en** opinion
***meist** most, mostly
****der **Meister, -** master
die **Melodie′, -n** melody
****die **Menge, -n** crowd, multitude
***der **Mensch, -en, -en** person, human being, man; **der Menschenkenner, -** judge of human nature; **die Menschheit** humanity
***merken** notice; **merkwürdig** strange, remarkable
****messen†** measure
das **Messer, - knife
⁰die **Milch** milk
****minder** less; **mindest** least; **mindestens** at least
miß- mis-, dis-
mißtrauen; das Mißtrauen distrust; **mißtrauisch** suspicious
***mit** with; along
das **Mitleid** compassion, sympathy
***der **Mittag, -e** noon
***die **Mitte, -n; mitten** center, middle
****mit-teilen** tell, communicate, report; **die Mitteilung, -en** report, communication
***das **Mittel, -** means, remedy
⁰**mittelgroß** middle-sized, of medium height
****der **Mittwoch, -e** Wednesday
⁰**modern′** modern
***mögen†** like, may, *etc.*; **möchte** would like
***möglich** possible; **die Möglichkeit, -en** possibility
***der **Monat, -e** month; ⁰**monatelang** month(s) long, for months
***der **Mond, -e** moon
****der **Montag, -e** Monday

****der **Mord, -e** murder; **der Mörder, -** murderer
***morgen** tomorrow
***der **Morgen, -** morning; **morgens** mornings, in the morning
***müde** tired; ⁰**die Müdigkeit** weariness
****die **Mühe, -n** trouble, effort
***der **Mund, -e** or **-er** mouth
⁰die **Munition′, -en** (am)munition
***müssen†** must, have to, *etc.*
der **Mut** courage
***die **Mutter, ·-** mother; ⁰**mütterlicherseits** on the maternal side

N

***nach** to, toward, after, according to
****der **Nachbar, -s** and **-n, -n** neighbor; ⁰**die Nachbarschaft** neighborhood
***nachdem′** after
****nach-denken†** ponder; **nachdenklich** thoughtful, pensive
nach-geben† yield, give in
****nachher′** afterward
nach-lassen† slacken, let up, diminish, subside
⁰der **Nachmittag, -e** afternoon; **nachmittags** afternoons, in the afternoon
****die **Nachricht, -en** report, news
⁰**nächst** next
***die **Nacht, ·-e** night; **nachts** nights, at night
****nackt** naked
***nah(e)** near; **die Nähe** proximity, vicinity
****sich **nähern** approach
****nämlich** you see, that is; namely; same
***die **Nase, -n** nose
****naß** wet
⁰die **Natur′** nature; **natürlich** naturally

German-English Vocabulary 447

der **Nebel, – fog, mist
*neben beside, near; along with; **Neben-** adjoining, adjacent; **nebenan'** next door, close by
⁰der **Neffe, –n, –n** nephew
*nehmen† take
(sich) **neigen incline, bend; **die Neigung, –en** inclination, affection
*nein no
*nennen† name, call
**nett nice
*neu new, recent; **neugierig** curious; **neulich** recently
⁰die **Nichtachtung** ignoring, disregard
*nichts nothing
**nicken nod
*nie(mals) never
*niemand nobody
nirgends nowhere; **nirgendwo** nowhere
*noch still, yet, else, even; any more, in addition, *etc.*; **immer noch** still; **noch nicht** not yet; **noch ein** one more; **noch etwas** something else
*der **Nord(en)** north
die **Not, –̈e distress; emergency; need; **zur Not** if need be, in a pinch; **notwendig** necessary; **die Notwendigkeit** necessity
⁰der **Notar', –e** notary
**nötig necessary
⁰die **Nummer, –n** number
*nun now; well
*nur only
der **Nutzen, – use; **nützen** be of use; use; **nützlich** useful

O

*ob whether, (I wonder) if
*oben above, up, upstairs; **ober; Ober-** upper
**Obgleich' although
das **Obst fruit
obwohl' although

*oder or
*offen open, frank; **öffnen** open
offenbar evident, obvious
**öffentlich public
*oft often; **öfter(s)** frequently, often
*ohne without
*das **Ohr, –en** ear; **die Ohrfeige, –n** slap
⁰das **Öl, –e** oil
⁰die **Oper, –n** opera
das **Opfer, – sacrifice; victim; **opfern** sacrifice
⁰die **Oran'ge** [g=ž], **-n** orange
die **Ordnung, –en order
⁰die **Orientierung** orientation
*der **Ort, –e** or –̈er place, spot
*der **Ost(en)** east; ⁰**östlich** east(ward)
⁰der **Ozean (Ocean), –e** ocean

P

*ein **paar** (a) few, a couple; **das Paar, –e** couple, pair
packen grasp, clutch, seize, lay hold of; come to grips with; pack
⁰das **Paket', –e** package
⁰der **Palast', –̈e** palace
⁰parfümieren perfume
**passen fit, suit
passieren happen
⁰das **Patenkind, –er** godchild
⁰die **Pfanne, –n** pan
⁰die **Pfeife, –n** pipe
**pfeifen† whistle
*das **Pferd, –e** horse
die **Pflanze, –n; pflanzen** plant
**pflegen be accustomed to; take care of
die **Pflicht, –en duty
⁰die **Photographie', –n** photograph
*der **Platz, –̈e** place; seat, square
*plötzlich sudden
⁰die **Polizei'** police; **der Polizist', –en, –en** policeman
⁰die **Pore, –en** pore

die **Post mail, post (office)

[0]**proviso'risch** provisory, provisional

prüfen; die Prüfung, –en test

[0]der **Pullo'ver,** – pullover, sweater

*der **Punkt, –e** point, period; **punkt, pünktlich** punctually, on the dot

Q

quälen torment

die **Quelle, –n source; spring; **quellen†** spring, gush, pour

R

das **Rad, ⁼er wheel, bicycle

der **Rand, ⁼er edge, side, rim

rasch quick

*der **Rat** (*pl.* **die Ratschläge**) advice; (*pl.* **die Räte**) councilor, *etc.*; **raten†** advise, consult, guess; **ratlos** helpless, perplexed

[0]die **Ratte, –n** rat

der **Rauch; rauchen smoke

*der **Raum, ⁼e** room, space

rauschen rustle, murmur

rechnen reckon, figure

*recht** right, real; all right, very, rather; **rechts** to the right, *etc.*; **recht haben** be right; **rechtzeitig** in time

das **Recht, –e right; justice; (*pl.*) law

*die **Rede, –n** talk; speech; conversation; **reden** talk, speak

die **Regel, –n rule; **regelmäßig** regular

*der **Regen; regnen** rain

regieren govern; **die Regierung, –en** government

reiben† rub

*reich** rich

das **Reich, –e empire; realm; state

*reichen** reach, hand, extend; pass; suffice, last

reif mature, ripe

die **Reihe, –n row, series

*rein** pure, clean; neat; [0]**reinigen** clean

*die **Reise, –n** trip; **reisen (ist)** travel

*reißen†** tear, jerk, pull, tug, yank

*reiten† (ist, hat)** ride

reizen charm; irritate; **reizend** charming

rennen† (ist) run

[0]**reparieren** repair

[0]der **Rest, –e** rest, remainder

[0]das **Resultat', –e** result

retten save, rescue; **die Rettung, –en** rescue

richten judge; direct; **der Richter,** – judge; **die Richtung, –en** direction

*richtig** correct, right, real

riechen† smell

*der **Rock, ⁼e** coat, skirt, dress

[0]die **Rolle, –n** role, part to play

[0](das) **Rom** Rome

*rot** red; [0]**rötlich** reddish

derRücken,** – back

*der **Ruf, –e** call, shout, name; **rufen†** call, shout

*die **Ruhe** rest, peace, calm; **ruhen** rest; **ruhig** quiet, peaceful; just go right ahead and . . .

(sich) **rühren touch, move, stir

*rund** round

[0]der **Russe, –n, –n** Russian

S

*die **Sache, –n** thing, matter, affair

sachte gently

*sagen** say, tell

sammeln collect; **der Sammler,** – collector; **die Sammlung, –en** collection

der **Samstag, –e Saturday

sanft gentle, soft

satt-haben† be tired of, have enough of

sauber clean, neat; **säubern** clean, clear
schade too bad
schaden hurt
schaffen† do; create; make; **schaffen** do; take, make (it)
⁰der **Schal, –s** or **–e** shawl
die **Schande** disgrace, shame; **schänden** defile
scharf sharp
der Schatten, – shadow, shade
der Schatz, ⁻e treasure; sweetheart
schauen look
⁰schaufeln shovel
scheiden† separate
der Schein, –e light; appearance; bill (money); **scheinen†** shine; appear
schenken give
scheußlich abominable, horrible, horrid
schicken send
das Schicksal, –e fate
schieben† push, shove, stick
schießen† shoot; **der Schuß, ⁻sse** shot
das Schiff, –e ship
schimpfen scold, fuss; **das Schimpfwort, ⁻er** term of abuse
der Schlaf; schlafen† sleep; **die Schläfrigkeit** sleepiness
schlagen† strike, beat; defeat; ⁰der **Schlag, ⁻e** blow, *etc.*
die **Schlange, –n** snake, serpent
schlank slender
schlecht bad, poor
schleichen† (ist) creep, sneak
schleppen drag, carry around
schließen† close; lock; conclude
schließlich finally, after all
schlimm bad
schluchzen sob
der Schlüssel, – key
schmal narrow
schmecken taste (good)
der Schmerz, –en; schmerzen hurt, pain

schmutzig dirty
*der **Schnee** snow
schneiden† cut
schnell fast, quick
schon already, even; all right, *etc.*; **schon lange** for a long time, long since
schön beautiful; good; all right; OK, *etc*; nice and...
schrecklich terrible; **der Schreck, –e** fright, terror
*der **Schrei, –e; schreien†** shout, scream, cry
schreiben† write; ⁰das **S.** writing, note, letter
schreiten† (ist) stride, step; **der Schritt, –e** step
schuld at fault; **die Schuld, –en** fault, blame; guilt, debt; **schuldig** guilty, to blame; owing
*die **Schule, –n** school; ⁰schulen school; ⁰der **Schüler, –** pupil, student
⁰die **Schulter, –n** shoulder
schütteln shake
der Schutz protection; **schützen** protect
schwach weak
der **Schwanz, ⁻e** tail
⁰der **Schwarm, ⁻e** swarm
schwarz black, dark
schweigen† be silent
⁰schwellen† swell
schwer heavy; difficult, hard; with difficulty; **schwer-fallen†** be difficult
*die **Schwester, –n** sister
schwierig difficult; **die Schwierigkeit, –en** difficulty
⁰schwingen† swing
*der **See, –n** lake; **die See, –n** sea, ocean
*die **Seele, –n** soul
sehen† see, look
sehr very (much)
sein† (ist) be; seem
seit since, for
*die **Seite, –n** side; page, ⁰seitenlang page(s) long

*selb- (derselbe, *etc.*) same
*selber oneself, *etc.*
*selbst oneself, *etc.*; even; ⁰das Selbstgespräch, —e monologue, soliloquy; der Selbstmord, —e suicide
selbstverständlich obvious(ly), of course
*selten seldom, rare
*seltsam strange
**senden† (*or reg.*) send
**senken lower, sink
*setzen set, place, put; sich s. sit down
**seufzen; der Seufzer, – sigh
*sich oneself, *etc*; each other
*sicher certain, safe, sure
⁰das Silber; silbern silver
*der Sinn, —e sense; mind; meaning; sinnlos meaningless, senseless
⁰die Sire'ne, —n siren
*sitzen† sit; ⁰der Sitz, —e seat
**sobald' as soon as
**sofort' immediately
**sogar' even
*sogleich' immediately
*der Sohn, ⁻e son
*solch such (a)
*der Soldat', —en, —en soldier
*sollen shall, should, be said to; to be, *etc.*
*sondern but (on the other hand)
**der Sonnabend, —e Saturday
*die Sonne, —n sun; sonnig sunny
**der Sonntag, —e Sunday
*sonst otherwise, else; formerly
⁰sooft' so often, as often as
**die Sorge, —n; sorgen worry; care (for); sich Sorgen machen worry; sorgfältig careful
Spaß machen be fun
*spät late
**spazieren (ist); der Spaziergang, ⁻e walk; der Spaziergänger, – walker, person walking, pedestrian; spazieren-gehen† take a walk

der Spiegel, – mirror
*das Spiel, —e game, play; spielen play; das Spielzeug, —e toy
**die Spitze, —n point, head
*die Sprache, —n language, speech; sprechen† speak
⁰springen†; der Sprung, ⁻e leap, spring, jump
**spüren detect, sense, feel, notice; die Spur, —en trace, track
*die Stadt, ⁻e city
*stark strong; ⁰die Stärke, —n strength; ⁰stärken strengthen
starren stare
*statt (anstatt) instead of
**statt-finden† take place
der Staub dust
*stecken put, stick; (*intrans.*) stick, be
*stehen† stand; stehen-bleiben† stop
steif stiff
*steigen† (ist) climb, rise
*der Stein, —e; ⁰steinern stone
*die Stelle, —n; stellen place
**die Stellung, —en position, job
*sterben† (ist) die; ⁰der Sterbetag, —e day (anniversary) of one's death
**der Stern, —e star
*die Stimme, —n voice
**stimmen be correct; tune
⁰stinken† stink, smell; ⁰stinkig smelly
**die Stirn(e), —(e)n forehead
**der Stock, ⁻e stick, cane; stor(e)y
*der Stoff, —e matter, material
stolpern stumble
**stolz proud: der Stolz pride
**stören disturb, interrupt; die Störung, —en disturbance, interruption
**stoßen† push, strike, hit, poke
**die Strafe, —n punishment, penalty; strafen punish
**strahlen beam, glow; strahlend radiant; der Strahl, —en beam; die Strahlung, —en radiation
*die Straße, -n street

**streben strive
**strecken stretch
streicheln stroke
streichen† stroke, brush; paint; spread; cancel; **(ist) move, rove; sweep
streifen brush, graze, touch; pull, slip
der Streit, –e quarrel, argument; **streiten† quarrel, argue, fight, squabble
**streng severe, strict
der Strom, ⸚e stream, current; **strömen flow, stream, pour; **die Strömung, –en** current
**die Stube, –n room, parlor
*das Stück, –e piece, play
studieren study; ⁰das Studium, –ien** study, studies
**die Stufe, –n step, stage
*der Stuhl, ⸚e chair
**stumm silent, mute
*die Stunde, –n hour; moment; lesson
⁰**der Sturm, ⸚e; stürmen** storm
stürzen (ist, hat) rush, dash; fall; plunge; throw; **der Sturz fall
**stützen support, prop
*suchen look for, seek
*der Süd(en) south
summen hum
*süß sweet; **die Süße** sweetness

T

*der Tag, –e day; ⁰**tags** days, during the day; ⁰**die Tagesordnung, –en** order (business) of the day
**das Tal, ⸚er valley
**die Tante, –n aunt
**der Tanz, ⸚e; tanzen dance
*die Tasche, –n pocket, bag; **das Taschentuch, ⸚er** handkerchief
**die Tat, –en deed
die Tatsache, –n fact; **tatsächlich actual, real

täuschen deceive, fool
⁰**der Technolo′ge, –n, –n** technologist
*der(das) Teil, –e part
der Teller, – plate
⁰**das Testament′, –e** testament, will; **der Testamentsentscheid, –e** testamentary provision (of a will)
*teuer expensive; dear
**der Teufel, – devil
*tief deep; **die Tiefe, –n** depths
*das Tier, –e animal, creature
*der Tisch, –e table
*die Tochter, ⸚ daughter
*der Tod, –e death; **tot** dead; **töten** kill; ⁰**das Totenhemd, –en** shroud
der Ton, ⸚e sound, tone; **tönen sound
**das Tor, –e gate
*tragen† carry; wear
**die Träne, –n tear
*der Traum, ⸚e; träumen dream
*traurig sad
*treffen† meet; hit (upon); affect
*treiben† drive; do
trennen separate; **die Trennung, –en separation
die Treppe, –n stair; **das Treppenhaus, ⸚er stairwell; **die Treppenstufe, –n** stair, step
*treten† (ist) step, walk; **(hat)** kick
*treu loyal
*trinken† drink; **trinkbar** potable
**trocken; trocknen dry
**tropfen; der Tropfen, – drop, drip
der Trost; trösten comfort; **trostlos bleak
trotz in spite of; **trotzdem′ although; **trotz′dem** in spite of that, anyway
**das Tuch, ⸚er cloth, shawl
**tüchtig capable, sturdy
*tun† do; act; put

*die **Tür(e), –(e)n** door
der **Turm, –̈e tower
⁰der **Typ, –en** type

U

*übel** bad
*üben; die Übung, –en** practice, exercise
****über** over; about, *etc.*
****überall'** everywhere
⁰**übergeben†** hand over
****überhaupt'** at all; altogether; really
überlassen† leave, give over
*(sich) überlegen** consider, think (over), reflect (on), ponder
⁰**übernächst-** next but one
*überraschen; die Überraschung, –en** surprise
*übersetzen** translate; **die Übersetzung, –en** translation
*überzeugen** convince
*übrig** remaining, left over, other; **übrig-bleiben†** be left over, survive
*übrigens** incidentally; besides; in other respects
die **Uhr, –en clock, watch; o'clock
****um** around, about; for, *etc.*; in order (to)
umarmen; die Umarmung, –en embrace
*umgeben†** surround; **die Umgebung, –en** surroundings, vicinity
*der **Umstand, –̈e** circumstance
unbedingt absolute, definite
****und** and
*ungefähr** approximate
*ungeheuer** enormous, monstrous
*das **Unglück, –e** unhappiness, misfortune, accident, disaster; **unglücklich** unhappy
*unheimlich** mysterious, uncanny, sinister, weird
⁰**unmißverständlich** unmistakable

⁰das **Unrecht** wrong, injustice
unsichtbar invisible
*der **Unsinn** nonsense
****unten** below, downstairs; **unter** under, among
*unterbrechen†** interrupt
⁰**unter-gehen†** go down; set; perish
⁰die **Untergrundbahn, –en** underground, subway
*(sich) unterhalten†** converse; entertain; **die Unterhaltung, –en** conversation, entertainment
*der **Unterricht** instruction; **unterrichten** instruct
*unterscheiden†** differentiate; **sich u.** be different; **der Unterschied, –e** difference
unterschreiben† sign; **die Unterschrift, –en** signature
*untersuchen** investigate; **die Untersuchung, –en** investigation
⁰**unterwegs** underway, on the way
⁰**unverständlich** incomprehensible
⁰die **Unwissenheit** ignorance
der **Urlaub, –e** leave, vacation
*die **Ursache, –n** cause
*der **Ursprung, –̈e** origin
*das **Urteil, –e** judgment; sentence; **urteilen** judge, pass sentence

V

der **Vater, –̈ father
*verbergen†** hide, conceal
*verbieten†** forbid
*verbinden†** connect; **die Verbindung, –en** connection, combination, association
⁰das **Verbot, –e** prohibition; restriction (to)
das **Verbrechen** crime; **der Verbrecher, –** criminal; ⁰die **Verbrechensgrenze, –n** statutory limit
*verbringen†** spend (time)

German-English Vocabulary 453

der **Verdacht** suspicion; **ver-dächtigen** suspect
**verderben† ruin, destroy
*verdienen deserve, earn
⁰**verfeinden** alienate
verfluchen curse; **verflucht** accursed
⁰**verformen** form, shape
⁰**verfüttern** feed (and use up)
**die Vergangenheit, –en past
**vergebens in vain
vergehen† pass, fade (away)
*vergessen† forget
der Vergleich, –e comparison; **vergleichen† compare
das Vergnügen, – pleasure; **vergnügt pleased, cheerful, happy
das **Verhalten** behavior; **sich verhalten**† behave, (re)act
**das Verhältnis, –se relationship
*verkaufen sell
verkleiden; die Verkleidung, –en disguise
⁰**verlachen** laugh at, ridicule
*verlangen demand, ask; long for
*verlassen† leave, desert
**verletzen injure, violate
*verlieren† lose
vermögen† be able
vermuten imagine, suspect, conjecture; **vermutlich** probable, presumable
**vernehmen† hear
die **Vernunft** reason, sense; **vernünftig** reasonable
**verraten† betray
**verschieden different
*verschwinden† **(ist)** disappear
*versprechen† promise
verstecken hide
*verstehen† understand; **das Verständnis** understanding
⁰**verstummen** fall silent
*der Versuch, –e attempt, experiment; **versuchen** try
**vertrauen trust
verwandeln transform; **die Ver-

wandlung, –en transformation
verwandt related; **der Verwandte (*decl. as adj.*) relative
verwirren confuse; **die Verwirrung, –en confusion
**verwundern; die Verwunderung surprise
⁰**verzaubern** enchant, transform (by magic)
verzweifelt desperate
**das Vieh cattle, beast
*viel much
*vielleicht' perhaps
*der Vogel, –̈ bird
*das Volk, –̈er people
*voll full (of)
vollen'den complete, perfect; **die Vollendung completion, perfection
vollkom'men perfect, complete; **die Vollkommenheit perfection, completeness
**vollständig complete
*von of; from; by, *etc.*
*vor before; with; ago, *etc.*
**voraus' ahead, in advance
**vor-bereiten prepare
der **Vorgang, –̈e** process, event, occurrence
vor-haben† have in mind, plan; **das Vorhaben, –** plan, intention
**vorhan'den on hand, present
**vorher' before (hand)
vor-kommen† **(ist) occur, appear
⁰**vorletzt** next to last
**vorn(e) in front, ahead
der Vorschlag, –̈e proposal; **vorschlagen† propose
die Vorsicht caution; **vorsichtig cautious
vor-stellen (re)present, introduce; **sich v. imagine, picture; **die Vorstellung, –en** idea, picture; performance
⁰**der Vortag, –e** day before
**der Vorteil, –e advantage, profit
der **Vorwurf, –̈e** reproach

**vor-ziehen† prefer

W

wach awake; **wachen be awake, wake
*wachsen† (ist) grow
**wagen dare
*der Wagen, – car; wagon
die Wahl, –en choice, election; **wählen choose, elect
*wahr true
*während while, during
**wahrschein'lich probable, likely
*der Wald, –̈er forest
*die Wand, –̈e wall
*wann when
⁰die Ware, –n ware(s)
⁰warm warm; **die Wärme** warmth
*warten wait
-wärts -ward(s) (*e.g.* **rück-, seit-, vor-)
*warum' why
*was what; which; that; whatever; =**etwas, warum;** *colloq.* =**nicht wahr**
*was für ein what sort of
*das Wasser, – water
**der Wechsel, –; wechseln change
  wecken waken; **der Wecker, –** alarm clock
**weder . . . noch neither . . . nor
weg away; gone; **⁰der Weggang going away, departure
*der Weg, –e way, road
*wegen because of; about, *etc.*
⁰weg-können† be able to get away
das Weh misery, pain; **weh alas; **weh tun†** hurt
  wehen blow, waft
**weich soft
**weichen† (ist) yield
*weil because
*die Weile while
*weinen cry
*die Weise, –n manner, way

**weisen† point, show
*weiß white
*weit far, wide
*welch which, what, who, that
*die Welt, –en world
*wenden† (*or reg.*) turn
*wenig little; (*pl.*) few; **wenigstens** at least
*wenn if, when, whenever
*wer who; whoever
*werden† (ist) become; shall, will; be
*werfen† throw
*das Werk, –e work
der Wert, –e value, worth; **⁰wertvoll valuable
**das Wesen, – being, creature; nature; system
*das Wetter weather
*wichtig important
**wider against
*wie how; as; like; as if
*wieder again; in turn
wiederholen repeat; **die Wiederholung, –en repetition
**wiegen† weigh
**die Wiese, –n meadow
⁰der Wille(n), –(n)s will
**willen: um . . . willen for the sake of
⁰winden† wind, twist
  winken wave, beckon, signal
wirken (have an) effect; give an impression; work, act; **die Wirkung, –en effect
*wirklich real; **⁰die Wirklichkeit** reality
**der Wirt, –e host, landlord, hotelkeeper
*wissen† know; **wissen zu** know how to, be able; **noch wissen** remember
*wo where, when; **woher'** where . . . from; **wohin'** where . . . to
⁰woan'ders somewhere else
*die Woche, –n week
*wohl probably, surely; well, comfortable

*wohnen live, dwell; die Wohnung, –en dwelling, apartment
**die Wolke, –n cloud
*wollen want to; claim to; be about to, *etc.*
*das Wort, –e and ‒er word; ins Wort fallen† interrupt
wozu' what for, why, to what purpose
⁰die Wunde, –n wound
**das Wunder, – wonder, miracle; (sich) wundern wonder, (be) surprise(d); ⁰wunderbarerweise wonderfully, remarkably (enough)
*der Wunsch, ‒e; wünschen wish
**die Würde dignity; würdig dignified; worth
die Wut rage; wütend furious

Z
**die Zahl, –en number; zählen count
**zahlen pay
der Zahn, ‒e tooth
**zart tender, delicate; zärtlich tender, affectionate
**der Zauber, – magic, enchantment
⁰der Zehner, – ten(ner)
**das Zeichen, – sign
**zeichnen draw, sketch; die Zeichnung, –en drawing, sketch
*zeigen show, point
**die Zeile, –n line
*die Zeit, –en time
**die Zeitung, –en newspaper
⁰zermahlen grind up
**zerstören destroy; die Zerstörung, –en destruction
*ziehen† (hat) pull; (ist) go, move

**das Ziel, –e goal, destination
**ziemlich rather, fairly
*das Zimmer, – room
**zittern tremble
zögern hesitate, delay
**der Zorn anger; zornig angry
*zu to; at, *etc.*; too
**zucken tremble, twitch; shrug; flash
zudem' besides, in addition
*zuerst' (at) first
**der Zufall, ‒e chance, coincidence; zufällig accidental, by chance
**zufrie'den content, satisfied; die Zufriedenheit contentment, satisfaction
*der Zug, ‒e train; feature; move; procession
**zugleich' at the same time
**zu-hören listen (to)
**die Zukunft future
*zuletzt' at last, finally
**zu-machen close
**zunächst' first (of all)
die Zunge, –n tongue
zürück'-kehren (ist) come back, return
*zusam'men together
⁰sich zusam'men-nehmen† pull oneself together
**zu-sehen† watch, observe; see to (it)
**der Zustand, ‒e condition
**zuwei'len occasionally; sometimes, at times
*zwar to be sure; specifically
**der Zweck, –e purpose
**der Zweifel, –; zweifeln doubt
*der Zweig, –e branch, bough
**zwingen† compel
*zwischen between, among
⁰die Zwischenstation', –en station en route, way station

Principal Parts of
Strong and Irregular Verbs

Note: Stem vowels alone are given if there is no change in the consonant pattern from that of the infinitive. After the semicolon the third person singular, present indicative is given (in full or abbreviated) if it changes in any way.

befehlen, a, o; (ie)
beginnen, a, o
beißen, biß, gebissen
bergen, a, o; (i)
bewegen, o, o
biegen, o, o
bieten, o, o
binden, a, u
bitten, bat, gebeten
blasen, ie, a; (ä)
bleiben, ie, ie
braten, ie, a; (ä)
brechen, a, o; (i)
brennen, brannte, gebrannt
bringen, brachte, gebracht

denken, dachte, gedacht
dringen, a, u
dünken, dünkte (deuchte), ge-
     dünkt (gedeucht)
dürfen, durfte, gedurft; (darf)

empfehlen, a, o; (ie)
empfinden, a, u
essen, aß, gegessen; (ißt)

fahren, u, a; (ä)
fallen, fiel, gefallen; (ä)
fangen, i, a; (ä)
finden, a, u
fliegen, o, o
fliehen, o, o

fließen, floß, geflossen
fressen, fraß, gefressen; (frißt)
frieren, o, o

gebären, a, o; (ie)
geben, a, e; (i)
gedeihen, ie, ie
gehen, ging, gegangen
gelingen, a, u
gelten, a, o; (i)
genießen, genoß, genossen
geschehen, a, e; (ie)
gewinnen, a, o
gießen, goß, gegossen
gleichen, i, i
gleiten, glitt, geglitten
glimmen, o, o
graben, u, a; (ä)
greifen, griff, gegriffen

haben, hatte, gehabt; (hat)
halten, ie, a; (hält)
hängen (hangen), hing, gehangen,
     gehängt; (hängt)
hauen, hieb (haute), gehauen
heben, o, o
heißen, ie, ei
helfen, a, o; (i)

kennen, kannte, gekannt
klingen, a, u
kommen, kam, gekommen

können, konnte, gekonnt; (kann)
kriechen, o, o

laden, u, a; (lädt)
lassen, ließ, gelassen; (läßt)
laufen, ie, au; (äu)
leiden, litt, gelitten
leihen, ie, ie
lesen, a, e; (ie)
liegen, a, e
löschen, o, o; (i)
lügen, o, o

messen, maß, gemessen; (mißt)
meiden, ie, ie
mögen, mochte, gemocht; (mag)
müssen, mußte, gemußt; (muß)

nehmen, nahm, genommen;
 (nimmt)
nennen, nannte, genannt

quellen, o, o; (i)

pfeifen, pfiff, gepfiffen
preisen, ie, ie

raten, ie, a; (rät)
reiben, ie, ie
reißen, riß, gerissen
reiten, ritt, geritten
rennen, rannte, gerannt
riechen, o, o
rinnen, a, o
rufen, ie, u

schaffen, schuf, geschaffen
scheiden, ie, ie
scheinen, ie, ie
schieben, o, o
schießen, schoß, geschossen
schlafen, ie, a; (ä)
schlagen, u, a; (ä)
schleichen, i, i
schließen, schloß, geschlossen
schlingen, a, u

schmelzen, o, o; (i)
schneiden, schnitt, geschnitten
schrecken, schrak, geschrocken; (i)
schreiben, ie, ie
schreien, ie, ie
schreiten, schritt, geschritten
schweigen, ie, ie
schwellen, o, o; (i)
schwimmen, a, o
schwinden, a, u
schwingen, a, u
schwören, o (u), o
sehen, a, e; (ie)
sein, war, gewesen; (ist)
senden, sandte, gesandt (or reg.)
singen, a, u
sinken, a, u
sinnen, a, o
sitzen, saß, gesessen
sollen, sollte, gesollt; (soll)
sprechen, a, o; (i)
springen, a, u
stechen, a, o; (i)
stehen, stand, gestanden
stehlen, a, o; (ie)
steigen, ie, ie
sterben, a, o; (i)
stinken, a, u
stoßen, ie, o; (ö)
streichen, i, i
streiten, stritt, gestritten

tragen, u, a; (ä)
treffen, traf, getroffen; (i)
treiben, ie, ie
treten, a, e; (tritt)
trinken, a, u
trügen, o, o
tun, tat, getan; (tut)

verderben, a, o; (i)
vergessen, vergaß, vergessen;
 (vergißt)
verlieren, o, o

wachsen, u, a; (ä)

waschen, u, a; (ä)
weichen, i, i
weisen, ie, ie
wenden, wandte, gewandt (or reg.)
werben, a, o; (i)
werden, wurde (ward), geworden; (wird)
werfen, a, o; (i)

wiegen, o, o
winden, a, u
wissen, wußte, gewußt; (weiß)
wollen, wollte, gewollt; (will)

zeihen, ie, ie
ziehen, zog, gezogen
zwingen, a, u

Topical Index

Section I of this index supplies additional biographical information on the authors and is designed to give some idea of the complex sources of modern German writing. Section II is a cross-reference of themes and will facilitate comparative study, classroom discussion, papers in English or German, and sequential teaching independent of the basic grading by difficulty. In Section II, a name standing alone refers to everything by that author included in this edition (in many cases a single work); titles, where given, are abbreviated.

I. Biographical

Countries of residence other than West Germany (* = partial) *East Germany:* Braun, Brecht, Müller, Pludra, Rathenow, Wolf; *Austria:* Achleitner, *Aichinger, *Bachmann, Bernhard, *Handke, jandl, *Polgar, Waggerl; *Switzerland:* Bichsel, Dürrenmatt, *Hildesheimer, Hutmacher; *France:* Celan; *Czechoslovakia:* Kafka; *England:* Canetti; *USA:* Lettau; *Canada:* Bauer

Writers between the two Germanies Biermann, Brecht, Kirsch, Kunert, Kunze, Novak, Reinig, Wondratschek

Women writers Aichinger, Ausländer, Bachmann, Hutmacher, Kaschnitz, Kirsch, Novak, Reinig, Wohmann, Wolf

II. Thematic

Communication / Alienation / Isolation Aichinger; Ausländer; Bachmann, *Himmel,* "Gestundete Zeit"; Bauer; Bender;

Bernhard, *Wahnsinn*; Bichsel; Böll; Brecht, *Jasager/Neinsager*; Dürrenmatt; Enzensberger, "Nicht Zutreffendes," "Zimmer"; Grass, "Dreht euch"; Haufs, "Erwachen"; Hildesheimer; jandl, "taschen"; Kafka, *Gesetz, Verwirrung*; Kaschnitz; Kirsch, "Trennung"; Krolow, "Augenblick"; Kunze, *Sensible Wege* poems; Lampe; Lenz; Lettau; Meckel; Müller; Novak; Pludra; Polgar; Stelly; Thiekötter; Waggerl; Wolf, *Beispiele*; Wondratschek, *Aspirin*, "Ewige Liebe"

Loyalty / Betrayal Aichinger; Bachmann, *Himmel*; Bauer; Bender; Biermann, "Ballade"; Brecht, *Jasager/Neinsager*; Dürrenmatt; Kaschnitz; Kunert, "Wohnen"; Kusenberg; Lampe; Lenz; Meckel, *Löwe*; Müller; Pludra; Polgar; Spoerl; Waggerl; Wondratschek, "Ewige Liebe"

Childhood / Youth / Maturing Aichinger; Bauer; Bichsel; Biermann, "Spielzeug"; Haufs, "Bahngleise"; Kunze, *Sensible Wege* poems; Lenz; Pludra; Spoerl; Stelly; Wohmann; Wolf, *Beispiele*

Family Achleitner; Aichinger; Bachmann, *Himmel*; Bauer; Bichsel; Biermann, "Spielzeug"; Brecht, *Jasager/Neinsager*, "Lied"; Grass, "Vater"; Handke, *Prüfungsfragen*; Kaschnitz; Kirsch, "Selbstmord"; Kunze, *Sensible Wege* poems; Kusenberg; Lampe; Lenz; Müller; Pludra; Polgar; Stelly; Wohmann

Love and sexuality Ausländer, "Gäbe es," "Ich weiß nur"; Bachmann, *Himmel*; Bauer; Bender; Bichsel; Biermann, "Ach Freund," "Brigitte"; Böll; Brecht, "Lied," "Marie A."; Grass, "Vater," "Befürchtung"; Hutmacher; jandl, "liegen"; Kaschnitz; Kirsch, "Immer wollen," "Mai"; Kunert, "Morgen"; Kusenberg; Lampe; Lenz; Novak, *Fahrkarte*; Pludra; Stelly; Thiekötter; Waggerl; Wondratschek, *Aspirin*, "Ewige Liebe"

Role and fate of women Bachmann, *Himmel*; Bender; Biermann, "Ach Freund," "Brigitte"; Böll; Brecht, "Lied," "Marie A."; Hutmacher; Kaschnitz; Kirsch, "Selbstmord"; Kunert, "Sonne," "Morgen"; Kunze, *Sensible Wege* poems; Kusenberg;

Meckel, "Swimmingpool"; Müller; Novak, *Fahrkarte*; Pludra; Polgar; Stelly; Waggerl; Wolf, *Beispiele*; Wondratschek

Hope / Despair Aichinger; Ausländer; Bachmann, "Gestundete Zeit"; Bichsel; Biermann, "Ach Freund," "Spielzeug"; Böll; Brecht, *Jasager/Neinsager*, "1940"; Celan; Dürrenmatt; Enzensberger; Haufs; Hutmacher; jandl, "tod"; Kirsch, "Selbstmord," "Niemals," "Bohnen"; Krolow, "Ich sehe"; Kunert, "Davongekommene," "Wohnen," "Laika," "Sonne"; Kunze; Lenz; Lettau; Meckel, *Löwe*; Mon; Novak, *Fahrkarte*; Pludra; Rathenow, *Herrscher*; Reinig; Stelly; Waggerl; Wolf, *Beispiele*; The Poem as a Political Statement

(In)sanity Aichinger; Bernhard, *Behauptung, Wahnsinn*; Bichsel; Handke, *Prüfungsfrage 2*; Kirsch, "Selbstmord," "Niemals," "Mai"; Müller; Rathenow

History / Politics / Society / Religion Bachmann, "Gestundete Zeit"; Becker, *Früher*; Bernhard; Biermann, "Ballade," "Spielzeug"; Brecht, *Jasager/Neinsager*, "Lied," "1940"; Canetti; Celan; Dürrenmatt; Enzensberger, "Nänie," "Blues"; Grass, "Hörensagen"; Handke, *Lebensbeschreibung*; Haufs, "Bahngleise"; Kafka, *Gesetz*; Kirsch, "Selbstmord," "Niemals," "Bohnen"; Krolow, "Ich sehe"; Kunert, "Davongekommene," *Holzscheit*, "Wohnen," "Laika," "Sonne"; Kunze, "O aus," *Element*; Meckel, "Swimmingpool"; Müller; Rathenow; Thiekötter; Wolf, *Beispiele*; The Poem as a Political Statement

Humor (including satire, parody, the grotesque) Achleitner; Becker; Bichsel; Biermann, "Ballade," "Herr Brecht"; Canetti; Enzensberger, "Blues," "Zimmer"; Grass, "Freitag," "Tour," "Überfall," "Vater"; Handke; Hildesheimer; jandl, "tod," "zahlen," "taschen," "lichtung"; Kafka, *Verwirrung, Fabel*; Kaschnitz; Kirsch, "Trennung"; Kusenberg; Lampe; Lettau; Mon; Novak; Polgar; Rathenow; Reinig; Schnurre; Spoerl; Thiekötter; Wolf, *Brecht*; Wondratschek, *Aspirin*, "Vollkommenheit"

Words and language Achleitner; Ausländer, first 4 poems, "Ich weiß nur"; Bernhard, *Behauptung*; Bichsel; Canetti; jandl, "tod," "zahlen," "taschen," "lichtung"; Kirsch, "Trennung," "Meine Worte"; Krolow, "Ich sehe," "Unbesehen"; Mon; Rathenow, *Katzengeheul*

America (English language) *Titles:* "Countdown," *I love you!*, "Middle Class Blues," "Swimmingpool"; *Introductions:* jandl, Wondratschek; *Words in German text:* Kaschnitz; Kirsch, "Trennung"; Kunze, "Tatsachen"; Pludra; *Subjects:* Bender; Braun, "Satz"

Animals (real, imaginary, symbolic) Becker, "Samstagmorgen"; Bernhard, *Umgekehrt*; Grass, "Tour"; Kafka, *Gesetz*, *Fabel*; Kunert, "Laika"; Meckel, *Löwe*; Pludra; Rathenow; Reinig; Schnurre; Wohmann

Fable / Parable / Allegory / Myth Brecht, *Jasager/Neinsager*; Handke, *Prüfungsfragen*; Hutmacher; Kafka; Kunert, *Holzscheit*; Meckel, *Löwe*; Rathenow; Reinig; Schnurre; Waggerl; Wolf, *Beispiele*

Narrator and point of view A given work may contain more than one kind of narration. The following list exemplifies the main types. Keep these in mind as you read each selection.
1. "I," "we" (e.g., Novak, Lettau)
2. External, "uninvolved" observer (e.g., Kaschnitz)
3. Omniscient narrator, with insight into characters' thoughts and emotions (e.g., Aichinger)
4. Editorializing or evaluating observer (e.g., Bachmann, *Himmel*)
5. Narrator who recognizes and includes the reader (e.g., Kusenberg)

Acknowledgments

The editors wish to express their gratitude to the following publishers and authors for permission to use the materials that comprise this book:

Friedrich Achleitner, "der schöne hut oder der häßliche hut" from *Prosa, Konstellationen, Montagen.* Reprinted by permission of the author.

Ilse Aichinger, "Der Hauslehrer" from *Der Gefesselte.* Copyright 1954 by S. Fischer Verlag GmbH, Frankfurt am Main. Reprinted by permission.

Rose Ausländer, "Aber ich weiß," "Bruder," and "Das Wort" from *Mein Atem heißt jetzt,* © 1981 S. Fischer Verlag GmbH, Frankfurt am Main. Reprinted by permission. "Anders II," "Ich weiß nur," "Im Wunder," "Melodien," "Mittelpunkt," and "Nicht Ich" by permission of S. Fischer Verlag GmbH, Frankfurt am Main. "Am Ziel" and "Gäbe es" by permission of Kulturkreis im Bundesverband der Deutschen Industrie e.V., Köln.

Ingeborg Bachmann, "Alle Tage" and "Die gestundete Zeit" from Ingeborg Bachmann, *Werke,* Vol. 1, © R. Piper & Co Verlag, München 1978. Reprinted by permission. "Im Himmel und auf Erden" from Ingeborg Bachmann, *Werke,* Vol. 2, © R. Piper & Co Verlag, München 1978. Reprinted by permission.

Walter Bauer, "Die Tränen eines Mannes" from Walter Bauer, *Die Tränen eines Mannes,* © by Nymphenburger Verlagshandlung, München. Reprinted by permission.

Jürgen Becker, "Früher" from *Ränder,* © Suhrkamp Verlag, Frankfurt am Main, 1968. Reprinted by permission. "Produktion" from *Erzählen bis Ostende,* © Suhrkamp Verlag, Frankfurt am Main, 1981. Reprinted by permission. "Samstagmorgen, kurz vor dem Frühstück" from *Gedichte, 1965–1981* © Suhrkamp Verlag, Frankfurt am Main, 1981. Reprinted by permission.

Hans Bender, "Der Automat" from Hans Bender, *Im Rasthaus,* © by F.A. Herbig Verlagsbuchhandlung, München. Reprinted by permission.

Thomas Bernhard, "Behauptung," "Umgekehrt," and "Wahnsinn" from *Der Stimmenimitator,* © Suhrkamp Verlag Frankfurt am Main 1978. Reprinted by permission.

Peter Bichsel, "Jodok läßt grüßen" from Peter Bichsel, *Kindergeschichten,* © 1969 by Hermann Luchterhand Verlag, Darmstadt und Neuwied. Reprinted by permission.

Wolf Biermann, "Ach Freund," "Ballade vom Mann," "Brigitte," "Herr Brecht," and "Spielzeug." Reprinted by permission of Verlag Kiepenheuer & Witsch, Köln.

Heinrich Böll, "Abschied." Reprinted by permission of Lamuv Verlag GmbH, Bornheim.

Volker Braun, "Der geflügelte Satz" from *Es genügt nicht die einfache Wahrheit,* 1976. Reprinted by permission of the author. "Geh jetzt ins Dunkle" from *Training des aufrechten Gangs,* © Mitteldeutscher Verlag Halle-Leipzig 1979. Reprinted by permission. "Kontinuität" from *Gedichte,* © Mitteldeutscher Verlag Halle-Leipzig 1979. Reprinted by permission.

Bertolt Brecht, "Der Jasager" and "Der Neinsager" from *Gesammelte Werke,* © Suhrkamp Verlag Frankfurt am Main 1967. All rights reserved. Reprinted by permission. "Erinnerung an die Marie A.," "Lied einer deutschen Mutter," and "1940" from *Gesammelte Werke, Band IV,* © Suhrkamp Verlag Frankfurt am Main 1967. Reprinted by permission.

Elias Canetti, "Aufzeichnungen," by permission of Kulturkreis im Bundesverband der Deutschen Industrie e.V., Köln. "Umkehrungen," by Elias Canetti, © Carl Hanser Verlag, München, Wien. Reprinted by permission of Carl Hanser Verlag; reprinted in 1974 by permission of the author.

Paul Celan, "Ein Blatt, baumlos" from *Schneepart* © Suhrkamp Verlag Frankfurt am Main 1971. Reprinted by permission. "Todesfuge" from *Mohn und Gedächtnis,* © 1952 Deutsche Verlags-Anstalt GmbH, Stuttgart. Reprinted by permission of Deutsche Verlags-Anstalt GmbH, Stuttgart.

Friedrich Dürrenmatt, Scenes 10 and 11 of "Das Unternehmen der Wega." First published in 1958, Copyright © 1985 by Diogenes Verlag AG, Zürich. Reprinted by permission.

Günter Eich, "Denke daran . . ." from *Gesammelte Werke in vier Bänden,* © Suhrkamp Verlag Frankfurt am Main 1973. Reprinted by permission.

Hans Magnus Enzensberger, "Auf das Grab eines friedlichen Mannes," "Countdown," "Middle Class Blues," and "Nänie auf den Apfel" from *Blindenschrift. Gedichte,* © Suhrkamp Verlag Frankfurt am Main 1964. Reprinted by permission. "Das dunkle Zimmer" from *Die Gedichte,* © Suhrkamp Verlag Frankfurt am Main 1983. Reprinted by permission. "Nicht Zutreffendes streichen" from *Furie des Verschwindens, Gedichte,* © Suhrkamp Verlag Frankfurt am Main 1980. Reprinted by permission.

Günter Grass, "Befürchtung," "Dreht euch nicht um," "Freitag," "Mißlungener Überfall," "Tour de France," and "Der Vater" from *Gesammelte Gedichte,* 1971. Reprinted by permission of Hermann Luchterhand Verlag GmbH & Co, Darmstadt und Neuwied. "Vom Hörensagen" from

Gleisdreieck, 1960. Reprinted by permission of Hermann Luchterhand Verlag GmbH & Co, Darmstadt und Neuwied.

Peter Handke, "Prüfungsfrage 1," "Prüfungsfrage 2," and "Lebensbeschreibung" from *Begrüßung des Aufsichtsrats*. Reprinted by permission of Residenz Verlag Ges.m.b.H., Salzburg.

Rolf Haufs, "Die Bahngleise" from *Das Dorf S.*, © by the author. Reprinted by permission of the author. "Erwachen," reprinted by permission of Kulturkreis im Bundesverband der Deutschen Industrie e.V., Köln.

Wolfgang Hildesheimer, "Der hellgraue Frühjahrsmantel" from *Lieblose Legenden*. Copyright © 1962 Suhrkamp Verlag Frankfurt am Main. Reprinted by permission.

Rahel Hutmacher, "Mond" from *Geschichten von der Dona*. Reprinted by permission of the author.

ernst jandl, "lichtung" and "der tod..." from ernst jandl *Gesammelte Werke*, © 1985 by Hermann Luchterhand Verlag GmbH & Co, Darmstadt und Neuwied. Reprinted by permission. "liegen, bei dir," "taschen," and "zahlen" from ernst jandl *Dingfest*, © 1973 by Hermann Luchterhand Verlag GmbH & Co, Darmstadt und Neuwied. Reprinted by permission.

Franz Kafka, "Eine alltägliche Verwirrung," "Kleine Fabel," "Vor dem Gesetz." Reprinted by permission of Schocken Books Inc. from *Franz Kafka: The Complete Stories* by Franz Kafka, edited by Nahum N. Glatzer. Copyright © 1946, 1947, 1948, 1949, 1954, 1958, 1971 by Schocken Books Inc.

Marie Luise Kaschnitz, "Ferngespräche," from *Ferngespräche*, © Insel Verlag, Frankfurt am Main 1966, Reprinted by permission.

Sarah Kirsch, "Immer wollen dich meine Augen," "Meine Worte gehorchen mir nicht," and "Niemals verzogen" from *Rückenwind*, 1976. Reprinted by permission of Verlag Langewiesche-Brandt KG, Ebenhausen bei München. "Mai," "Schwarze Bohnen," "Selbstmord" and "Trennung" from *Zaubersprüche*, 1974. Reprinted by permission of Verlag Langewiesche-Brandt KG, Ebenhausen bei München.

Karl Krolow, "Augenblick des Fensters," "Ich gehe über die Straße," and "Unbesehen" from *Gesammelte Gedichte*, © Suhrkamp Verlag, Frankfurt am Main, 1975. Reprinted by permission. "Ich sehe das anders" from *Gesammelte Gedichte*, © Suhrkamp Verlag Frankfurt am Main 1965. Reprinted by permission.

Günter Kunert, "Das Holzscheit" and "Wohnen" from Günter Kunert, *Tagträume in Berlin und anderswo* © Carl Hanser Verlag München Wien. Reprinted by permission. "Laika," "Morgen kommt," and "Über einige Davongekommene" from Günter Kunert, *Erinnerung an einen Planeten* © 1963 Carl Hanser Verlag München Wien. Reprinted by permission. "Die Sonne scheint. Aus den Fenstern," © Carl Hanser Verlag München Wien. Reprinted by permission.

Reiner Kunze, "Element" from *Die wunderbaren Jahre,* © S. Fischer Verlag GmbH, Frankfurt am Main, 1976. Reprinted by permission. "Tatsachen" from *Auf eigene Hoffnung,* © 1981 S. Fischer Verlag GmbH, Frankfurt am Main. Reprinted by permission. "Erster Brief der Tamara A." from *Zimmerlautstärke,* © S. Fischer Verlag GmbH, Frankfurt am Main 1972. Reprinted by permission. "Jeder Tag" and "Kurzer Lehrgang" from *Sensible Wege;* "O aus..." (#4) and "Tochter, schwer..." (#13) from "Ein und Zwanzig Variationen über das Thema 'die post'" from *Sensible Wege,* 1969. Reprinted by permission of Rowohlt Verlag GmbH, Reinbek bei Hamburg.

Kurt Kusenberg, "Der Hefekuchen" from *Mal was andres — Gesammelte Erzählungen,* 1969. Reprinted by permission of Rowohlt Verlag GmbH, Reinbek bei Hamburg.

Friedo Lampe, "Eduard — Eine kleine Formfibel" from *Das Gesamtwerk,* Copyright © 1955 by Rowohlt Verlag GmbH, Hamburg. Reprinted by permission.

Siegfried Lenz, "Die Nacht im Hotel" from *Jäger des Spotts, Geschichten aus dieser Zeit,* © Hoffmann und Campe Verlag, Hamburg, 1958. Reprinted by permission.

Reinhard Lettau, "Auftritt Manigs" from Reinhard Lettau *Immer kürzer werdende Geschichten,* © 1973 Carl Hanser Verlag München. Reprinted by permission.

Christoph Meckel, "Der Löwe" from *Beispiele,* and "Swimmingpool." Reprinted by permission of the author.

Franz Mon, "Ich weiß" from *Lesebuch,* 1967. Reprinted by permission of the author.

Heiner Müller, "Das Eiserne Kreuz" from Heiner Müller, *Germania Tod in Berlin,* Rotbuch Verlag Berlin 1977. Reprinted by permission.

Helga M. Novak, "Fahrkarte bitte" and "Kräftig essen" from Helga M. Novak *Palisaden* (first printed in *Geselliges Beisammensein*), © 1980 Hermann Luchterhand Verlag, Darmstadt und Neuwied. Reprinted by permission.

Benno Pludra, "Ein Wellensittich starb" from *Kinder,* © Der Kinderbuchverlag Berlin-DDR, 1979. Reprinted by permission.

Alfred Polgar, "Geschichte ohne Moral" from *Kleine Schriften Band III.* Copyright © 1984 by Rowohlt Verlag GmbH, Reinbek. Reprinted by permission.

Lutz Rathenow, "Der Herrscher." Reprinted by permission of the author. "Katzengeheul," reprinted by permission of Kulturkreis im Bundesverband der Deutschen Industrie e.V., Köln.

Christa Reinig, "Opiuchus-Serpens: Opiuchus und die Schlange" from Christa Reinig, *Orion trat aus dem Haus — Neue Sternbilder.* Copyright 1969 by Verlag Eremiten-Presse, Düsseldorf. Reprinted by permission.

Wolfdietrich Schnurre, "Bekehrung" and "Die Prinzessin" from *Das Los unserer Stadt.* Reprinted by permission of Walter-Verlag AG, Olten.

Heinrich Spoerl, "Der Stift" from Heinrich Spoerl, *Man kann ruhig darüber sprechen,* © R. Piper & Co Verlag, München, 1949. Reprinted by permission.

Werner Stelly, "Vielleicht scheint morgen die Sonne wieder" from *Jetzt und hier,* 1948. Author's heirs unknown. Reprinted by permission of S. Fischer Verlag Frankfurt am Main.

Friedel Thiekötter, "I love you!" Reprinted by permission of the author.

Karl Heinrich Waggerl, "Legende vom vergrabenen Herzen" from *Kalendergeschichten,* © Insel Verlag Frankfurt am Main 1937. Reprinted by permission.

Gabriele Wohmann, "Grün ist schöner" from Gabriele Wohmann, *Sieg über die Dämmerung* © R. Piper & Co Verlag, München 1960. Reprinted by permission.

Christa Wolf, from "Beispiele ohne Nutzanwendung" and from "Brecht und andere," from *Lesen und Schreiben,* 1983. Reprinted by permission of Hermann Luchterhand Verlag GmbH & Co KG, Darmstadt und Neuwied.

Wolf Wondratschek, "Aspirin" from *Früher begann der Tag mit einer Schußwunde,* copyright Carl Hanser Verlag, München Wien. Reprinted by permission of the author. "Ewige Liebe" from *Letzte Gedichte* and "Über die Vollkommenheit des Unterschieds" from *Männer und Frauen.* Reprinted by permission of the author.